◎京师刑事法学博士文库（17）

刑事诉讼行为瑕疵的程序性后果：一项统一、科学的理论

印 波 著

中国人民公安大学出版社
·北 京·

图书在版编目（CIP）数据

刑事诉讼行为瑕疵的程序性后果：一项统一、科学的理论/印波著．—北京：中国人民公安大学出版社，2012.3

（京师刑事法学博士文库）

ISBN 978－7－5653－0797－3

Ⅰ．①刑…　Ⅱ．①印…　Ⅲ．①刑事诉讼—法律行为—研究—中国　Ⅳ．①D925.204

中国版本图书馆 CIP 数据核字（2012）第 044850 号

京师刑事法学博士文库

刑事诉讼行为瑕疵的程序性后果：一项统一、科学的理论

印波　著

出版发行：中国人民公安大学出版社
地　　址：北京市西城区木樨地南里
邮政编码：100038
经　　销：新华书店
印　　刷：北京泰锐印刷有限责任公司

版　　次：2012 年 3 月第 1 版
印　　次：2012 年 3 月第 1 次
印　　张：9
开　　本：880 毫米×1230 毫米　1/32
字　　数：243 千字

书　　号：ISBN 978－7－5653－0797－3
定　　价：30.00 元

网　　址：www.cppsup.com.cn　www.porclub.com.cn
电子邮箱：zbs@cppsup.com　zbs@cppsu.edu.cn

营销中心电话：010－83903254
读者服务部电话（门市）：010－83903257
警官读者俱乐部电话（网购、邮购）：010－83903253
法律分社电话：010－83905745

京师刑事法学博士文库

京师刑事法学博士文库
序　言

经过精心筹划，“京师刑事法学博士文库”在北京师范大学这所拥有百年历史的著名高等学府面世。该文库在今日之北师大创办，可谓生逢其时，躬逢其势，恰逢其地。

所谓生逢其时，乃指文库诞生于中国刑事法学理论研究进入精耕细作阶段。这是一个需要并且能够产生精深的刑事法学理论专著的时代，文库的内容恰好迎合了这种时代的需要。

所谓躬逢其势，乃指文库诞生之时，恰逢中国法律改革和法治现代化运动如火如荼地展开，方兴未艾，文库有幸见证并参与到这一国家与民族法治振兴的大业之中。

所谓恰逢其地，乃指北京师范大学为文库的茁壮成长提供了良好的环境和肥沃的土壤。众所周知，北京师范大学是我国极少数目前即拥有百余年历史的著名高校之一。她发端于1902年的京师大学堂师范馆。经过百余年的历史积淀，她不仅有着深厚的文化底蕴与优良的人文环境，而且在诸多人文社会学科领域达到了世界或者国内一流水平，培养了大批国家栋梁之才。长期办学实践形成的厚重稳健的办学风格和“学为人师、行为世范”的办学理念，为法学这一逻辑严谨、内容深邃、价值超凡的社会科学在北师大的发展提供了得天独厚的条件。古人云：“源不深而望流之远，根不固而求木之长，德不厚而思国之安”，犹如“伐根以求木茂，塞源而欲流长”。没有深厚的人文底蕴与长期的学术积淀作为基础，要想在法学领域有所建树，即便费尽一时之心力，亦难免流于肤浅，不成大器。在北师大创办刑事法学博士文库，自始避免了先天不足。

毋庸讳言，与众多成熟并稳步前进的学科相比较，北京师范大学的法学还是非常年轻的学科。由于种种原因，不管是学术人才的培养和引进，还是学术理论的创新和发展，法学学科都要比其他社会学科逊色。这不仅使得京师法学在20世纪90年代错失发展的良机，而且与北京师范大学闻名遐迩的国际与国内地位极不相称。令人欣慰的是，这种情况自2005年有了重大改观。在北京师范大学校领导的大力支持下，以著名中年法学家赵秉志教授为院长的北京师范大学刑事法律科学研究院于2005年8月18日在北京隆重成立，成为中国国内刑事法学领域中首家且目前唯一的、专门从事刑事法学研究与人才培养的独立性、综合性学术研究机构。2006年4月26日，在北京师范大学法律系的基础上，北京师范大学又正式成立法学院。两院相继成立并得以迅速良性发展，标志着北京师范大学法学学科全面繁荣的新时代的到来。“人事有代谢，往来成古今。江山留胜迹，我辈复登临。”随着法学科学建设在北师大的全面展开，我们完全有信心经过若干年的努力，让北师大法学跻身于中国乃至世界法学强者之林。

“桃李不言，下自成蹊”。北京师范大学以其深厚的学术底蕴与宽松、自由的教育环境，吸引着国内外的青年学人慕名而来，追求精神的提升与文化的发展。“千里之行，始于足下”，任何宏大的事业都必须从一点一滴做起。北京师范大学刑事法律科学研究院深知，“百年之计，莫如树人”，十分重视刑事法学学科的人才建设，在建院不长的时间里，不仅引进了多位学术功底深厚、科研能力突出、在国内外有一定学术影响的中青年法学学者，而且招聘了一批毕业于国内外著名法学院、综合素质优秀、学术功底扎实的青年才俊。为了培育新人，使其在学术上不断推陈出新，北京师范大学刑事法律科学研究院凭借学校坚实宽广的学术综合实力与浓郁深厚的人文氛围，决定建立“京师刑事法学博士文库”，支持年轻的法学博士和博士后将其博士学位论文、博士后出站报告以学术专著的形式付梓出版，以此作为促进京师刑事法学发展的重大举措之一。北京师范大学刑事法律科学研究院的资深学者组成的编委会负责“京师刑事法学博士文库”的运作。

“京师刑事法学博士文库”主要面向北京师范大学刑事法律科学研究院所培养的法学博士、博士后以及引进的具有法学博士学位的教学科研人员。鉴于目前刑事法律科学研究院已经初步形成学历层次高、年龄结构年轻化、专业知识结构合理、团结和谐、奋发向上的学术研究梯队，本文库将同时兼顾实体法学与程序法学，以多学科、多维度的精神兼容并蓄，以开放的态度欢迎跨学科方面的研究成果，使其具有视野宽广、包容性强的时代特征。简言之，“京师刑事法学博士文库”将以质取文，唯质取材，但凡有所创新、质量上乘的著作，均可入选。

京师刑事法学博士文库编委会将主动联系新加盟北京师范大学刑事法律科学研究院的法学博士和研究院毕业的博士生，了解其博士学位论文的选题、内容及结构等，以宁缺毋滥、铸造精品的原则及严谨、踏实、创新的学术态度从中谨慎选择优秀之作，并认真审读，提供切实的修改补充建议，供作者修正参考，并负责联系出版，虚心接受国内外刑事法学同行和社会读者的批评指正。我们希望“京师刑事法学博士文库”的作品虽属阳春白雪之作，却能洞明世事，传递俗理；虽属曲高之作，却不至于和者甚寡。同时特别申明：文库的范围不仅限于博士学位论文，只要是加盟刑事法律科学研究院的法学博士同仁创作出的学术精品，均可列入此文库见诸世间。愿同仁闻弦歌而知雅意，愿我等奏流水而遇知音。

“泰山不拒细壤，故能成其高；江海不拒细流，故能成其大。”学术事业的发展与壮大依赖于理论的点滴积累。“京师刑事法学博士文库”在目前也许只是我国刑事法学学术事业中刚刚吐青的新芽，但是，我们相信，它会在京师刑事法学博士文库编委会、加盟刑事法律科学研究院的诸位博士以及国内外方家学者和同行的精心培育之下，逐步成长为国内外瞩目的参天大树，从而为繁荣、深化我国刑事法学学术研究，推动国内外刑事法学思想交流与学术合作，促进社会主义法治建设，作出有益的贡献。

北京师范大学刑事法律科学研究院
京师刑事法学博士文库编委会
二零零七年三月三日

Doctorial Series of Criminal Law Science of BNU

Preface

After a careful plan and preparations, "Doctorial Series of Criminal Law Science of BNU" has been established in this distinguished University with over a century history. We can well say that the establishment of "the Series" is on a proper occasion, in a proper situation and at a proper place.

Being on a proper occasion means "the Series" was established in the exquisite stage of China's criminal law scientific theory. This is a stage which needs and may produce profound masterpieces of criminal law scientific theory. The content of "the Series" is just catering for the requirements of this era.

Being in a proper situation means that at the time of the establishment of "the Series" China's law reform and modernization are experiencing her development in the ascendant, just like a raging fire. "The Series" is lucky to witness and participate in the development of this great cause.

Being at a proper place means Beijing Normal University has facilitated "the Series" with healthy environment and fertile soil. It's well known that Beijing Normal University is one of the few distinguished Universities with over one century's history. She grew out of the Faculty of Education of Imperial University of Peking founded in 1902. After a century of development, through a century of accumulation, she has built up a deep seated cultural foundation and good environment of the humanities; what's more, her disciplines of the humanities and social science have reached to the world standard or at the level of First Class in China. She has nurtured and brought up large numbers of National Talents. Firm and steady style and the conception of "studying to teach and acting to set an example" for running a school has provided the unique condition for the development of law science which requires rigorous logic, deep content and high value. Our ancestors said: "Fountainhead being not deep enough but hoping the water can flow farther, the root being not solid but hoping the trees can grow big, morality being not high but thinking about the safe of our State" just like "cutting the wood in order for the exuberant trees, blocking up the fountainhead in order for the water flowing far". Without deep seated cultural foundation and long term academic accumulation as its base, it seems a bit superficial and ne'er - do - well to get major attainments in the field of law science, even though momentary mental and physical efforts have been used. The establishment of "Doctorial Series of Criminal Law Science of BNU" avoided the congenital deficiency from the very beginning.

No need for reticence, compared with many ripe and steadily developed disciplines, the Law Science in Beijing Normal University is still very young. For varieties of reasons, the discipline of law science seems inferior to other social sciences, either in the cultivation and introduction of talents or in the innovation and development of academic theories. It made the Law Science of Beijing Normal University not only lose the chance of development in 1990s, but also not match with her famous international and national status as well. Now we are glad that things have changed dramatically since 2005. With the support of the leaders of Beijing Normal University, College for Criminal Law Science of Beijing Normal University was solemnly founded in Beijing on August 18, with the noted jurist Professor Zhao Bingzhi as the Dean. She has become the only independent and comprehensive academic unit in criminal law scientific field specializing in criminal research and the talents cultivation.

Based on the Faculty of Beijing Normal University, Law School of Beijing Normal University was founded on July 26, 2006. Successive founding and rapid development of these two schools signifies the prosperous new era is coming. "Human and nature have their own metabolization, old events have passed by. The world left wonders and interests, our generations step up". With the construction of Law Science of Beijing Normal University opening comprehensively, we believe absolutely we can enable Law Science of Beijing Normal University to rank among the most advanced influential universities nationally or even globally.

"If we are strict with ourselves, others will surely respect us". With deep seated cultural foundation and free educational environment, Beijing Normal University has attracted young learners out of admiration home and abroad to pursue spiritual promotion and cultural development. "A thousand li journey is started by taking the first step". Any great cause should be done bit by bit. College for Criminal Law Science of Beijing Normal University knows deeply "as to a project of vital and lasting importance, human should be cultivated first". So she strongly emphasizes the construction of talents. Not long before the establishment of the college, she absorbed not only many middle and young law experts who hold deep seated academic foundation, good scientific research ability and academic influence home and abroad, but also a number of young talents who graduated from the famous universities home and abroad and hold good comprehensive qualities and solid academic foundations. In order to cultivate new talents and gradually make them weed through the old to bring forth the new and depend on her solid and wide comprehensive academic ability and strong and deep environment of the humanities, College for Criminal Law Science of Beijing Normal University decides to establish "Doctorial Series of Criminal Law Science of BNU" to support young law doctors and postal doctors to publish their fruits in the form of academic books, as one of the great measures of promoting law science of College for Criminal Law Science of Beijing Normal University. Noted Editorial Board organized by College for Criminal Law Science of Beijing Normal University is responsible for the management of "Doctorial Series of Criminal Law Science of BNU".

"Doctorial Series of Criminal Law Science of BNU " is designed for the young law doctors and postal doctors cultivated by College for Criminal Law Science of Beijing Normal University and the teaching and researching staff who have doctor degrees in law introduced by the College. Because College for Criminal Law Science of Beijing Normal University has preliminarily formed her united and harmonious academic research group with high record of formal schooling and reasonable specialized knowledge of structure, "the Series" will give considerations to both substantial and procedural law science and welcome multiple disciplines' academic fruits with her open minded attitude and her spirit of multiple disciplines and sides. Thus she will hold her strongly magnanimous character of era with her wide vision. In brief, "Doctorial Series of Criminal Law Science of BNU" will choose the fruits merely according to its high quality. The works that are creative and of high quality can be chosen. Editorial Board of Doctorial Series of Criminal Law Science of BNU will positively contact the new doctors who graduated from College for Criminal Law Science of Beijing Normal University, getting to know the topic, content and structure of their essays. We will abide by the principle of putting quality before quantity and producing fine works and strict and steady and innovative academic attitude, to choose the excellent works from them and carefully read and check, provide practical supplementary suggestions of amendments for the authors to amend as a reference. We will be responsible for contacting publishing houses, listening to criticisms with an open mind from our fellow scholars and social readers. We hope the works of Editorial Board of Doctorial Series of Criminal Law Science of BNU can find and know affairs of human lives, communicate common saying, even though they belong to the works of the elite; They are welcomed by many, even though they belong to the elegant works. Meantime we declare particularly the scope of "the Series" is not restricted in the field of doctorial degree essays; all the fine works or articles from the fellow law doctors in law are welcome . These articles and works can be listed in "the Series" and can be published throughout the world. May our fellow researchers know the real meaning while listening to the music; May we meet our bosom friends while playing the music of flowing water.

"Mount Tai accepts small soils, so it can become high; Rivers and seas accept small streams, so they can become large". The development and expanding of academic causes depends on theoretical accumulation bit by bit. Editorial Board of Doctorial Series of Criminal Law Science of BNU may be the heading sprouts in the process of academic causes of our State's Criminal Law Science. But we believe that she can gradually become towering tree, attracting the attention home and abroad. It can make beneficial contributions to our state's academic research of Criminal Law Science, promoting exchange and cooperation of Criminal Law Scientific thinking home and abroad, and accelerating rule of law's construction of our Socialism.

College for Criminal Law Science of Beijing Normal University
Editorial Board of Doctorial Series of Criminal Law Science of BNU
March 3rd, 2007

序

我非常高兴能够有机会作以下简序，推荐此书。该书取材于印波博士极具雄心和有意思的博士论文，它对于日趋重要的比较刑事诉讼法领域具有潜在的巨大贡献。这本书的原创性在于尝试创设科学的、价值中立的理论或框架，以指导所有法域刑事诉讼行为瑕疵的救济。

这种类型的课题对于我这个来自于英美法系的学者来说是陌生的。我所处的法域中的法律学者传统倾向于将法律视为一种艺术，而不是科学。他们偏爱一种实用主义的、具体分析的、归纳式的法律衍生和推理的方法，而不是大陆法系及社会主义法系所推崇的更加科学的、原则化的、演绎的方法。印波博士在他的开篇解释了这三个主要法系之间的区别，随后转而有力地证明了这些区别并没有对适用刑法时出现的程序瑕疵的普适性模版的创设造成障碍。实际上，短暂地跳到下文，我认为他证明了该项目的可行性，因为他确实最终构建了一个应对程序瑕疵的中立的、科学的框架。这个结论是从作为例证的三大代表性法域的救济措施中总结出来的。代表比较法学者熟知的三个法律传统的三个法域是英国（代表英美法系）、德国（代表大陆法系）和中国（代表社会主义法系）。

印波博士将刑事诉讼程序划分为一系列步骤或行为，划分这些步骤或行为的目的在于通过从开始的侦查到案件的终结的整个法律流程处理被告人。调整步骤的程序规则在结构上包括模式和违反模式的后果两部分。他借用更加宽泛的法理，论证了如果某项法律规则没有包括这些组成部分，它将是不完备的。他还列举了一些违反行为模式时没有程序性后果的不完备的刑事诉讼规则的例子，其中有一个例子取材于我所在的法域——苏格兰。因而，他创设的能够并且应当适用于所有法域的统一的刑事诉讼体系的起点就是每个刑事诉讼规则都应当由程序性后果支撑。印波博士进而发现行为的两组分类对于该课题有所帮助：(1) 划分为实体形成行为（如向裁判法庭提出证据）、程序形成行为（如传唤被告人出庭）和裁判行为（如作出判决）；(2) 划分为职权行为（如提起公诉）和非职权行为（如被告人供认有罪）。

印波博士采用这些诉讼行为分类，援引三大代表性法域（偶尔超出这些法域）中对于程序瑕疵现有的救济，创设应对刑事诉讼规则违法的理论框架。该框架提供了应对刑事诉讼行为瑕疵完整的、有序的程序性后果类别，包括：对于最为严重的瑕疵终止整个诉讼程序（在英美法系的术语中往往称为“程序滥用”（abuse of process））、撤销裁判行为（有时允许再审程序）、实体形成行为排除（如非法证据排除）、程序形成行为无效（有时部分程序需要合理地重新作出）、当瑕疵极其微小时加以矫正等。在很多情况下，法律规定了某种瑕疵必然造成某项程序性后果。在另外的一些情况下，有权处理瑕疵的机关可以运用自由裁量权，在两种（或多种）方案中选择其一应对刑事诉讼行为瑕疵。印波博士认为，在大多数情况下案件处理机关（如上诉法院）应当被赋予这项自由裁量权，否则制度本身显得过于僵硬（我对他的观点的认同可以通过我个人的普通法背景加以解释，当然大陆法系学者可能不太认同这种自由裁量权造成的不确定性)。

印波博士的叙述性框架的美妙之处在于它是完整的而且是价值中立的，成立刑事诉讼行为瑕疵的科学理论。他的框架允许单个法域在判断应当对某项程序性瑕疵作出如何回应时适用自身的价值判断。因此，如果警察超出自身职权范围，非法收集有罪证据，这通常由所处法域从该框架中选择具体的救济措施。如果该法域对警察行为的廉洁性非常重视的话，它可能会选择将该证据自动排除。如果该法域对于查找真实更为强调的话，将往往赋予案件处理机关在处理瑕疵时采纳证据的自由裁量权（矫正瑕疵)。这个自由裁量权可能是开放式的，也可能是结构化的，反映了个别法域某项价值的相对重要性，如检察官可能需要承担证据应当采纳的证明责任或者被告人可能需要承担证据应当排除的证明责任。我不再一一举例，因为读者可以将该理论框架适用于他们自己法域出现的刑事诉讼行为瑕疵，从中获得乐趣和指导。

总之，该书非常值得推荐。我应当大力表扬印波博士，在我看来，他成功地创设了一套大胆的、雄心勃勃的统一理论。这套理论应当在所有现代刑事诉讼制度中得以推广，用以治理刑事诉讼行为瑕疵，无论该制度属于何种法系。

阿伯丁大学法学院刑事司法学教授
彼得·达夫（Peter Duff)
2011 年 12 月 22 日

目　录

Contents

第一章 绪 论

在现有的刑事诉讼法的文献中，很少有整合各种刑事诉讼行为瑕疵和相应的程序性后果的理论。本书试图创设统一、科学的行为瑕疵及其程序性后果的理论。为了便于读者在下文中理解本书的基本观点及其论证，笔者将简要地介绍本书的整体结构和章节之间演进的逻辑。

首先，本书是一项比较刑事诉讼法综合研究成果。本书的目标是整合刑事诉讼行为瑕疵的程序性后果，这就表明该项研究不应当局限于某个特定法域，而应适用于每个法域。因此，在第二章中，笔者将讨论比较刑事诉讼法必须解决的三个基本问题。

第一个问题与现有的比较刑事诉讼法文献相关，尤其是那些涉及全球刑事诉讼广泛研究的成果。这些领域最为杰出的研究包括英美法系米尔建·达马斯卡（Mirjan Damaška）等人的研究。[①] 很不幸的是，与该书所设计的普遍适用的法理框架以及附属程序机制相比，这些研究只关心不同法域刑事诉讼制度的差异，而不是它们的相似性。这是非常不合理的，我们有必要考察该领域刑事诉讼制度的相似性，以建构一套可以适用于所有法域行为瑕疵及其程序性后果的统一法理框架。总而言之，现有的比较刑事诉讼法文献和法律制度之间的差异都体现了开展本课题的必要性和重要性。

第二个问题是从普遍认可的法系中选择具有代表性的法域以论

① M Damaška, 'Evidentiary Barriers to Conviction and Two Models of Criminal Procedure: A Comparative Study' (1973) 121 U. Pa. L. Rev. 570; 'Structures of Authority and Comparative Criminal Procedure' (1975) 84 YLJ 480.

证该理论。为了创立一个普遍适用的理论，我们往往需要考察大量法域的刑事诉讼行为瑕疵及其程序性后果。然而，由于空间有限，我们只能选择其中具有代表性的部分。许多不同的程序性后果（尽管可能不是全部的）对应不同的刑事诉讼行为瑕疵。我们有必要在不同的法系背景下理解它们，并且构想出整合它们的方法。在国际比较法研究中，广为认可的法系包括：普通法系、大陆法系和社会主义法系。我们可以从三个主要法系中抽取最具代表性的法域，以在有限的空间内作出最科学的阐释。学界通常认为，社会主义法系的代表法域是前苏联。很多西方学者认为，社会主义法系已经消失。如果我国刑事诉讼法是社会主义法，我们就可以广泛引用，以代表社会主义法系。

第三个问题与英语和汉语法律术语的应用有关。我们必须要澄清"criminal procedure"/"刑事诉讼法"这个本课题研究的前提性概念，并且要对不同法域的该词在功能上加以整合。笔者将分析英国法中的"criminal procedure"与我国法中的"刑事诉讼法"在语义和外延上有何区别。然后，笔者将讨论这两个术语概念上的界限，并寻求它们之间的融合，以使得这个基本的法律术语得到最广泛的适用。如果在第二章这三个基本问题没有讨论清楚，我们将难以创设整合行为瑕疵及其程序性后果的科学理论。

在初步厘清了这些问题之后，在第三章笔者将论证支撑最终理论框架的法理前提。刑事诉讼行为瑕疵和它的程序性后果的关系是怎样的？笔者将论证刑事诉讼行为瑕疵是对刑事诉讼行为模式的违反，刑事诉讼规则在结构上包括刑事诉讼行为模式和违反的程序性后果。例如，一个规则可能表述为：有损被告人记忆力获得被告人供述应当禁止（行为模式）；如果以这种手段获取被告人的供述（行为瑕疵），供述不应作为定案的证据，即应当被排除（瑕疵的程序性后果）。从逻辑上来看，我们需要在最终证明刑事诉讼规则二元结构（刑事诉讼规则 = 刑事诉讼行为模式 + 违反的程序性后果）之前，证明一般法律规则的公式（法律规则 = 行为模式 + 违反的法律后果）。

根据上述论证的刑事诉讼规则的分析结构，我们可以推测，各法域的刑事诉讼规则都没有足够的不同的程序性后果，也没有完整的适用程序性后果的程序机制。如果所有的这些在各个法域的刑事诉讼制度中已经相当完善了，我们恐怕没有必要再继续该课题。于是笔者选取并考察三个代表性法域，即英国、德国和中国，来判定是否每个法域都具有理想的解决方案。笔者将分别探讨这三个法域程序性后果四个相辅相成的方面：（1）支撑刑事诉讼行为瑕疵的程序性后果的基本原理；（2）与程序性后果相关的法律制定（程序性后果相关规则如何演进，即判例法或者制定法）；（3）程序性后果的实体规定（如程序性后果的类别）；（4）适用程序性后果的程序机制（如刑事司法机构和当事人之间的权力/权利分配，以确定哪一方可以对瑕疵行为提出异议，哪一方对异议作出裁决）。从笔者的研究来看，每个法域的行为瑕疵的救济机制都存在缺陷。

为了建构应对刑事诉讼行为瑕疵的系统理论，在第四章，笔者将清理该项课题潜在的理念障碍。一般来说，英美法系学者和实务界人士对于普适性的法学理论存有广泛的怀疑态度。正如米尔建·达马斯卡（Mirjan Damaška）认为，[①] 在英美法系刑事诉讼程序中，诉讼主体对于法律的确定性普遍持怀疑态度，而个案正义则被强调。除此之外，资本主义和社会主义刑事诉讼法的人为的对立可能是两者之间调和的障碍。然而，笔者将论证刑事诉讼规则的一般法理，并且认为这些法律制度的理念都具有可调和性。

在厘清了这些理念问题之后，我们仍然应当认识到，法系的存在是建构普适性理论的现实障碍。笔者认为以下两个科学条件可以用以创设统一的理论框架：（1）刑事诉讼法的三项目的：实体真实、程序法定和法律和谐；（2）作为基本的分析单元的刑事诉讼

---

① M Damaška, ‘Structures of Authority and Comparative Criminal Procedure’ (1975) 84 YLJ 509.

行为及其各种样态。在本章中笔者将探讨这两个科学条件之间的潜在的关系。

在第五章，笔者阐述了德国法律科学家通过模仿民事法律行为理论来将刑事诉讼行为理论化。民事法律行为理论在第三章已经略有涉及。笔者认为建构刑事诉讼行为瑕疵及其程序性后果的完整理论的捷径就是继续德国法律科学家没有完成的作业，即在刑事诉讼法领域全面地移植民事法律行为理论。

德国法律科学家详尽地分析了民事法律行为的要素（主体、地点，尤其是意思表示等）和民事法律行为可能的法律效力状态（有效、可撤销和无效）。他们在民事行为瑕疵（即违反行为的某项要件，如意思表示）和法律效力后果之间创设了某些固定的公式。例如，如果意思表示是恶意串通或受欺诈而作出的，该民事法律行为无效。民事法律行为理论提供了潜在的三种借以将刑事诉讼行为理论化的方法：第一，创设一系列公式，即某种刑事诉讼行为瑕疵必然导致某种程序性后果；第二，分析刑事诉讼行为的要件，尤其是意思表示；第三，对瑕疵行为的程序性后果加以分类。

然而，在简要地描述了民事法律行为理论后，笔者将探讨民事法律行为与刑事诉讼行为之间的差异。这些差异体现在以下四个方面：（1）基本特征；（2）根本理念；（3）适用法域；（4）法律渊源。这些差异表明，我们无法创设单一的公式来指导刑事诉讼行为瑕疵及其程序性后果。因此，为了创设一个令人满意的理论，公式化的替代路径便是分类学（taxonomy）。分类学比类型学（typology）在价值上更加中立。笔者将仿照民事法律行为理论的两种解释方法，即分析行为要件和对法律效力作出分类，进行两次尝试，试图建立统一、科学的理论框架。第一次尝试是分析刑事诉讼行为的要素，包括主体、意思表示、地点、时间、内容和行为方式；第二次尝试是检验现有的行为瑕疵的程序性后果，并将它们划分为一些类别：终止整个程序、撤销决定/判决、非法证据/供述排除、减轻量刑、手续无效、瑕疵矫正和无效诉讼行为转换。对于这些程序性后果案例的援引局限于英国、德国和我国刑事诉讼法并不妥当，因为有时这三个法域所提供的救济措施并不足以论证所有的程序性后果。当某个法域的案例欠缺或不具有代表性，笔者将偶尔使用诸如美国、法国等其他法域的案例。

上述的这两种尝试对于从微观层面上理解刑事诉讼法是非常有帮助的。然而，这些尝试似乎都只具有分类的意义，而没能形成处理行为瑕疵的系统救济理论。只有将现有的程序性后果与额外的参考项结合起来，我们才可能建构出囊括违反刑事诉讼规则的所有可能后果的理论框架。两组行为分类对建构这样的理论有着突破点的作用：(1) 实体形成行为（如被告人向法庭举出可能影响案件判决的证据）、程序形成行为（如法院传唤被告人到庭）和裁判行为（如法庭对案件作出判决）；(2) 职权行为（如检察官提起公诉）和非职权行为（如被告人向侦查机关供述犯罪事实）。因此，随后将提出的模型是完整的理论分析框架，因为它清楚地列明了刑事诉讼行为、行为瑕疵和程序性后果之间的三方关系。

在第六章中，通过参考上述两组刑事诉讼行为的分类，笔者将最终完成理论建构。这个理论分析框架列在该段的下方。在这个框架中，笔者将刑事诉讼行为规则区分为宣示性规则（没有附着不利程序性后果的指导性规定）和效力性规则（违反可能导致行为无效的规则）。违反效力性规则的行为可以区分为绝对无效行为（如法院在公开审判前秘密判决被告人有罪）和相对无效行为（如警察在没有合法批准的情况下搜查交通工具，以寻找与犯罪相关的证据）。结合上段的两组行为分类，即实体形成行为、程序形成行为和裁判行为以及职权行为和非职权行为，我们可以界定所有可能的行为瑕疵。根据不同瑕疵行为的内在特征，它们相应的程序性后果也被填充在这个法理分析框架之中。

<table>
<tr><td rowspan="2"></td><td rowspan="2"></td><td rowspan="2">违反宣示性规则的程序性后果</td><td colspan="6">违反效力性规则的程序性后果</td></tr>
<tr><td>绝对无效行为</td><td colspan="5">相对无效行为</td></tr>
<tr><td rowspan="4">职权行为</td><td rowspan="2">裁判行为</td><td rowspan="2">自动省略瑕疵或单纯宣告违法</td><td rowspan="2">自动无效或单纯宣告无效</td><td colspan="2">撤销裁判行为</td><td rowspan="2">减轻量刑</td><td rowspan="2">终止诉讼</td><td rowspan="2">瑕疵矫正</td></tr>
<tr><td>程序终结</td><td>无效部分再议</td></tr>
<tr><td>实体形成行为</td><td>自动省略瑕疵</td><td>自动无效</td><td colspan="2">实体形成行为排除</td><td>减轻量刑</td><td>终止诉讼</td><td>瑕疵矫正</td></tr>
<tr><td>程序形成行为</td><td>自动省略瑕疵或单纯宣告违法</td><td>自动无效或单纯宣告无效</td><td colspan="2">程序形成行为无效</td><td>减轻量刑</td><td>终止诉讼</td><td>瑕疵矫正</td></tr>
<tr><td rowspan="2">非职权行为</td><td>实体形成行为</td><td>自动省略瑕疵</td><td>自动无效</td><td colspan="2">实体形成行为排除</td><td colspan="2">无效行为转换</td><td>瑕疵矫正</td></tr>
<tr><td>程序形成行为</td><td>自动省略瑕疵</td><td>自动无效</td><td colspan="2">程序形成行为无效</td><td colspan="2">无效行为转换</td><td>瑕疵矫正</td></tr>
</table>

在建成这个框架体系后，笔者将初步尝试整合适用程序性后果的附属程序机制。该程序机制涉及两个方面：一是机构设置（法律规定的权力/权利分配，以确定谁对瑕疵提出异议，谁对该异议作出裁决）；二是结构控制（主体可以运用的确保其他主体遵守法律的控制机制）。关于机构设置，笔者认为案件处理机关有时需要自行处理行为瑕疵，有时对于行为瑕疵的干预需要建立在相关利益当事人（如被警察非法搜查住所的被告人）申请的基础之上。关于用于增强处理行为瑕疵的组织效果的结构控制，笔者认为不同的机关之间相互制约可以作为一种方案。

在本章中，通过刑事诉讼行为瑕疵的程序性后果的理论分析框架的创设和附属程序机制的初步整合，我们最终创设了一套全新的瑕疵程序救济法理。在陈述了该理论之后，在第七章，笔者将对该理论的功能和限度作一些分析。笔者将简要地描述三个方面的功能：（1）理论指导；（2）法律制定；（3）司法实践。除了证明该理论的有效性，笔者将揭示它的缺陷。这是一个概括诉讼规则违法的一切可能程序性后果的理论工具，而不是判定某个具体程序瑕疵必然导致某个具体程序性后果的万能的理论。它是叙述性的（descriptive）而不是规范性的（normative），因为它具有科学性。

在通往上述提到的终点站的旅途中，笔者将使用很多对于读者而言可能并不熟悉的技术性术语。很多术语已经出现在上述框架中，这个框架展现了应对所有刑事诉讼违法的完整的程序性后果。在本书的开始将这些技术性术语陈列出来，便于读者查阅、理解该项研究。

法律术语汇编（按翻译的英文字母顺序排序）：

绝对无效行为（absolutely null conduct）

这是指必须自动无效的瑕疵诉讼行为。例如，法院在公开审理刑事案件之前秘密地判处被告人有罪，这违反了基本的刑事诉讼秩序。这种行为瑕疵不能治愈，换言之，行为绝对无效。

裁判行为（adjudicative conduct）

这是指具有部分或者全部终结刑事诉讼功能的裁定或判决。最为典型的裁判行为是对于案件的判决。

自动无效（automatic nullification）

这是指诉讼行为在没有被当事人提出异议或者案件处理机关（如法院）宣告无效的情况下，被自始认为无效（null ab initio）的程序性后果。这意味着无论是否正式宣告无效，诉讼行为都是无效的。

瑕疵自动省略（automatic pardoning of deficiency）

这是指瑕疵被自动不予以考虑的程序性后果。这说明瑕疵对于诉讼行为和程序的有效性并无影响。无论是否有正式的矫正程序，诉讼行为都是有效的。

终止整个诉讼（bringing an end to the whole proceedings）

这是指由于某个瑕疵，整个诉讼程序被完全宣告无效的程序性后果。这意味着犯罪嫌疑人或被告人无论是否犯罪，都不会因此遭受刑罚。例如，在英国刑事诉讼程序中，法院有时通过终止诉讼来制裁程序滥用（abuse of process）。终止诉讼的结果往往意味着被告人被无罪释放。

民事法律行为（civil juristic act）

这个概念起源于欧陆法律传统。它意味着私主体设立、变更或终止权利的意思表示。例如，捐赠行为意味着某个主体将财产自愿无偿地转移给另一个主体。作为私法中广为适用的概念，民事法律行为可以构成正常的契约（销售、租赁、互换和捐赠等）、家事契约（收养、婚姻和遗嘱等）和其他契约。民事法律行为往往预示着某个法律公式。在这个公式中，从某种违法行为中可以推导出某项法律后果。例如，当意思表示是恶意串通或受欺诈而作出的，该民事法律行为无效。

职权行为（conduct by persons in authority）

这是指拥有职权的刑事司法人员所做的刑事诉讼行为，即警察、检察官、法官等所做的行为。例如，警察讯问被告人是一种职权行为。

非职权行为（conduct by persons not in authority）

这是指刑事诉讼中的私主体所实施的刑事诉讼行为，即被害人、被告人、证人等所做的行为。例如，被害人陈述是一种非职权行为。

刑事诉讼行为（criminal procedural conduct）

这是指刑事诉讼主体所实施的，构成刑事诉讼程序，产生刑事诉讼后果的行为。例如，刑事立案、公诉、裁判等都是刑事诉讼行为。

刑事诉讼行为瑕疵/违法（criminal procedural deficiency/defect）

这是指违反刑事诉讼规则的行为。例如，根据我国刑事诉讼法第91条规定，讯问犯罪嫌疑人的时候，侦查人员不得少于两人。如果在讯问时，只有一个侦查人员在场，这种讯问就构成了刑事诉讼行为瑕疵/违法。

瑕疵/违法的程序性后果（criminal procedure defect consequence）

在本书中，瑕疵/违法的程序性后果是“瑕疵/违法刑事诉讼行为的程序性后果”的简写。它是违反刑事诉讼行为模式的程序效果。例如，根据德国刑事诉讼法第136a条规定，通过有损被指控人记忆力、理解力获得被指控人陈述的行为应当禁止（刑事诉讼行为模式）；如果该陈述是以上述方式获取的（行为瑕疵），它将不能作为定案的证据，即被排除（行为瑕疵的程序性后果）。瑕疵/违法的程序性后果不可以表述为一种实体法上的制裁（如民事赔偿或刑罚）。它的目的在于通过一些方式治愈瑕疵或者处理程序争议。

意思表示（declaration of intent）

这是指行为人为了产生某些法律后果的目的表达。它包括三个要件：内心目的、意图效果和外部表示。内心目的和意图效果是主观/心理要件，而外部表示是客观/物理要件。

除去瑕疵（disposal of deficiency）

这是指积极矫正刑事诉讼行为瑕疵的措施。例如，如果某个必要的文件没有及时地放置于案卷中，检察官随后可以将之加入到案卷中，以治愈瑕疵程序。除去瑕疵主要依赖瑕疵行为者和案件处理机关。它可以分为追补和改正。

实体形成行为（disposition - influencing conduct）

这是指用来影响案件处理机关心理判断及其随后处分性决定的刑事诉讼行为。例如，检察官向法庭出示证据是为了影响法官的心证及其对案件最终的裁判。因此，向法庭出示证据是一种实体形成行为。

实体形成行为排除（exclusion of disposition - influencing conduct）

这是指排除非法实体形成行为造成的结果。换言之，案件处理人员在形成对案件的认识和作出处分性决定时不予以考虑该等结果。一个典型的例子就是非法获取证据的排除。

程序终结（finality of the process）

在这个理论框架中，程序终结是指对被告人作无罪判决、直接更改判决或者其他任何可能直接结束案件的措施。例如，在英国刑事诉讼程序中，对于程序瑕疵成功的上诉以及随后对被告人作无罪判决表明整个程序就此终结。

机构设置（institutional arrangement）

在本书中，机构设置是指刑事诉讼法规定的权力分配，即谁有权对刑事诉讼行为瑕疵提出异议，谁有权处理该等异议。一般说来，有两种程序救济的机构设置方式：（1）“依申请宣告无效”（being seised of an application for annulment）。例如，根据德国刑事诉讼法第338条和第353（1）条的规定，如果审判法庭的组成不符合法定形式，需要受影响的当事人上诉之后才可能撤销该裁判。（2）“职权自行宣告无效”（raising such an irregularity on its own motion）。例如，根据我国刑事诉讼法第191条规定，如果第二审法院发现第一审法院审理有法定诉讼程序违反的情形，应当裁定撤销原判，发回原审法院重新审判。这意味着即使当事人没有对程序违法提出异议，第二审法院也可以自行处理该等违法。

减轻量刑（mitigation of sentence）

这是指当某个刑事诉讼瑕疵发生时，不需要宣告该等行为无效，而是对被告人适用低于依据实体刑法规定的刑罚的程序性后果。这种措施部分地阻碍了刑事诉讼行为的预期后果的实现。它发生在刑事诉讼进程中，而不是在此之外。相反地，由于刑事诉讼行为违法造成的民事赔偿等其他实体性后果就必须要在本刑事诉讼进程之外适用。例如，在德国刑事诉讼程序中，当迅速审判原则被违反或者出现超期审前羁押时，应当适用减轻量刑。

程序形成行为无效（nullification of procedure - inducing conduct）

这是指正式否定程序形成行为效果的程序性后果。在这之后，无效程序部分（或者适当的部分）可能重复。例如，根据我国刑事诉讼法第87条规定，如果公安机关应当立案却没有立案，检察院可以宣告不立案行为无效，要求公安机关立案。

效力性规则（nullity－backed rule）

这是指非法行为可能无效的法律规则。绝大多数刑事诉讼规则属于此类。例如，我国刑事诉讼法中所有关于公开审判的规则属于效力性规则。根据刑事诉讼法第191条规定，当相关规则被违反时，第二审法院有权裁定撤销原审判决，发回原审人民法院重新审判。

有撤销必要性的无效（nullity having necessity of recission）

这是指必须被案件处理机关宣告无效的可撤销行为。例如，如果公诉缺乏必要的程序要件（如起诉书没有列明犯罪的类型），法院可以在没有程序受害方提出异议的情况下驳回起诉。随后，这种行为绝对无效。

有撤销可能性的无效（nullity having possibility of recission）

这是指如果相关利益当事人对瑕疵提出异议时，才可能撤销的行为。绝大多数相对无效行为属于这种类别。一个典型的例子是对抗模式的刑事程序中非法获取证据的出示。如果相关当事人没有对该瑕疵行为表示异议，往往不可能排除该等证据。

忽视瑕疵（overlooking of deficiency）

这是指消极矫正刑事诉讼行为瑕疵的程序性后果。例如，根据德国刑事诉讼法第338（6）条和第341条的规定，如果审判公开的规定被违反，当事人可以在判决宣告后一个星期内对该判决提出上诉。然而，如果当事人放弃了上诉权，该瑕疵判决就被矫正，即瑕疵被忽视。忽视瑕疵通常是由受害方作出的。

主体的诉讼能力（procedural competency of the actor）

这是指刑事诉讼主体实施诉讼行为，参与诉讼程序的一种资格。例如，如果主审法官因精神失常无法胜任审判工作，属于主体诉讼能力欠缺。诉讼能力可以划分为一般诉讼能力和特殊诉讼能力。如果某个主体有意思表示能力，那么他的一般诉讼能力往往是充足的。特殊诉讼能力是基于主体所承担的角色而言的。例如，鉴定人如果在他的领域没有足够的专业技能，则他就缺乏特殊诉讼能力。

程序形成行为（procedure - inducing conduct）

这是指用来直接引导下一个主体的刑事诉讼程序的刑事诉讼行为。例如，签发逮捕令就是一个程序形成行为，它可以指令执法人员逮捕犯罪嫌疑人，将之带到法庭。

单纯宣告违法（pure declaration of illegality）

这是指象征性地否定程序违法，瑕疵本身并不影响刑事诉讼行为的有效性。这有时体现为某项裁决谴责错误，但是瑕疵行为仍然有效。例如，法院可以作出裁决，谴责警察不完全遵守搜查程序，最终的证据仍然有效。

单纯宣告无效（pure declaration of nullity）

这是指案件处理机关对于绝对无效、不可矫正的诉讼行为宣告无效。它意味着宣告本身并不推进刑事诉讼进程。它具有惩罚职权形成行为或裁判行为的象征性功能，因为行为在宣告之前就是无效的。例如，书记员签署的起诉书绝对无效，因为起诉书必须由检察官签署。为了处理书记员超越职权的行为，法院需要对该公诉单纯宣告无效。

撤销裁判行为（quashing adjudicative conduct/ reversal of adjudicative conduct）

这是指裁判违法的一种程序性后果（如违反审判公开原则）。案件处理机关通常撤销裁判行为和有关的程序。例如，如果审判法官采纳了应当排除的非法获得的证据，并且对被告人作出了有罪判决，上诉法院可以撤销该有罪判决。

无效部分再议（reconsideration of the nullified part）

在该理论框架中，无效部分再议是指无效裁判行为和支撑行为的程序重新开始。该类程序性后果的典型例子是上诉法院撤销原判决后发回原审法院重新审理案件。

改正（rectification）

这是一种去除瑕疵的方式。它是指后来才发现有瑕疵时，更正瑕疵行为。例如，如果起诉书的案由模糊不清，检察官可以随后改正，使之清楚明确。

瑕疵矫正（regularisation of deficiency）

这是指违法刑事诉讼行为被治愈，获得预期程序效果的一种程序性后果。例如，如果对于瑕疵裁判的上诉没有在法定期间内作出，该判决将被认为有效。这意味着诉讼行为瑕疵已经被矫正。

相对无效行为（relatively null conduct）

这是指可能被宣告无效的瑕疵行为。如果它没有被相关案件处理机关宣告无效，那么将被矫正。例如，根据我国《关于办理刑事案件排除非法证据若干问题的规定》第 14 条规定，出示非法获取的物证或者书证可能被法庭宣告无效。然而，如果瑕疵被追补或者作出合理解释，该瑕疵证据可以作为定案的根据。

宣示性行为（simply proclaimed rule）

这是指没有程序制裁，只有劝导性效果的刑事诉讼规则。不管瑕疵如何，刑事诉讼行为始终有效，刑事诉讼进程不受瑕疵影响。例如，《1995 年刑事诉讼程序（苏格兰）法案》第 257 条规定了检控方和被告人有义务对于没有争议的证据达成一致，然而违反这种义务并不会造成负面的程序性后果。

结构控制（structural constraint）

这是指用以确保刑事诉讼主体遵守刑事诉讼规则的控制机制。在本书中，笔者认为不同的刑事司法机构天然具有不同的利益导向。例如，在很多情况下，警察机关、检察院和法院的利益是存在一定竞争和冲突的。因此，笔者认为法律规则应当给程序主体留有足够的交流空间，允许它们在适用程序性后果之前自我更正刑事诉讼行为瑕疵。

实质无效（substantial nullity）

它是法定无效的对应。该类无效的情形并不是直接由法律所规定的。它是指如果法官认为某个行为破坏了公共秩序或者损害了当事人的利益，根据自由裁量权认定的无效。

追补（supplementation）

这是一种除去瑕疵的方式。如果某个诉讼行为迟于法定的阶段作出，或者因为迟延从而所有的行为都违反了原先设定的秩序，便产生了能否追补的问题。例如，检察官提起了某个告诉乃论之罪。然而，起诉书中并没有列明受害人或其亲属的控告或举报。在审判开始之前，追补控告或举报可能被允许。

法定无效（textual nullity）

这是指由相关法律明确规定的无效。例如，法国刑事诉讼法第59条规定："第56条，第56－1条以及本条规定的手续应予以遵守，否则，搜索无效。"

无效行为转换（transmutation of void conduct）

这是指当无效刑事诉讼行为能够满足某个不同有效刑事诉讼行为的整个要件时，无效刑事诉讼行为可以被这个有效刑事诉讼行为所代替。简而言之，某个行为作为行为A无效，作为行为B有效。例如，如果被告人以警察某项技术性错误为由，对某个已经终结的裁判提起上诉，该上诉无效，但是可以转化为一般的申诉。

第二章　比较刑事诉讼法：三个基本问题

尽管法律比较日趋重要，然而刑事诉讼法领域的比较还没有全面开展。作为一门国内公法，刑事诉讼法具有先天的保守性，[①] 刑事司法机构很少参看外法域刑事诉讼法。只有在非常有限的情况下，外法域刑事诉讼法以及相关的双边协定才可能被参看。例如，当本国对发生在外国的犯罪有管辖权，或者跨国犯罪发生时，外国刑事诉讼法可能被参看。由于刑事诉讼制度与国家主权密切相关，当国内刑事司法机构具有管辖权时，它们通常不愿意参看外国刑事诉讼法。此外，跨国犯罪远没有国内犯罪频繁，在绝大多数情况下，国内刑事司法机构只关注国内刑事案件，适用本国刑事诉讼法。

即便刑事司法机构参看了外法域刑事诉讼法，这也并不意味着需要进行刑事诉讼法比较。下列情况可能涉及有限程度的比较：第一，较小法域的法院有时比较本法域和邻近较大法域的刑事诉讼法，以改进本法域的刑事诉讼法；[②] 第二，当某个法域的法律制度及理论仍然参考母法域时，它们在改革刑事诉讼制度时，往往需要

---

① 由于国际贸易以及跨国私法纠纷日趋频繁，各国国内私法广为交易方和争端方参照和比较。

② See T Weigend, 'Criminal Law and Criminal Procedure' in JM Smits (ed), Elgar Encyclopedia of Comparative Law (Edward Elgar Publishing, Cheltenham and Northampton 2006) 214. 例如，苏格兰法院在实施刑事诉讼法改革时，经常参看和比较英格兰的立法和判例。

与母法域的刑事诉讼法作比较；① 第三，《欧洲人权公约》和欧盟为欧洲的很多法域制度融合提供了平台，促进了各法域刑事诉讼制度的比较和配套机制的协同；② 第四，一些国际刑事法庭一直在试图通过不同法域的刑事诉讼法比较，制定有效、折中、以人权为基准的刑事诉讼规则。③

如果仔细观察，可以发现在上述比较法实践中，还没有任何一个涉及全球范围内关于刑事诉讼法的广泛研究。尽管欧洲理事会和欧盟一直试图建立一些共同的刑事诉讼机制，然而这些机制往往是政治妥协的结果，并没有经过足够的科学理论指导。因此，理性建构的刑事诉讼法统一工程只可能在学术层面上操作。

在学术研究中，有一些学者在比较刑事诉讼法领域作出了一些贡献。④ 然而，这些成果似乎多为"描述性比较法"（descriptive comparative law）：⑤ 这些所谓的比较研究仅仅将某些没有任何联系

---

① See T Weigend, 'Criminal Law and Criminal Procedure' in JM Smits (ed), Elgar Encyclopedia of Comparative Law (Edward Elgar Publishing, Cheltenham and Northampton 2006) 214. 例如，许多英联邦国家仍然在学习前宗主国英国的刑事诉讼经验。德国刑事法对于南欧、东欧、日本、韩国和我国台湾地区等法域影响深远。

② 例如，欧盟已经起草了统一应对诈骗、腐败和未经授权泄露秘密的刑事诉讼程序。See M Delmas - Marty and JAE Vervaele (eds), The Implementation of the Corpus Juris in the Member States (Vol. 1st Intersentia, Antwerp2001).

③ See Christoph Safferling, Towards an International Criminal Procedure, Oxford University Press, 2001, pp. 2 - 5.

④ 里昂奈特·路易斯 - 贾克斯（Lyonette Louis - Jacques）在 2007 年 6 月总结了比较刑事诉讼法领域的经典文献，相关检索参见 http://www.nyulawglobal.org/Globalex/Comparative_Criminal_Procedure.htm。

⑤ See T Weir (tr), K Zweigert and H Kötz, An Introduction to Comparative Law I The Framework (1st edn North - Holland Publishing Company, Amsterdam, New York, Oxford 1977) 5.

的法域的刑事诉讼法搁置到一起，至多稍加泛泛的评论。[①] 因此，这些研究不能算作真正的比较刑事诉讼法。尽管确有一些相对完善的比较刑事诉讼法成果，但是它们多局限于两到三个法域刑事诉讼制度的分析，这限制了它们的影响。[②]

面对影响深远的全球化，“每个国家都应当学习所有其他国家的宝贵经验”。[③] 比较刑事诉讼法研究是一项国际关注的课题，[④] 那么就有必要具有对于一般刑事诉讼法的常识性理解，无论具体的犯罪的类别和法域的特征如何。[⑤] 否则，国内刑事诉讼法改革和完善只能孤立地开展，缺少国际性的、统一的导向。

这项研究不仅要将功能上可比较的刑事诉讼规则违法的程序性后果罗列出来，还要更进一步，根据这些程序性后果的逻辑界限，

---

① 很多非常著名的成果都属于此类。See, e. g. , CM Bradley (ed), Criminal Procedure A Worldwide Study (Carolina Academic Press, Durham, North Carolina 1999); CD Wyngaert (ed), Criminal Procedure Systems in the European Community (Butterworths, London, Brussels, Dublin, Edinburgh 1993).

② See, e. g. , P Fennell, C Harding, N Jörg and B Swart (eds), Criminal Justice in Europe: A Comparative Study, Clarendon Press (OUP, Oxford, New York 1995); AV Sheehan, Criminal Procedure in Scotland and France: A Comparative Study, with Particular Emphasis on the Role of the Public Prosecutor (Her Majesty's Statutory Office, Edinburgh 1975); AS Goldstein and M Marcus, 'The Myth of Judicial Supervision in Three "Inquisitorial" Systems: France, Italy, and Germany' (1977) 87 YLJ 240 –283; RS Frase and T Weigend, 'German Criminal Justice as a Guide to American Law Reform: Similar Problems, Better Solutions?' (1995) 18 B. C. Int'l & Comp. L. Rev. 317 –360; T Weigend, 'Continental Cures for American Ailments: European Criminal Procedure as a Model for Law Reform' 2 (1980) Crime and Justice 381 –428; MD Dubber, 'American Plea Bargains, German Lay Judges, and the Crisis of Criminal Procedure' 49 (1997) Stan. L. Rev. 547 –605; RS Frase, 'Comparative Criminal Justice as a Guide to American Law Reform: How Do the French Do It, How Can We Find Out, and Why Should We Care?' 78 (1990) Cal. L. Rev. 539 –683.

③ GF Cole, SJ Frankowski and MG Gertz, Major Criminal Justice Systems: A Comparative Survey (2nd edn Sage Publications, Newbury Park, CA 1987) foreword, 8.

④ See S Swoboda, 'A Normative Theory of Criminal Procedure' (2007) 18 Crim. L. F 151.

⑤ 这里所指的常识并不是指一般人的判断，而是刑事司法领域内的专业常识。

将它们整合成合理、科学和有机统一的整体。这个完整的地形图状的法理分析框架可以适用于每个法域的刑事诉讼法。在此处可以得出一个前提性的结论：比较法的方法不应限定于“评价”和“协调”，还应包含将具备相似功能的方案排序，将它们组合在一起，形成系统的功能整体。

在探讨普适的程序性后果分析框架之前，有必要简单概述现有的全球刑事诉讼法广泛研究的成果。这是本章需要澄清的第一个基本问题。这些研究比一般的刑事诉讼法比较研究更为少见。这些文献与本书有何相关性？大多数这类研究致力于发掘不同法律制度之间刑事诉讼程序的差异，而本书则与之相反，试图发掘它们的共同因素，创设统一、科学的刑事诉讼理论。比较法研究通常需要在法域所属的法系（英美法系、大陆法系或社会主义法系）进行。因此，第二个基本问题与我国刑事诉讼法所应当归属的法系相关。笔者论证我国法律制度及其刑事诉讼法属于社会主义法系，是社会主义法的代表。要建立统一的法律理论，某些基础的、带有文化烙印的概念需要澄清。例如，“刑事诉讼法”和 criminal procedure 两个貌似同一的概念需要在功能上加以整合。这是本章探讨的第三个基本问题，即识别中文中的“刑事诉讼法”（在英语中翻译成 criminal procedure law）与英文中的 criminal procedure 之间的差异，随后将之合成一个外延最为广泛的概念。

一、全球刑事诉讼法综合研究的主要尝试

（一）英美法系的模式划分

一般说来，英美法系学者和律师对于普适性的法学理论普遍存有怀疑态度。综观现有的比较刑事诉讼法英文文献，绝大多数综合性研究都以划分刑事诉讼程序模式为主要进路。

赫尔伯特·帕克（Herbert Packer）早在 1964 年提出的犯罪控制和正当程序的刑事程序价值界分广为比较刑事诉讼法学界所援引。有学者认为帕克概括了“普通法系的正当程序模式和大陆法

系的犯罪控制模式”。[①] 然而，帕克明确表示，他的模式划分仅建立在其对美国刑事诉讼程序的理解基础之上，他并没有比较刑事诉讼法的意愿。[②] 因此，尽管他的模式划分影响深远，但此处并不作讨论。本书讨论米尔建·达马斯卡（Mirjan Damaška）的两组产生巨大反响的模式：一是他在 1973 年系统梳理的审问模式（inquisitorial model）和对抗模式（adversary model）；二是他在 1975 年创立的阶层模式（hierarchical model）和同位模式（coordinate model）。[③]

1．审问模式和对抗模式

达马斯卡在《定罪的证据障碍和刑事诉讼程序的两种模式》一文中系统梳理了审问模式和对抗模式，用以分别概括大陆法系和英美法系的刑事诉讼程序（尤其是审判程序）的特征。[④] 审问模式具有以下特征：官方负责调查确证事实，并将这些事实累积记录在案卷中；被告人被期待帮助查清事实，随着调查深入，也有权了解不利于己的证据；法官积极地收集和筛选证据；基本上没有实质性的证据限制规则；当事人在出庭时对于证据的展示没有掌控能力；判决结果在累进的行政化程序中作出，这种审判程序与以口头证据为主的听证程序有很大差异，它需要审查含有大量书面证据的案卷。相反，对抗模式具有以下特征：对立的当事人双方完全掌控各自案件的准备和陈述；当事人双方公平竞争，均没有义务帮助另一

---

① 参见程味秋：《两大法系刑事诉讼模式之比较》，载《比较法研究》1997 年第 2 期，第 182 页。

② See HL Packer, ‘Two Models of the Criminal Process’ (1964) 113 U. Pa. L. Rev. 7.

③ 达马斯卡在 1986 年撰写的著作《司法和国家权力的多种面孔》中创立的冲突解决模式（conflict - solving model）和政策执行模式（policy - implementing model）系上述两组模式的延伸，本书因此不作讨论。See MR Damaska, The Faces of Justice and State Authority (New Haven, Yale University Press, 1986).

④ See M Damaška, ‘Evidentiary Barriers to Conviction and Two Models of Criminal Procedure: A Comparative Study’ (1973) 121 U. Pa. L. Rev. 507 - 589.

方；被告人有权对已经发现的信息或者庭审中展示的证据保持沉默；当事人可以利用复杂的证据限制规则将不利于己的证据排除出法庭；法官是消极的裁判者，在审判开始前没有预先了解案情；判决结果在一次性的听证程序中作出，该听证程序着重考察当事人的口头证据。①

2. 阶层模式和同位模式

达马斯卡在另一篇文章《权力的结构和比较刑事诉讼程序》中创设了阶层模式和同位模式，用以分析两大法系刑事诉讼程序的差异。② 阶层模式非常注重决定的确定性和统一性，使用相对刚性的规则解决复杂的问题；权力组织排序趋于集中，办案人员（警察、检察官和法官）在诉讼中表现出明显的等级序列；上诉审在上诉权行使后自动启动，上诉法庭往往全面审查整个案件；法庭审判人员都是专业人员，很少有外行参与办案；诉讼程序模式化和去个人化；精确的程序规则被推崇；格式化的官方书面文件和报告是程序运行的载体；每个办案人员都不是独立自主的决定者，而被设想为技术性的公职人员。同位模式则非常注重个案的最佳解决，采取灵活的方案解决复杂的问题；权力组织排序趋于分散，办案人员在诉讼中相对独立；一级审判终结案件是原则，上诉审是例外；专业人员在定案时往往起着辅助作用，案件可以由外行审理；案件的判定较为灵活，往往依据法律以外的常识和地方性的公平理念；弹性的程序规则被青睐；直接的口头证据比官方书面文件和报告更为重要；办案人员更像是纠纷解决者，而不是机械的法律适用者。③

---

① See M Damaška, 'Evidentiary Barriers to Conviction and Two Models of Criminal Procedure: A Comparative Study' (1973) 121 U. Pa. L. Rev. 507 - 589. 这两种模式系统的总结, see Peter Duff, 'Disclosure in Scottish Criminal Procedure: Another Step in an Inquisitorial Direction?' (2007) 11 International Journal of Evidence and Proof 154 - 155.

② See M Damaška, 'Structures of Authority and Comparative Criminal Procedure' (1975) 84 YLJ 480 - 544.

③ See M Damaška, 'Structures of Authority and Comparative Criminal Procedure' (1975) 84 YLJ 480 - 544.

3. 模式论的隐忧

达马斯卡的两组模式帮助了整个一代的比较法学者（尤其是那些难有机会亲历外法域刑事诉讼实践的学者）了解各法域刑事诉讼程序（包括刑事证据规则）的差异。① 达马斯卡受韦伯的理想类型的启发而梳理和建构了这两组分别对立的二元模式；② 尤其是阶层模式使我们想起了韦伯的官僚体制。③ 两组模式没有完全客观描述两大法系刑事诉讼程序的现实运行，而是对它们进行抽象化、对立化的概括。在任何法域，刑事诉讼程序都不可能呈现出纯粹的某一模式，而都应当是混合式的，浮动在两极模式之间的某一区域。例如，大多数采用"审问模式"的刑事诉讼法允许被告人与控方证人当面对质，大多数采用"对抗模式"的刑事诉讼法对于"突袭辩护"（ambush defences）设置了限制。④ 达马斯卡自己也认识到，模式的划分过于简单化，夸大了不同法域刑事诉讼法之间的特征差异。⑤ 例如，尽管英美法系刑事诉讼法相较于大陆法系刑事诉讼法更具弹性，但是基本的标准是存在的。在大多数案件中，法

---

① See J Jackson & M Langer, 'Introduction: Damaška and Comparative Law', in J Jackson, M Langer & P Tillers (eds.), Crime, Procedure and Evidence in a Comparative and International Context: Essays in Honour of Professor Mirjan Damaška (Hart Publishing, 2008) 1.

② See M Damaška, 'Evidentiary Barriers to Conviction and Two Models of Criminal Procedure: A Comparative Study' (1973) 121 U. Pa. L. Rev. 538 – 540, 562, 566, 577; M Damaška, 'Structures of Authority and Comparative Criminal Procedure' (1975) 84 YLJ 481 – 3, 486, 494, 511, 523, 527.

③ See M Damaška, 'Structures of Authority and Comparative Criminal Procedure' (1975) 84 YLJ 486, 511; M Weber, Economy and Society (Berkeley, Los Angeles, London, University of California Press, 1978).

④ Peter Duff, 'Disclosure in Scottish Criminal Procedure: Another Step in an Inquisitorial Direction?' (2007) 11 International Journal of Evidence and Proof 155.

⑤ See See M Damaška, 'Evidentiary Barriers to Conviction and Two Models of Criminal Procedure: A Comparative Study' (1973) 121 U. Pa. L. Rev. 577.

官不经批判或重新审查地遵循先例和制定法。① 值得注意的是，普通法系的程序法已经逐渐法典化。② 例如，英国颁布了《1984年警察和刑事证据法案》（Police and Criminal Evidence Act 1984）以及附属实施细则。这些规定似乎比任何大陆法系国家刑事诉讼法对于警察权力的规定都更为详细和确定。

这两组模式作为比较刑事诉讼法的分析工具未尝不可；然而，后人却似乎视其为比较刑事诉讼法的学科外延或先验真理，在描述和论证之前，言者必称审问制（职权主义制度）与对抗制（当事人主义制度），阶层式和同位式。至少在英语及汉语世界有大量对这两组模式的盲目追崇者。③ 套用这些模式有时妨碍了科学客观的比较法研究，因为比较者可能因此产生先入为主的偏见。比较者在比较对象原有的法域身份（identity）和法系身份壁垒上，又附上一层模式身份，促使不同模式制度之间的比较局限于差异甚至对立。模式的极化引导和盲从者对于制度差异的反复强调，从而增加了刑事司法合作和制度融合的难度。正如帕克所说，当我们极化时，我们扭曲事实，从而使模式本身变成曲解。④ 因此，我们必须警惕这种理想化的类型学（typology）的过度适用，它们容易使比较者走向极端，即只关注刑事诉讼程序的差异而忽视它们的共同特征。

（二）大陆法系和我国的系统化研究

在大陆法系，有很多刑事诉讼法研究也采用了上述同样的类型

---

① See E Bodenheimer, Jurisprudence: The Philosophy and Method of the Law (HUP, Cambridge, Massachusetts 1962) 289.

② See P Cruz, Comparative Law in a Changing World (Cavendish, London 1995) 46.

③ See, e. g., Johannes F. Nijboer, 'The American Adversarial System in Criminal Cases: Between Ideology and Reality' (1997) Cardozo Journal of International and Comparative Law 79 -96；林劲松：《对抗制国家的无效辩护制度》，载《环球法律评论》2006年第4期，第478～484页。

④ See HL Packer, 'Two Models of the Criminal Process' (1964) 113 U. Pa. L. Rev. 6.

学进路，即划分刑事诉讼模式，这些研究也同样深受韦伯的理想化类型的影响。例如，米海依尔·戴尔马斯－马蒂（Mireille Delmas－Marty）在她的专著《刑事政策的主要体系》中创设了三种刑事诉讼模式：自由式、威权式和极权式。[①] 除了这些分类之外，大陆法系有一些刑事诉讼法理性研究体现出一般性、系统性的特征。这些刑事诉讼法理似乎并不仅仅适用于本国法律，而更具有超越法域的普适性。大多数这些比较研究并不是不谨慎的假设，[②] 从中可以颇见大量共通的结论。

最为直观的例子就是欧陆刑事诉讼法教科书，几乎所有经典的刑事诉讼法教科书都包含主体、客体、行为、条件、方法、原则、价值、模式和具体的程序的一般性分析。[③] 从中我们可以窥见大陆法系“法律科学化”的传统。[④] 由于这种传统，大陆法系的法学教科书中对于具体法律事项的叙述比普通法系的法学教科书更加系统化。这体现了罗马法传统对于包括刑事诉讼法在内的所有部门法的

① See T Weigend, ‘Criminal Law and Criminal Procedure’ in JM Smits (ed), Elgar Encyclopedia of Comparative Law (Edward Elgar Publishing, Cheltenham and Northampton 2006) 219, citing M Delmas－Marty, Les Grands Systèmes de Politique Criminelle (Presses Universitaires de France, Paris 1992).

② 两个事实需要加以补充：第一，一般认为，大陆法系的比较法研究比英美法系更为发达；See P Roberts, ‘On Method: The Ascent of Comparative Criminal Justice’ (2002) 22 OJLS 539－561；第二，很多大陆法系的刑事诉讼法教科书总是留有一些关于比较刑事诉讼规则研究的章节及其内容。参见［德］克劳思·罗克信著：《刑事诉讼法》，吴丽琪译，法律出版社2003年版，第643～651页。

③ 关于德国教科书，可参见［德］克劳思·罗克信著：《刑事诉讼法》，吴丽琪译，法律出版社2003年版。关于台湾地区教科书，可参见林钰雄著：《刑事诉讼法》（上册·总论编），中国人民大学出版社2005年版；关于日本教科书，可参见［日］田口守一著：《刑事诉讼法》，刘迪、张凌、穆津译，法律出版社2000年版；关于法国教科书，可参见［法］贝尔纳·布洛克著：《法国刑事诉讼法》，罗结珍译，中国政法大学出版社2009年版；关于澳门地区教科书，可参见徐金辉、程立福著：《澳门刑事诉讼法》，澳门基金会1999年版。

④ See JH Merryman, The Civil Law Tradition: An Introduction to the Legal Systems of Europe and Latin American (Stanford University Press, Stanford 1969) 65－72.

深远影响，使得大陆法系学者更愿意对某个具体法律事项作一般性理解。这种一般性理解不仅在本国有效，而且在其他法域也推定为有效。从这个角度来看，刑事诉讼法可以视为一门科学学科，而不是英美法系程序法学者所认为的艺术。

在简要提及英美法系和大陆法系的相关研究后，我们来探讨一下社会主义法系对于刑事诉讼法的系统化研究。我国作为社会主义法系的代表法域，也深受欧陆法学整体思维的影响。众多法理学者一直尝试着建构解释某一法学现象的一般法理。

随着文章的推进，读者可能会怀疑，笔者广泛引用我国刑事诉讼法，使之成为该项统一程序性后果研究的重要组成部分，是故意利用了个人地方化的见解。然而，列举我国的例子的主要原因是我国是社会主义法系的代表法域。当然，我们不能武断地声称，我国刑事诉讼法比欧陆刑事诉讼法更加先进。由于过去一系列运动造成的法制建设的破坏，使得我国无论是在刑事诉讼法的制定，还是在相关理论建设上都仍然有进步空间。近三十年来，我国刑事诉讼法及其研究得到了迅猛的发展。在一些研究领域，如刑事诉讼目的、原则、价值、构造、主体和客体等方面，尽管仍然有着很多欧陆法的痕迹，但是也产生了一系列新的观点。

我国刑事诉讼法研究主要包括对现有刑事诉讼法的注释研究、刑事诉讼实践研究和刑事诉讼法理研究。[①] 注释研究很明显是建立在国内法域基础之上的。由于理论界和实务界缺少足够的联系，实践研究并不是很充分，这相反为相对普适性的纯理论研究提供了大量空间。例如，陈瑞华教授系统地构建了“程序性制裁理论”。该理论具体包括以下几个部分：程序性违法、程序性制裁、程序性裁判、程序性辩护、程序性上诉和宪法性救济。[②] 此外，还有很多研

① 参见宋英辉著：《刑事诉讼原理》，法律出版社 2003 年版，第 4 ~ 5 页。

② 参见陈瑞华著：《程序性制裁理论》，中国法制出版社 2005 年版，第 533 ~ 544 页。

究刑事诉讼法基础问题的富有创见的著作，如《刑事诉讼目的论》[1] 和《刑事审判原理论》。[2]

大陆法系和我国的这些研究值得进一步探讨，因为它们都似乎致力于建构科学、普适的刑事诉讼法理论。然而，这些理论中的大多数无法排除明显的价值取向，即作者对于某些价值有所偏爱，尤其是对反映了现代社会潮流的人权保障理念的推崇。但是如果某个方面被过于强调了，相关论证很可能就不够科学中立了。

三个主要法系（民法法系、普通法系和社会主义法系）可以作为刑事诉讼法的划分模式的标准，它们代表了法律制度的理想化类型。这隐含着一种事实：绝大多数比较法学者更关注不同法域的差异，而不是它们的相似之处。事实上，当我们讨论某个法律制度属于某个法系，这个法律制度往往也包含不同法系的某些特征。这反映了不同法域刑事诉讼法共性研究的必要性和重要性。这项研究，即创设刑事诉讼行为瑕疵及其程序性后果的统一理论，是一项关于不同法域刑事诉讼法更高阶段共性的研究。

为了建构一个真正科学的理论，在对全球刑事诉讼法的这些综合研究中所列举的弊端将为本书所规避，价值判断将降到最低程度。例如，该理论建设的一个重要步骤是在最少价值判断的基础上检验不同刑事诉讼行为的本质属性。作为刑事诉讼程序的基本构成要素，刑事诉讼行为是建构这项理论的重要参考指数。本书所探讨的其他客观方面也不同于绝大多数文献中带有价值烙印的论证。从某种意义上来说，笔者不是在创造理论，而是根据科学方法，发掘

---

① 该书为宋英辉教授所著，中国人民公安大学出版社 1995 年版。在本书中，作者将刑事诉讼目的划分为“直接目的”和“根本目的”。刑事诉讼法的直接目的是控制犯罪和保障人权，根本目的是维护宪法所确立的制度和秩序。

② 该书为陈瑞华教授所著，北京大学出版社 2003 年版。在本书中，作者认为，刑事审判程序具有多元价值，具体应当从三个方面讨论：内在价值（程序的公正性），外在价值（程序的工具性）和次级价值（程序的经济性）。尽管从严格意义上讲，刑事审判程序只是整个刑事诉讼程序的一部分，但是这项成果反映了我国刑事诉讼法研究中对于一般理论的热衷。

在不同法域分立的、毫无联系的规则背后的协同规律。

二、选择可供比较的代表性法域：一种法系区分的视角

此处需要谈到可供比较的代表性法域的选择问题。为了使比较更加容易操作，比较法研究通常首先需要做的是区分法系，每种法系包含具有相似特性的法域。通过法系这一分析工具，比较法学者可以很容易地理解和研究一个相对陌生的法域及其制度。[①] 我们可能需要在不同的法系背景下理解很多刑事诉讼违法的不同的（可能并不是全部的）程序性后果。

广为认可的法系是由勒内·达维德（René David）和约翰·布赖尔利（John E. C. Brierley）提出的，它包括普通法系（英美法系）、民法法系（大陆法系）、社会主义法系和“其他法系”。[②]“其他法系”中的绝大多数制度不是带有宗教性质的就是传统的。在本研究中，它们不可以与其他世俗的制度相提并论，因为宗教法系不具有完整的、科学的法律推理形态，传统法系刑事诉讼规则与完整的、科学的推理形态也无法兼容。因此，在这个科学的主题中，不适宜考察第四类法系。毫无疑问，普通法系和大陆法系的主要差别在于主要的法律渊源：法官所造之法和立法者的制定法。英国和美国是典型的普通法系国家，而德国和法国可以视为大陆法系国家。因此，援引这些法域中的刑事诉讼制度以分别代表普通法系和大陆法系不会引起关于代表性的争议。

尽管有大量的前人的研究是建立在法系的三分基础上的，即普

---

① See J Husa, ‘Legal Families and Research in Comparative Law’ (2001) 1 Global Jurist 1.

② 作者原来所用的术语是“普通法系”、“罗马—日耳曼法系”、“社会主义法系”和“其他法律制度”。See R David and JEC Brierley, Major Legal Systems in the World Today: an Introduction to the Comparative Study of Law (3rd edn Stevens & Sons, London 1985) 22 - 31.

通法系、大陆法系和社会主义法系，① 社会主义法系的代表法域通常被认为是前苏联。随着前苏联的解体，西方很多学者认为社会主义法系已经消逝。② 他们认为前苏联是社会主义法系的唯一代表法域，然而他们忽视了现存的社会主义法域，尤其是我国。可以理解，选择我国刑事诉讼法作为当今社会主义法系的代表可能会造成一些争论，因此我们有必要稍加详细地对这个问题加以探讨。很多比较法学者并不清楚社会主义法的基本特征。在探讨这个上位概念之后，笔者将分析我国刑事诉讼法的社会主义特征。

（一）社会主义法的基本特征

社会主义法通常是指社会主义国家的法律制度。它们具有大陆法传统，但是经过了马克思列宁主义的改造，而在原有的法律制度基础上产生了大量新的特征。达维德和布赖尔利主张：大陆法和社会主义法除了在意识形态上存在差异，还由于实质内容上的不同，似乎更适合将社会主义法脱离出大陆法系。③ 博丹（Bogdan）认为，由于共同的经济基础和对于前苏联法律思想的继受，社会主义法律制度应当成立独立的法系。④ 我国学者储有德认为社会主义法具有下列特殊性：社会主义公有制；代表无产阶级的意志；保护民主、打击敌人的强大武器。⑤ 这些论证似乎有些笼统，无法完全证明社会主义法的成立。尽管在持续变化的社会主义改革历程中，法

---

① See, e. g., V Langer, 'Public Interest in Civil Law, Socialist Law and Common Law Systems: The Role of the Public Prosecutor' (1998) 36 AJCL 279 – 305.

② 例如，茨威格（Zweigert）和克茨（Kötz）在《比较法导论》第3版的序言中认为，社会主义法已经逝世，并且被历史埋葬了，因此在比较法研究中不应当再提及社会主义法系。See T Weir (tr), K Zweigert and H Kötz, An Introduction to Comparative Law (3rd edn OUP, Oxford 1998) v.

③ See R David and JEC Brierley, Major Legal Systems in the World Today: an Introduction to the Comparative Study of Law (3rd edn Stevens & Sons, London 1985) 25 – 27, 273 – 280.

④ See M Bogdan, 'Different Economic Systems and Comparative Law' (1978) 2 Comp. Law Y. Bk 107.

⑤ 参见储有德著：《比较法学基础》，上海社会科学出版社1988年版，第96页。

律制度得到不断改造，笔者认为社会主义法具有下列稳定的特征：①

（1）在宪政结构中，没有孟德斯鸠式的立法权、行政权和司法权分立。社会主义宪政结构是建立在列宁的“统一国家权力”理论基础之上的。② 社会主义根本的权力分配制度叫做“民主集中制”，即人民通过全国和地方人民代表大会行使国家权力。行政、审判和检察机构是由人民代表大会创设和授权的，对人民代表大会负责。当然，这些机构在职能上并不是完全分立的，而是有相互重叠之处。

（2）在财产法领域，很多不动产，尤其是土地，归国家或集体所有。③ 个人可以占有、使用，但是不能处分国家或集体的土地。国家有权征收个人使用的土地，以合理的价格予以补偿。④

（3）在其他私法领域，有着较强的国家干预和经济集体化的特征。许多私法权不存在或者在适用范围上受到公权力的严格限制。一些私法领域可能出于公共利益的需要成为公法的调整范围。⑤

---

① 笔者需要在此处感谢阿伯丁大学马提亚斯·波蒂格博士（Mátyás Bódig）的帮助，他以其对匈牙利社会主义法的深刻理解，赞同笔者所归纳的这些特征。

② See R Vogler, A World View of Criminal Justice (Aldershot and Burlington, Ashgate 2005) 88.

③ 这通常被视为社会主义法最为典型的特征，因为马克思主要通过私有制和公有制来区分资本主义制度和社会主义制度。See JN Hazard, Communists and Their Law: A Search for the Common Core of the Legal Systems of the Marxian Socialist States (University of Chicago Press, Chicago 1969) 145; R David and JEC Brierley, Major Legal Systems in the World Today: an Introduction to the Comparative Study of Law (3rd edn Stevens & Sons, London 1985) 290 – 295.

④ 我国土地管理法第 47 条。

⑤ V Langer, 'Public Interest in Civil Law, Socialist Law and Common Law Systems: The Role of the Public Prosecutor' (1998) 36 AJCL 280.

(4) 公法，尤其是行政法，是总的法律规则中最庞杂的部分。① 很多社会领域似乎不是由私法来调整，而是仍然依赖计划和行政命令。②一些行政规则有时互相重叠，造成了法律冲突。因此，有时需要制定新的规则以调和这些冲突，从而造成了更为庞大的公法系统。

(5) 司法机构有很多独特的功能和特征。例如，等级明显的检察院实施法律监督③，被监督的主体包括法院和侦查机关。④ 当违法行为发生时，检察院可以通知该机构，向该机构的上级提出行为合法性的异议。法院具有较强的教育功能，法官及其人民陪审员必须要服务于政府所主导的社会改革目标，保障社会主义建设。⑤

(6) 法律多元主义现象非常明显，法律规则的层级不是非常明晰。在社会主义革命意识和社会主义优越性的观念支配下，法律制定者试图通过计划和指令快速推行社会改革，⑥ 法律实验非常频繁，很多职权机构都有实质上的法律制定权。

很明显，我国是社会主义法系的主要成员。我国在整个世界法律体系中的地位不可忽视，因为我国有着世界最多的人口，并且在

---

① TH Reynolds, 'Socialist Legal Systems: Reflections on Their Emergence and Demise' (1992) 20 Int'l. J. Legal Info 231.

② 国家直接干预的私人领域不仅包括生育，还包括生产、工资、价格、住房分配、职业、教育、医药、媒体等多个方面。See MMH Yang, 'The Modernity of Power in the Chinese Socialist Order' (1988) 3 Cultural Anthropology 412.

③ 参见石少侠、郭立新：《列宁的法律监督思想与中国检察制度》，载《法制与社会发展》第3期，第3～11页。

④ See V Langer, 'Public Interest in Civil Law, Socialist Law and Common Law Systems: The Role of the Public Prosecutor' (1998) 36 AJCL 288 -9; T Weir (tr), K Zweigert and H Kötz, An Introduction to Comparative Law I The Framework (1st edn North - Holland Publishing Company, Amsterdam, New York, Oxford 1977) 324 -325.

⑤ See R David and JEC Brierley, Major Legal Systems in the World Today: an Introduction to the Comparative Study of Law (3rd edn Stevens & Sons, London 1985) 248.

⑥ See R David and JEC Brierley, Major Legal Systems in the World Today: an Introduction to the Comparative Study of Law (3rd edn Stevens & Sons, London 1985) 209 -213.

国际政治、经济中有着日趋重要的影响。① 作为一个现存的法域，我国法律制度强有力地证明社会主义法系并没有消失。换言之，社会主义法系范围的缩小并不能证明它已经不存在了。

（二）我国刑事诉讼法：社会主义成分分析

我们必须注意，有时某个法系的法域的某一部门法可能会纳入某个不同的法系。② 尽管笔者已经简单论证了社会主义法的基本特征，但这仍然不能证明我国刑事诉讼法是社会主义法。宪法的社会主义性质可以帮助推导作为“应用宪法”的刑事诉讼法的社会主义性质。③ 这具有相当的合理性，但是对于证明我国刑事诉讼法的社会主义性质是不够的。此处需要通过详细地列明我国刑事诉讼法的社会主义特征以表明它的性质。以下将从我国刑事诉讼法的起源、意识形态、机构、形式和内容五个方面加以探讨：④

1. 起源

仅仅通过分析我国刑事诉讼法文本，我们无法完全确定我国刑事诉讼法的社会主义法属性。由于法律制度发展具有路径依赖的特征，⑤ 首先需要理解我国刑事诉讼法的起源，尤其是对于前苏联刑事诉讼法的借鉴。我国现行的 1996 年刑事诉讼法是 1979 年刑事诉

---

① 正如罗杰克（Rojek）认为，“中国比以往更加坚定不移地实施现代化战略，通过中国人民的努力，中国正在逐渐担当世界领袖的角色”。See DG Rojek, ‘The Criminal Process in the People’s Republic of China’ (1985) 2 JQ 126.

② See T Weir (tr), K Zweigert and H Kötz, An Introduction to Comparative Law (3rd edn OUP, Oxford 1998) 65-66.

③ 参见林钰雄著：《刑事诉讼法》（上册·总论编），中国人民大学出版社 2005 年版，第 18 页。

④ 这五个方面与达维德与布赖尔利和茨威格与克茨所认定的法系划分标准一致。当然，这些划分标准并不是完美的。See R David and JEC Brierley, Major Legal Systems in the World Today: an Introduction to the Comparative Study of Law (3rd edn Stevens & Sons, London 1985) 20-21; T Weir (tr), K Zweigert and H Kötz, An Introduction to Comparative Law (3rd edn OUP, Oxford 1998) 67-68, 72-73.

⑤ See U Mattei, ‘Three Patterns of Law: Taxonomy and Change in the World’s Legal Systems’ (1997) 45 AJCL 6.

讼法的修正版。1979年刑事诉讼法在很大程度上是以1963年通过的刑事诉讼法草案为蓝本的，该草案部分是新民主主义革命时期的刑事司法经验的总结，部分来源于苏联刑事诉讼法的指导。① 1979年刑事诉讼法的很多条款与1923年的俄罗斯苏维埃联邦社会主义共和国刑事诉讼法典相似，后者直到1958年左右才被废除。② 我国法典的结构与之也极为相似，都是以“总则”开篇，在总则中，规定了基本原则、目的和任务；然后，在分则中，有关于审前程序、审判、上诉和法律监督的章节。两部法典还有着一些共同的“修辞和技术特征”。③ 因此，我国刑事诉讼法与对应的苏俄法典有着极强的亲缘关系。④

此外，有必要探讨前苏联的刑事诉讼法思想对我国的影响。在社会主义法中，刑事诉讼法是代表统治阶级的刑事司法机构为了维持统治秩序，将刑罚合法化的程序。尽管维辛斯基的证据法理论受到了我国一些法学家的批判，⑤ 但是他的这套理论仍然对我国刑事证据立法及实践有着极大的影响。这并不令人惊讶，因为从20世纪50年代开始的一段时间里，我国翻译了大量的苏联及东欧社会主义国家的法学书籍及法典，很多苏联专家来华讲学，甚至继受了大量苏联法。⑥ 因此，苏联法学理论对于我国刑事诉讼法有着深远

---

① 参见熊秋红：《大陆刑事诉讼法——过去、现在与未来》，载汤德宗、王鹏翔主编：《两岸四地法律发展（下册）——民事诉讼与刑事诉讼》，新学林出版社2006年版，第240~242、253页。

② See HJ Berman, S Cohen and M Russell, 'A Comparison of the Chinese and Soviet Codes of Criminal Law and Procedure' (1982) 73 J. Crim. L. & Criminology 239.

③ See HJ Berman, S Cohen and M Russell, 'A Comparison of the Chinese and Soviet Codes of Criminal Law and Procedure' (1982) 73 J. Crim. L. & Criminology 238.

④ See HJ Berman, S Cohen and M Russell, 'A Comparison of the Chinese and Soviet Codes of Criminal Law and Procedure' (1982) 73 J. Crim. L. & Criminology 256.

⑤ 参见崔敏：《评维辛斯基的诉讼证据理论》，载《中国法学》1989年第1期，第95~102页。

⑥ 参见陈光中著：《陈光中法学文集》，中国法制出版社2000年版，第3页；陈瑞华：《二十世纪中国之刑事诉讼法学》，载《中外法学》1997年第6期，第1~23页。

的影响。

2. 意识形态

尽管出现在1979年刑事诉讼法里的很多带有社会主义色彩的字句没有出现在1996年刑事诉讼法修正案中，①但还是有一些带有明显意识形态的字句被保留下来。例如，“维护社会主义社会秩序”，②“维护社会主义法制”和“保障社会主义建设事业的顺利进行”等。③在与刑事诉讼法有关的文件中，也经常可以看到“执行刑事诉讼法，为建设社会主义国家保驾护航”的字眼。④这些都直接体现了我国社会主义刑事诉讼法的计划性和工具性特征。此外，刑事诉讼法的社会主义属性体现在一系列重要的活动中。例如，2008年2月23日，刑事诉讼法学研究会在北京召开了一次会议，刑事诉讼法的社会主义属性被强调。该会议重申了党的十七大精神，会议的主题是“如何建立公正、高效和权威的社会主义刑事诉讼制度”。⑤

3. 机构

我国的司法机构对于普通法系和大陆法系的观察者而言是特殊的。几乎所有机构的名称中都含有“人民”这一前缀。例如，人民检察院和人民法院，这些体现了社会主义法制的意识形态属性。社会主义法中的检察院和法院的一般特征已经在上文中简单总结，此处不再作过多重复，仅仅将检察院的监督职能略加探讨。这项职能意味着检察官除了参与侦查和公诉，还必须监督审判活动的合法

① 例如，1979年刑事诉讼法中的“马克思列宁主义、毛泽东思想”和“人民民主专政”在1996年的刑事诉讼法中被删除了。

② 刑事诉讼法第1条。

③ 刑事诉讼法第2条。

④ 参见魏晓娜：《新刑事诉讼法回顾与定位》，载《法学论坛》2000年第6期，第87~94页。

⑤ 参见《2008年2月23日，刑事诉讼法学研究会召开在京会长会议传达中国法学会有关会议文件精神并研究08年工作》，载中国诉讼法律网，2008年3月2日访问。

性，监督判决、裁定的执行和监狱、看守所、劳动改造机关的活动。① 在刑事诉讼中，审判监督的职能非常具有特色，这意味着检察官可以对不合法或理由不充分的判决、裁定提出异议，可能造成最终的判决被撤销。②因此，在我国刑事诉讼中，检察院具有了英美法系和大陆法系所认为的一定程度的司法权。此外，法院与检察院之间并不是完全分立的，它们和公安机关及其他组织机构有时可以组成一些临时的联合执法机构处理重大或疑难案件。

4. 形式

刑事诉讼法并不仅仅体现为刑事诉讼法典，还包含着一些令其他法系观察者感到奇特的法律渊源，如最高人民法院颁布的与刑事诉讼法相关的司法解释。这效仿了前苏联的模式，即最高法院可以通过完善相关的指导规则来限制下级法院作出裁决时具有的自由裁量权。③ 我国法院和前苏联法院的阶层化程度相似，上级法院有着更多的实质上的领导权。④ 我国其他最高刑事司法机构也拥有相似的制定法律解释的权利。例如，最高人民检察院制定的《人民检察院刑事诉讼规则》和公安部制定的《公安机关办理刑事案件程序规定》。这些法律渊源完全不同于英美法系通过具体的判例所产生的普通法，而是具有法律效力的规定，这种规定甚至超越了法典

① 人民检察院组织法第 5 条。

② See V Langer, ‘Public Interest in Civil Law, Socialist Law and Common Law Systems: The Role of the Public Prosecutor’ (1998) 36 AJCL 290.

③ 参见 1972 年俄罗斯苏维埃联邦社会主义共和国法院组织法第 50 条，1979 年苏联最高法院组织法第 3 条、第 30 条。对于法典具体的规定，See HJ Berman and JW Spindler (tr), Soviet Criminal Law and Procedure: The RSFSR Codes (2nd edn HUP, Cambridge Massachusetts 1972); J Quigley, ‘Socialist Law and the Civil Law Tradition’ 37 (1989) AJCL 792；另参见倪正茂著：《比较法学探析》，中国法制出版社 2006 年版，第 165 页。对于前苏联最高法院制定的指导规则的演进，see PH Solomon, ‘The U. S. S. R. Supreme Court: History, Role, and Future Prospects’ (1990) 38 AJCL 131 – 136。

④ See MR Damaška, The Faces of Justice and State Authority: A Comparative Approach to Legal Process (Yale University Press, New Haven 1986) 196.

本身的效力。[①] 绝大多数法律解释与法典有着一样的形式，它们采用总则、分则和附则以及章、节、条、款和项的整体结构。为了协调不同的机构的法律解释的冲突，一些共同的法律解释也得以颁布，如最高人民法院、最高人民检察院、公安部、国家安全部、司法部、全国人大常委会法制工作委员会《关于刑事诉讼法实施中若干问题的规定》。

5. 内容

马克思历史唯物主义的哲学教义在刑事诉讼法中体现为对于发现客观真实的强调。这也造成了我国刑事诉讼法不太注重程序的及时终结。例如，我国没有确立禁止双重危险或一事不再理原则。[②] 在下级法院的终局判决之后，上级法院可以根据“审判监督”的规定指令下级法院对该案件再审。此外，上级人民检察院、最高人民法院等都可以对已经发生法律效力的判决和裁定提起审判监督程序。

我们必须要谨慎地将某个法域以及该法域的某一部门法划归某一个法系。当然，如果认为某个法系的个别特征可能在其他法系中也存在，就认为没有必要划分法系也是不妥当的，不能用单一的标准来划分法系。从纯化论的角度来看，所有法律制度在某些程度上都是混合的。然而，在法律基因图上，通过参考一些标准，我们应当将我国刑事诉讼制度乃至整个法律制度纳入社会主义法系的范畴，而不是其他任何法系。

三、不同语言中的刑事诉讼法

在该比较研究中，笔者将讨论和援引三大主要法系（普通法

---

① 参见谢佑平、万毅：《反思与祛魅：我国刑事诉讼法解释体制重构》，载《甘肃政法学院学报》2002 年第 3 期，第 1 ~ 6 页；陈光中主编：《刑事诉讼法实施问题研究》，中国法制出版社 2000 年版，第 4 页。

② 参见我国刑事诉讼法第 203 – 207 条；see also C Yang，‘Criminal Procedure in China：Some Comparisons with the English System’（1988）33 ICLQ 207.

系、大陆法系和社会主义法系）的法律制度。在正文中所援引的例子，尤其是第五章和第六章的例子，主要出于具有代表性的法域。在本书中，笔者不会特别地参考与刑事诉讼相关的国际公约和双边条约，探讨它们与国内法之间的关系，而是仅仅在它们已经具有了与国内法同等效力时，才可能提及它们。[①] 本书所探讨的刑事诉讼程序限定为传统或正式的“普通程序”（ordinary procedures）。[②] 因此，此处并不研究不同于传统报应性司法的恢复性司法。一些特殊的司法行政性程序也被排除出本书的讨论范围。

任何具有普适性的法学理论或者超越不同法域的观点，必须建立在基本概念明晰且功能统一的基础之上，因为这些概念都通常有着具体的文化烙印。[③] 当在整个世界范围内，数学家、经济学家和大多数自然科学家使用统一或者相似的术语时，法律术语则构成了不同法域试图理解彼此的障碍。即便两个法域使用同一种语言，它们有时也很难理解彼此。[④] 一些看似简单的法律术语需要重新分析和评估。

在此处，笔者想提出一个看似不值得讨论，但实际上不应当忽视的问题：什么是刑事诉讼法？什么是 criminal procedure？这个问题涉及使用一种语言中的简单词汇来翻译另一种语言中的简单词汇。如果仅仅从一般阅读者的角度，知道英国法中 criminal procedure 和我国法中的刑事诉讼法（翻译成 criminal procedure law）在功能上相似就足够了。然而，对于一项严谨的比较法研究，尤其是要确定一项普适性的法学理论，这很难让人满意。在本项研究中，

---

① 例如，《欧洲人权公约》已经为许多欧洲国家所批准（且因此而施行）。

② See M Delmas－Marty and JR Spencer（eds），European Criminal Procedures（CUP，Cambridge 2002）4.

③ 可以非常有意思地发现，在其他语言中，我们很难找到与英语中“criminal justice system”对应的短语。由于不同法域术语上的差异，有些具有批判意识的法律人认为法律不是一门科学。

④ See HC Gutteridge，Comparative Law：An Introduction to the Comparative Method of Legal Study（CUP，Cambridge 1971）Chapter Nine，117.

我们需要探讨这两个相似概念的外延，并将两者以适当的方式统一成一体。①

（一）criminal procedure 和刑事诉讼法的语义差异

根据《布莱克法律词典》（Black' s Law Dictionary），criminal procedure 是指"调整侦查、起诉、审判和惩罚犯罪的规则。它起到对于被告人宪法权利的保护的作用"。② Criminal procedure 被认为是界定犯罪构成要件的刑事实体法的对应规则体。③ 作为一门程序法，它规定了确定某人的违法行为触犯刑法以及应当承担刑事责任的步骤。"规则"可以界定为"确定的、权威的标准或原则"，或者"指引或调整特定情况下行为的规范"。④ 从广义上来看，规则不仅仅包括相对刚性的法律规范，如判例、议会法案、法律解释、授权立法、习惯、衡平规则、条约等，还包括其他指导性规则。例如，英国内政部（Home Office）根据《1984 年警察和刑事证据法案》第 66 条通过的实施细则（Codes of Practice）。这些细则在英

---

① 英国普通法与我国法律术语的一次激烈冲突发生在 1997 年 7 月 1 日，即香港回归，成为我国特别行政区。香港特别行政区基本法第 9 条保留了普通法，香港特别行政区的行政机关、立法机关和司法机关除使用中文外，还可以使用英文，英文也是正式语言。为此，香港政府展开了双语工程，但是遇到了在本国语言中寻找同义词的困难。See KK Sin and D Roebuck, 'Language Engineering for Legal Transplantation: Conceptual Problems in Creating Common Law Chinese' (1996) 16 Language & Communication 238.

② See BA Garner (ed), Black' s Law Dictionary (8th edn Thomson West, St Paul 2004) 403.

③ 从最广义上来看，刑法指所有与刑事司法相关的规则。因此，它除了包括刑事实体法以外，还包括刑事程序法和刑事司法的执行规则。一般而言，刑法只是在狭义上运用，即实体刑法。See RM Perkins and RN Boyce, Criminal Law (University Textbook Series, 3rd edition Foundation Press, St Paul, 1982) 1, 5.

④ See BA Garner (ed), Black' s Law Dictionary (8th edn Thomson West, St Paul 2004) 1357.

国不认为是法律的组成部分，但是具有使得法律规定更加详细的作用。[①]因此，criminal procedure 不能被严格视为实体刑法的对应体，因为 criminal procedure 所包含的规则比实体刑法更为宽泛。具体而言，一些形式的规则（如前文提到的实施细则）超出了一般意义上的“法”的范围。

由于没有完全对等的翻译理论，所以我们有必要更进一步探讨比较基本概念的简单方式。一般说来，字词上的微调在翻译中是最常见的，因为词汇是语言最为灵活的部分。[②] 具体而言，在翻译时，可以根据选定的语义参照系统，将某一语言中的具有文化烙印的词汇与另一个语言的对应词加以协调。在翻译英语中的 criminal procedure 时，我国翻译者通常用“刑事诉讼程序”与之协调。后者符合 criminal procedure 的字面意思，然而这意味着 criminal procedure 的实际含义被隐藏了。“刑事诉讼程序”由三个词素组成（“刑事”意味着与犯罪相关；“诉讼”指指控、控告等[③]；“程序”指过程或步骤）。“刑事诉讼”可以有两种含义：狭义上是刑事起诉，广义上是与刑事案件相关的所有程序事项。在我国刑事诉讼法的司法解释中，刑事诉讼程序指连续的刑事步骤。[④] 我们可以明显

---

① 触犯这些实施细则并不必然引起争讼，但是可能造成纪律程序。如果相关机构严重违反这些细则，产生的证据可能会被排除。因此，有人认为一些实施细则应当具有法律上的执行力，而且构成《1984 年警察和刑事证据法案》的一部分，因为“严重和实质性的”（serious and substantial）违反导致证据不可采纳。See C Elliott and F Quinn, English Legal System（6th edn Pearson Longman, Essex 2005）300.

② See KK Sin and D Roebuck, ‘Language Engineering for Legal Transplantation: Conceptual Problems in Creating Common Law Chinese’（1996）16 Language & Communication 249.

③ 从历史上来看，诉讼可以分成两个字：诉，告也；讼，争也。参见许慎撰，段玉裁注：《说文解字注》，载 http://www.gg-art.com/imgbook/index.php? bookid=53.

④ 参见最高人民法院《关于执行〈中华人民共和国刑事诉讼法〉若干问题的解释》第 317 条和第 367 条。第 317 条规定，中华人民共和国缔结或者参加的国际公约中有关于刑事诉讼程序具体规定的，适用该国际公约的规定。第 367 条规定，本解释发布前有关刑事诉讼程序的司法解释，与本解释重复或者抵触的，以本解释为准。

看出，中文翻译的 criminal procedure 与英语中的原义相冲突。简而言之，上述翻译并不是非常精确。

刑事诉讼法与 criminal procedure 有些不同，刑事诉讼法是用来执行刑法的部门法。当然，如果要将刑事诉讼法翻译成英文，则可以通过“从一个大的词库中选取的自由词素组合”而翻译。[①] 运用这种方法，翻译者因此有着较高的自由度和灵活性，可以创设翻译的新词。[②] 只有另一个词素加到自由词素 criminal procedure 中，翻译才可能更加妥当。[③] 翻译者通常使用最少的调整来填补两个语言之间相似词语的差异。汉语中的“刑事诉讼法”在英语中最为贴切的翻译是 criminal procedure law。这个翻译也经常为欧陆各国所使用。[④] 在较早的时期，德国学者写了大量题中含有 criminal procedure law 的文章。[⑤] 除此之外，瑞士[⑥]、匈牙利[⑦]等国学者也都经常使用该词。

在这里可以大胆推测，我国学者在将法律术语翻译成英文时，

---

① See KK Sin and D Roebuck, ‘Language Engineering for Legal Transplantation: Conceptual Problems in Creating Common Law Chinese’ (1996) 16 Language & Communication 241.

② See KK Sin and D Roebuck, ‘Language Engineering for Legal Transplantation: Conceptual Problems in Creating Common Law Chinese’ (1996) 16 Language & Communication 241.

③ 例如，“criminal procedure rule”，“criminal procedure code”，“criminal procedure ordinance”以及它们的替代形式都是英语中所惯用的。

④ 在 google scholar 中按照标题搜索关键词“criminal procedure law”，使用该词最多的是我国学者，其次为欧陆学者。

⑤ See D Krauss, ‘Reform of Criminal Procedure Law in the Federal Republic of Germany’ (1979) JR 202 - 223.

⑥ See N Gadola - Duerler, ‘the Difference Interdependencies and Connections in Criminal Procedure Law, Specifically Between Pre - trial Detention and Bail From a Civil and a Common Law Point of View: A Swiss and American Comparative Law Analysis’ (1996) 3 Tulsa Journal of Comparative & International law 205.

⑦ See T Kiraly, ‘Trends of Criminal Procedure Law’ (1987) 29 Acta Juridica 345 - 354.

参考了欧陆的法律英语。我国刑事诉讼法中的大量术语起源于日本，[①] 而我国的刑事诉讼制度在历史上曾大量效仿了前苏联的相关制度，这两个法域都受欧陆传统影响较大。“诉讼”这个词实际上就是从日本法典中借鉴来的。[②] 相反地，criminal procedure law 在英美法系很少使用。[③] Law 作为一个灵活的法律术语，既可以在狭义上指某部法或法典，也可以在广义上指所有的法律渊源。在我国以及欧陆法律制度中，术语 criminal procedure law 一般在广义上使用。这个细小的差异，即是否将 law 置于 criminal procedure 之后不应忽视；这意味着，criminal procedure law 和 criminal procedure 存在概念上的差异，这尤其体现在规则的类别方面。

（二）criminal procedure 和刑事诉讼法的外延差异

这两个词汇的差异不仅仅是表达上的。从前文的分析来看，它们在外延上存在差异。尽管每个术语是在各自的“土壤”上生成的，笔者在此处并不尝试详细考察它们各自的发展历程，而仅仅探讨它们的外延。在英美法系，某些被认为是行政性的法律和刑事证据法也被纳入我国所定义的刑事诉讼法中。行政性规则以调整同一案件中刑事司法机构关系的规定为例。这成为我国刑事诉讼法的重要组成部分。在第一编“总则”的第一章“任务和基本原则”中明确规定了公检法三机关的关系，即“人民法院、人民检察院和

---

① 参见王健：《晚清法学新词的创制及其与日本的关系》，载《南京大学学报》（哲学·人文科学·社会科学）2005 年第 6 期，第 6 页。19 世纪末，日本法借鉴甚至直接抄袭了欧洲诸国的法典，尤其是德国与法国的法典。See J Gadsby, ‘Some Notes on the History of the Japanese Code of Criminal Procedure’（1914）30 LQR 451.

② 19 世纪末，我国驻日总领事黄遵宪翻译并注释了 1880 年日本的刑法典和刑事诉讼法典。“诉讼”作为一个法律术语第一次被引进我国，并且此后在法典和法律文件中广泛使用。

③ 例外的例子，see HHA Levine, ‘Youthful Offender under the New York Criminal Procedure Law’（1972）36 Alb. L. Rev. 111 – 130；RL Samnick, ‘Discovery Procedures Under New York’s New Criminal Procedure Law’（1971）38 Brook. L. Rev. 164 – 181.

公安机关进行刑事诉讼，应当分工负责，互相配合，互相制约”。[①] 该原则将在下面的章节中详细探讨。彭真在审查刑事诉讼法的草案时甚至指出，[②] 该法典的主要功能是调整各机关之间的关系，确定基本规范，那些程序性细节应当由各机关分别制定。相反地，在普通法系法域，刑事诉讼机构之间的冲突很少由刑事诉讼法来处理，而几乎都由行政法和相关的纪律性规定处理。在我国，刑事证据规则也由刑事诉讼法调整。相反地，在英美法系法域，证据法传统上被认为是一门独立的学科，它包含了刑事证据和民事证据。[③] 当然，刑事证据和民事证据各自的目标日趋揭示了它们应当有所区分。[④]

（三）criminal procedure 和刑事诉讼法的融合

英美法中的 criminal procedure 与我国的“刑事诉讼法”以及其他法典化国家同等类型的术语是不同的。但是，它们的功能在很大程度上是重叠的。可以想见，只有当两个术语“以同样的方式使用，同样的方式理解，同样的方式解释”的情况下，它们才可能是完全同义的。[⑤] 这里很明显无法获得完全意义上的同义词，以创设普遍适用的理论。完全同义的情况往往在严格限定的程式化制度体系中才可能发生，如数学等领域。在财务、金融、技术、体育和自然科学等领域使用的专业术语也可以普遍适用，因为他们有着

---

① 我国刑事诉讼法第 7 条。

② See HM Tanner, Strike Hard! Anti - Crime Campaigns and Chinese Criminal Justice, 1979 - 1985 (Cornell University East Asia Program, Ithaca 1999) 21.

③ See P Roberts and A Zuckerman, Criminal Evidence (OUP, Oxford 2004) 1.

④ 关于民事证据与刑事证据的区分，值得阅读的一本专著是保罗·罗伯茨（Paul Roberts）和阿德里安·祖克曼（Adrian Zuckerman）所著的《刑事证据》。他们认为对于刑事证据和民事证据而言，裁判者的类别、证明责任、自白的地位和归责与诉讼行为妥当性的联系等方面都有所不同。See P Roberts and A Zuckerman, Criminal Evidence (OUP, Oxford 2004) 6 - 9.

⑤ See KK Sin and D Roebuck, ‘Language Engineering for Legal Transplantation: Conceptual Problems in Creating Common Law Chinese’ (1996) 16 Language & Communication 248.

同样的语义参照系统。对于那些具有文化烙印的法律术语，我们很难确定一个固定的语义参照系统。

然而，正如冼景炬（King - Kui Sin）和德里克·罗布克（Derek Roebuck）所言："没有语言必须要限定在现有的国度"，"每种语言都可以适应不断变化的社会环境，可以通过从其他文化中吸收新的概念调适自身。"①

读者可能会推测，本书通篇将采用中文意义上的"刑事诉讼法"，因为它调整的对象明显是英语中的 criminal procedure。在我国学术传统中，刑事诉讼法通常是指关于刑事诉讼法律规定的总和。从狭义上来看，刑事诉讼法指我国的刑事诉讼法典。一般说来，除了法典，刑事诉讼法还包括调整刑事诉讼行为的相关的其他法律规定。② 具体而言，刑事诉讼法的法律渊源包括宪法、刑事诉讼法典、相关法规、法律解释等。

然而，需要指出的是，英语中的 criminal procedure 也有值得借鉴的地方。它包括了重要的附属性规则渊源，包括司法实践、职业法律文化规则（norms of professional legal culture）、非正式的授权立法规定和"软法"，如实务指示（Practice Directions）、实施细则（Codes of Practice）、内务部通报（Home Office circulars）等，官方的报告有时也是 criminal procedure 的一部分。这些如果也被纳入刑事诉讼法的范畴，则这一概念将具有最宽的外延。很明显，本书更关注功能上的解决方案，而不是概念的推演，因此是否参考某一规则取决于它是否有用。再者，刑事诉讼法与实体法在性质上不同，因为刑事诉讼法中的"法"不应当狭窄。包括其他辅助性渊源的软法也应当成立刑事诉讼法的"法"。当触犯软法时，不一定有程序性制裁，而可能成立象征性谴责或自动生效的程序性后果。

---

① See KK Sin and D Roebuck, 'Language Engineering for Legal Transplantation: Conceptual Problems in Creating Common Law Chinese' (1996) 16 Language & Communication 237.

② 参见陈光中主编：《刑事诉讼法》，北京大学出版社 2005 年版，第 4 页。

在本书中，刑事诉讼法应当在最广义上界定，即调整从侦查到执行处罚犯罪的所有刑事诉讼活动的所有规则。这些刑事诉讼规则包括英美学者认为的关于刑事诉讼的行政性规范和刑事证据法。很明显，这种行政性规范为刑事司法机构提供了互相配合、相互制约的机制。事实查找如果脱离了程序背景也是不现实的。非法获取证据的排除不仅意味着证据的不可采纳，也意味着对于某种瑕疵刑事诉讼行为的无效宣告。

四、结论

在本章中，笔者探讨了比较刑事诉讼法的三个基本问题。第一，笔者简要地回顾了全球刑事诉讼法综合性研究的现有文献。它们中的大多数只关注不同法律制度的差异，而不是它们的共同特征。即使大陆法系和社会主义法系刑事诉讼法研究相对系统，它们也离理想意义上的法律科学相差甚远。建立一个最少价值判断的普适理论是非常必要的。第二，我国刑事诉讼法的社会主义属性很少为当今比较法学界所讨论。只有参考了包括社会主义法在内的三大主要法系法域的刑事诉讼法，笔者才可能创设整合刑事诉讼行为瑕疵程序性后果的理论框架。第三，笔者试图确定 criminal procedure 和刑事诉讼法在语义和外延上的差异，然后将两者粗略地调和在一起，以获得最为全面、广泛的基本概念。这些精微的解释对于该项研究是极其必要的，除非这些问题被厘清，否则不同法域的刑事诉讼法不具备共同的基础，也不可能创设普适的法理分析框架。

第三章 刑事诉讼行为瑕疵的程序性后果：系统或散乱

在上一章探讨了比较刑事诉讼法的三个基本问题之后，我们有必要检验刑事诉讼行为瑕疵的程序性后果。在本章，笔者将论证刑事诉讼规则理想的结构是由刑事诉讼行为模式和违法刑事诉讼行为的程序性后果组成，而行为瑕疵是对于行为模式的违反。[①] 例如，根据德国刑事诉讼法第136a条规定，通过有损被告人记忆力、理解力的方式获得的被告人陈述应当禁止（刑事诉讼行为模式）；如果该陈述是以上述方式获取的（行为瑕疵），它将不能作为定案的证据，即被排除（行为瑕疵的程序性后果）。很明显，刑事诉讼规则的二元结构是笔者最终提出的理论分析框架的前提。

本章将随后检验每个法域的刑事诉讼规则是否都具有足够的、不同的程序性后果，以应对刑事诉讼行为瑕疵，是否具有适用程序性后果完备的程序机制。正如绪论中所解释的那样，由于文章承载的文字有限，我们不可能援引每个法域的刑事诉讼行为瑕疵及其程序性后果。笔者将选定英国、德国和我国作为三大法系的代表法域来考察是否每个法域都有理想的瑕疵救济措施。由于它们代表了主

---

① 尽管纯技术性的规定可以与义务性规则结合适用，我们有必要将纯技术性规定排除出考察的范围。例如，最高人民法院《关于执行〈中华人民共和国刑事诉讼法〉若干问题的解释》第367条规定，本解释发布前有关刑事诉讼程序的司法解释，与本解释重复或者抵触的，以本解释为准。此外，那些授予权利或权力的规则也被排除在外，因为这完全属于权利或权力所有者选择的问题。例如，根据我国刑事诉讼法第39条规定，在审判过程中，被告人可以拒绝辩护人继续为他辩护，也可以另行委托辩护人辩护。如果被告人没有行使他更换委托辩护人的权利，将不会有任何不利的法律后果。此处我们所谈的规则限于一般的义务性规则。

要的三大法系，笔者认为它们在很大程度上可以用以估计整个世界范围内各法域刑事诉讼行为瑕疵及其程序性后果的状况。笔者的结论是，各法域的程序性后果分布都没有系统化，而是一直处于散乱状态。笔者将简要地概括各代表法域刑事诉讼法的法律渊源，随后检验刑事诉讼行为瑕疵的程序性后果。

笔者将探讨各法域程序性后果的四个方面：（1）支撑刑事诉讼行为瑕疵的程序性后果的基本原理；（2）与程序性后果相关的法律制定（程序性后果相关规则如何演进，即判例法或者制定法）；（3）程序性后果的实体规定（如程序性后果的类别）；（4）适用程序性后果的程序机制（如刑事司法机构和当事人之间的权力/权利分配，以确定哪一方可以对瑕疵行为提起异议，哪一方对异议作出裁决）。从笔者的研究来看，每个法域的行为瑕疵的救济机制都存在缺陷。这四个方面是相辅相成的。第一，基本原理支撑了程序性后果的实体规定。它同时可能会影响到与程序性后果相关的规定如何制定和演进。第二，与程序性后果相关的法律制定的过程与现有程序性后果的类别有着密切联系。只有了解法律的制定过程，我们才可能预测是否可能在同样的机制下调和不同法域的规则。第三，违反诉讼规则的具体程序性后果对于实现程序正义至关重要。本书的主要目标就是确立一个囊括所有可能的刑事诉讼行为瑕疵及其程序性后果的分析框架。第四，只有具有适用程序性后果的足够的程序机制（包括机构设置和结构控制），程序性后果才是可实施的。笔者要在本书中展示适用程序性后果的共同程序机制。

一、刑事诉讼行为瑕疵和程序性后果之间的关系

刑事诉讼行为瑕疵与它的程序性后果之间是什么关系？笔者认为，一项刑事诉讼行为瑕疵必然造成一项程序性后果。这个逻辑关系可以从刑事诉讼规则的二元结构中推导出来。在提出刑事诉讼规则的结构之前，我们有必要了解一般法律规则的结构。

（一）法律规则的二元结构

在证明刑事诉讼规则的结构（刑事诉讼规则 = 刑事诉讼行为模式 + 违反指示的程序性后果）之前，笔者将简要探讨一般法律规则的结构（法律规则 = 行为模式 + 违反的法律后果）。根据这一公式，如果法定的行为模式被违反了，则相应的法律后果必然适用。例如，根据我国刑法第 232 条规定，不可以故意杀人（行为模式）；否则，杀人者将被判处死刑、无期徒刑或者 10 年以上有期徒刑（违反模式的法律后果）。一般说来，一个完整的法律规则应当按照这种逻辑结构设计。当然，在很多情况下，这种逻辑结构可以从一个或数个法律条文中推导出来。

这个稳定的法律规则结构（即行为模式，否则违反模式的法律后果）是法律科学化的表征。它给我们提供了相对客观地评价现有法律的标准，因为公式的结构闭合能够使法律评价与价值判断相对隔绝。行为模式表明了立法者对于被调整对象的态度。毫无疑问，行为模式应当是法律规则的一部分。例如，谋杀几乎在任何法域的刑法中都是禁止的。然而，如何界定违反行为模式的法律后果？该后果对于一个完整的法律规则是必要的吗？违反行为模式的法律后果与法律制裁有何不同？

违反行为模式的法律后果是一项完整法律规则剩余的部分。它是对违反行为模式的一种回应。法律后果的欠缺是规范本身的瑕疵。这种后果既不是政治后果也不是道德后果。即使某些法外后果有着确保遵守法定指示的工具性功能，它们也不是法定的后果。如果最终的后果只是法外的，这将退化为调整人类行为的一般规范，而不能成立法律，因为这种规范不具有法律执行力和自治性。

刑事诉讼行为瑕疵的法律后果不等同于制裁。制裁是一种不利后果，它意味着某种程度的强迫。然而，制裁的概念不足以包含所有类型的法律后果。例如，一些较轻的违法可能并未造成实际制裁，而是瑕疵被矫正了。换言之，如果瑕疵只是技术性的，法律需要肯定行为的预期后果。诚然，绝大多数公法行为瑕疵的法律后果是制裁。没有足够的制裁，将会有行为主体不遵守法律的风险。正如韦伯所言，法律的放宽可能造成法律秩序立即退化成混乱和无序。① 换言之，行为主体遵守法律规则的内心动机必须由违法的不利法律后果来保障，特别是那些能够使他们产生恐惧心理的制裁。

诚然，对于瑕疵行为适用程序性后果可能会构成一个新的行为模式，这需要一个新的法律后果与之配套。例如，如果行为模式 A 被违反了，适用法律后果 B。然而，如果法律后果 B 没有依法履行，则可能需要适用另一个法律后果 C 来应对关于 B 的瑕疵。如果由于各种各样的原因，C 没有依法履行，则这种循环可能继续下去。这种永无止境的循环对于所有的法律规则都是一个问题。因此，我们需要使用更为技术性的安排应对这种循环。考虑到这个虚拟的例子，法律作为一个语言体，无法全面应对遇到的各种情况。因此，在陈述了最后的理论后，笔者可能将使用一种原则化的自由裁量权技术解决潜在的、无止境的循环问题。

（二）刑事诉讼规则的二元结构

遵循上述法律规则的结构，应对刑事诉讼行为瑕疵足够的法律后果是刑事诉讼制度完整的必要条件。违反刑事诉讼规则的不利法律后果可以威慑潜在的违法者，实现程序违法者与受害者之间的公平。否则，规则破坏者可能从刑事诉讼规则放宽中获益。上述公式可能为我们提供了法律判断的标准，但是并没有进一步澄清组成刑事诉讼规则的法律后果的类别。笔者认为，刑事诉讼行为模式和违反该模式的程序性后果是刑事诉讼规则完整结构的两个不可或缺的部分。

刑事诉讼法有着推进刑事案件直到了结的独特功能。这种功能是实体法所不具备的。刑事诉讼法应当被理解为处理刑事案件所依凭的连续不断的程序法，它有着推进刑事案件流程直到了结的独特

① See M Weber, Economy and Society: an Outline of Interpretative Sociology (Bedminster Press, New York 1968) 880 - 895.

功能。刑事诉讼行为模式需要由在功能上不可替代的程序性后果来保障。这种后果不可以表示为实体法上的制裁（如赔偿或刑事处罚）。它的目的在于以某种形式治愈瑕疵或者解决问题。再以德国刑事诉讼法第136a条为例，通过有损被告人记忆力、理解力的方式获得的被告人陈述不允许作为定案的证据，即被依法排除。排除非法获得的证据不是刑罚、赔偿或纪律惩戒。它是对瑕疵诉讼行为，即向法庭出示被指控人陈述的行为，宣告无效的程序性后果。

下面的问题与违反诉讼规则的替代后果有关。这些替代后果包括刑事制裁、民事赔偿、纪律惩戒和国家赔偿。部门法仅仅是整个法律制度人为划分的结果。然而，我们需要指出，与这些后果相比，程序性后果体现出一些不可替代的特征：（1）它是对于刑事诉讼行为瑕疵的特别回应，而大多数其他的后果用来应对违反实体法，只有在诉讼行为违法同时触犯实体法时，其他后果才得以适用；（2）它是对刑事诉讼行为瑕疵的直接回应，并且构成了整个刑事诉讼进程的一部分，而实体性的后果是间接地适用于违法者，对于整个刑事诉讼进程没有任何贡献。

例如，对于警察的警告是一种实体性的纪律处分。然而，由于警告特殊的调整对象，它只能用以应对很少的刑事诉讼行为瑕疵。只有当刑事诉讼行为瑕疵同时触犯实体性的法律时，才有可能适用实体性后果。很明显，大多数违反刑事诉讼规则的行为达不到刑事制裁的程度。它们也很难证明到“排除合理怀疑”（beyond a reasonable doubt），“内心确信”（inner conviction）或“事实清楚，证据足够”的程度。[①]民事赔偿建立在实质损失的前提上。违反程序

---

① 在确定性程度上，这三种标准之间并没有根本的差异。这三种表达显然来源于三个不同的法系。然而，这三种标准都建立在案件处理人员的心理状况基础之上，即在查找真实的过程中，案件处理人员对于事实的态度逐渐变成肯定。See JR Spencer, ‘Evidence’ in M Delmas - Marty and JR Spencer (eds), European Criminal Procedures (CUP, Cambridge 2002) 601 - 602.

规则的损失通常很难用经济利益来衡量。[①] 刑事司法机构和诉讼参与人之间的关系与民事法律关系不一样，他们之间往往不是平等的。纪律处分往往只用来规范某些刑事司法机构和职业律师。它永远也不可能对诸如被告人等外行参与人适用。国家赔偿在适用范围上非常狭窄，它主要适用于那些自由、尊严被非法剥夺的无辜犯罪嫌疑人和被告人。在绝大多数法域，国家赔偿的标准都是非常严格的，而赔偿的数额也是非常有限的。

很明显，刑事诉讼法在整个法律制度体系中是相对自治的。程序性后果是违反刑事诉讼行为模式的自然结果，它是完整的刑事诉讼进程的天然组成部分。我们不可能将程序事项和瑕疵证明到与实体刑法中犯罪事实认定标准那样的程度。例如，在欧陆法学理论中，对于刑事案件的事实需要严格证明，而对于程序事项则是自由证明。[②] 例如，刑事制裁等实体法后果，通常需要刑事案件结束之后才可能适用，否则整个案件就会被不适当地暂停。即使我们可以对暴力伤害犯罪嫌疑人的警察提起刑事公诉，这也需要另一次刑事诉讼。相反地，程序性后果是在现有的刑事诉讼程序中予以适用的，是完整的刑事诉讼进程的组成部分。例如，在英国刑事诉讼程序中，法院没有权力直接对警察或检察官实施纪律惩戒，但是法院可以否定指控的效力，终止诉讼或者排除非法证据。[③] 从这个意义上来说，诉诸程序性后果往往比其他实体法后果更能有效地救济刑

---

① 英国法院曾经试图制定一套规则，以赔偿金的形式补偿违反程序规则给当事人带来的痛苦。See Thompson v Commissioner of Police [1997] 2 All ER 762; John v MGN [1996] 2 All ER 35. 有意思的是，欧洲人权法院也试图制定相似的违反刑事诉讼规则的赔偿金标准。但是，所有的这些用赔偿金衡量程序违法带来的损害的努力都以失败告终。See R Carnwath, ‘E. C. H. R. Remedies from a Common Law Perspective’ (2000) 49 ICLQ 520 - 527.

② 参见林钰雄著：《刑事诉讼法》（上册·总论编），中国人民大学出版社 2005 年版，第 352 ~ 353 页。

③ See, e. g. , ALT Choo, Abuse of Process and Judicial Stays of Criminal Proceedings (OUP, Oxford, New York 1993).

事诉讼行为违法。

在总结了上述抽象公式“刑事诉讼规则 = 刑事诉讼行为模式 + 违反指示的程序性后果”之后，我们将在下文中检验三个有代表性的法域的刑事诉讼行为瑕疵及其程序性后果。我们可以通过检验刑事诉讼规则来解释规则两部分构成之一，即“违反行为模式的程序性后果”的具体操作。

二、英国刑事诉讼法

（一）法律渊源

英国没有完整的刑事诉讼法典，相关规则散见于法律文件和不可计数的判例中。这些判例可以追溯到 13 世纪。现在，议会法案是英国刑事诉讼法的主要渊源，大约有 150 部法案与程序事项相关。[①] 从一般意义上来看，一些具有宪法意义的法案包含了刑事诉讼规则，例如《1215 年自由大宪章》（Magna Carta 1215），[②]《1688 年权利法案》（Bill of Rights Act 1688）和《1998 年人权法案》（Human Rights Act 1998）。[③]

许多刑事诉讼规则都包含在一些引入混合了各种规定的立法中，如《2003 年刑事司法法案》（Criminal Justice Act 2003）。现在，刑事诉讼程序中下列的重要部分大多受议会法案调整：法院的

① See M Delmas - Marty and JR Spencer (eds), European Criminal Procedures (CUP, Cambridge 2002) 142 - 143.

② 《自由大宪章》的一些部分已经被废止。例如，关于过多罚款的条款已经被《1967 年刑法法案》（Criminal Law Act 1967）所废止。

③ 然而，议会有权废止《人权法案》中的规则。

结构和程序；[①] 公诉人的职权和义务；[②] 陪审员和陪审团；[③] 警察调查犯罪的职权。[④]

在一些领域，程序事项受制定法和判例法双重调整。例如，审前程序、审判程序和刑事证据。[⑤]一些规则几乎完全被整合成制定法，如那些关于量刑和上诉的程序规则。[⑥]

刑事诉讼规则的很多渊源是授权立法，尤其是那些由各种法律委员会（Rules Committee）[⑦]和内务部（Home Secretary）[⑧]所制定的法庭准则。这些授权立法由一系列其他附属性的法律规范所补

① 例如，《1968 年刑事上诉法案》（Criminal Appeal Act 1968）、《1980 年治安法院法案》（Magistrates' Court Act 1980）和《1981 年最高法院法案》（Supreme Court Act 1981）。

② 例如，《1985 年犯罪指控法案》（Prosecution of Offences Act 1985）和《1987 年刑事司法法案》（Criminal Justice Act 1987）。

③ 例如，《1974 年陪审团法案》（Juries Act 1974）。

④ 例如，《1984 年警察和刑事证据法案》（Police and Criminal Evidence Act 1984，简称为 PACE）。

⑤ 关于制定法，审前程序受《1976 年保释法案》（Bail Act 1976）、《1980 年治安法院法案》（Magistrates' Courts Act 1980）、《1996 年刑事程序和侦查法案》（Criminal Procedure and Investigations Act 1996）、《1915 年起诉法案》（Indictments Act 1915）等调整；审判程序和刑事证据受《1898 年刑事证据法案》（Criminal Evidence Act 1898）、《1999 年少年司法和刑事证据法案》（Youth Justice and Criminal Evidence Act 1999）等调整。

⑥ 关于量刑的规则为《2000 年刑事法院（量刑）权力法案》（Powers of Criminal Courts（Sentencing）Act 2000）所法典化。治安法院和刑事法院的上诉被分别整合进《1980 年治安法院法案》（Magistrates' Courts Act 1980）和《1968 年刑事上诉法案》（Criminal Appeal Act 1968）。后者被《1995 年刑事上诉法案》（Criminal Appeal Act 1995）所修改。

⑦ 例如，《治安法院规则》（Magistrates' Court Rules）、《刑事法院规则》（Crown Court Rules）和《刑事上诉规则》（Criminal Appeal Rules）。

⑧ 例如，根据《1985 年犯罪指控法案》（Prosecution of Offences Act 1985）第 20 条制定的《犯罪指控（期限）条例》。

充，包括各种实施细则（codes of practice）、[①] 内务部通报（Home Office circulars）、检察总长所签发的指导守则，审判研究理事会（Judicial Studies Board）出具的官方建议和较高级法官发布的操作指示。

由于英国刑事诉讼法植根于普通法传统，判例法毫无疑问是非常重要的。绝大多数制定法都被不可计数的判例围绕着，这些判例起到详细说明和解释制定法的作用。另外，许多刑事诉讼法领域只被判例法调整。笔者在下文所讨论的程序滥用（abuse of process）的救济就是只存在于判例中。[②]

（二）刑事诉讼行为瑕疵程序性后果的检测

1．全面理论和完整教义的回避

英美法系法学家长期以来拒绝将法律视为一门科学，也拒绝使用科学的方式来设计法律。在英国法律制度确立初期，法律规则仅仅为协调诺曼入侵者和当地居民之间的冲突设计而成。因此，刑事诉讼规则管理型理论（managerial theory）很难确立，而救济规则

① 这些实施细则为《1984 年警察和刑事证据法案》增加了相当多的细节性规定，解释了如何具体实施某些权力和程序。例如，《实施细则 C》（Code C）与拘留和讯问犯罪嫌疑人有关，《实施细则 D》（Code D）与辨认程序有关。

② 德国刑事诉讼程序的相关资料。See J Sprack, Emmins on Criminal Procedure (9th edn OUP, New York 2002); A Ashworth and M Redmayne, The Criminal Process (3rd edn OUP, New York 2005); JR Spencer, 'The English system' in M Delmas - Marty and JR Spencer (eds), European Criminal Procedures (CUP, Cambridge University Press, 2002; ATH Smith, 'Chapter Three England and Wales' in CD Wyngaert (ed), Criminal Procedure Systems in the European Community (Butterworths, London, Brussels, Dublin, Edinburgh 1993); P Fennell, C Harding, N Jörg and B Swart (eds), Criminal Justice in Europe: A Comparative Study, Clarendon Press (OUP, Oxford, New York 1995); M Davies, H Croall and J Tyrer, Criminal Jusitce: An Introduction to the Criminal Justice System in England and Wales (Longman, London and New York 1995); J Hatchard, 'Chapter Four: Criminal Procedure in England and Wales' in J Hatchard, B Huber and R Vogler (eds), Comparative Criminal Procedure (B. I. I. C. L, London 1996); DJ Feldman, 'Chapter Four: England and Wales' in CM Bradley (ed), Criminal Procedure A Worldwide Study (Carolina Academic Press, Durham, North Carolina 1999) 91 - 142, (rule of remedy) 则是常态。尽管在一个半世纪以来，英美法学家一直在憧憬着创设完整的规则整体，系统的制度从未真正得以创立。① 传统保守的英国律师拒绝了系统的法律思考和推理的方法。② 英国程序法学者通常将刑事诉讼法称为刑事程序，而不将之称为刑事诉讼制度。③ 这可能是由于英国刑事司法机构相对自治，并且多拥有相当大的自由裁量权。④

因此，英国普通法对于宏伟的理论表示谨慎态度，尤其是考虑到一些社会法律和政治因素。大多数英国刑事诉讼理论都有着反形式主义的特征，它们对于划分类别似乎没有什么兴趣。⑤ 由于瑕疵行为的程序性后果是刑事诉讼程序的一个方面，英国法中也不可能有对于程序性后果的全面理论。"正当程序"(due process)、"程序滥用"(abuse of process)、"非法证据排除"(exclusion of illegal evidence) 等仅仅是治理程序瑕疵的部分措施，无法构成关于违反刑事诉讼规则应当如何救济的完整框架。程序救济所采用的术语的创设甚至都具有随意性，它们无法设置在一套在语义上连贯的理论

---

① 例如，著名的理性主义法学家杰米·边沁 (Jeremy Bentham) 和詹姆斯·史蒂芬 (James Stephen) 就一直劝说议会制定一部刑法典；然而，这种努力从来都没有成功过。See R Cross, 'The Making of English Law' [1978] Crim. LR 519, 652; ATH Smith, 'Codification of the Criminal Law (1) The Case for a Code' [1986] Crim. LR 285.

② See T Weir (tr), K Zweigert and H Kötz, An Introduction to Comparative Law (3rd edn OUP, Oxford 1998) 136.

③ See A Ashworth and M Redmayne, The Criminal Process (3rd edn OUP, New York 2005) 17. 奥尔德大法官认为该词的使用带有误导性，因为根本没有所谓的"制度"(system)。See Lord Justice Auld, A Review of the Criminal Courts of England and Wales (The Auld Report) (The Stationery Office, London 2001) 〈 http://www.criminal-courts-review.org.uk/ 〉Chapter Eight, para 1.

④ See A Ashworth and M Redmayne, The Criminal Process (3rd edn OUP, New York 2005) 17.

⑤ 安德鲁·阿什沃斯 (Andrew Ashworth) 将裁决划分为流程性 (processual) 裁决和处分性 (dispositive) 裁决。See A Ashworth and M Redmayne, The Criminal Process (3rd edn OUP, New York 2005) 8. 然而，在本研究中，这种划分对于建构评估刑事诉讼法的统一理论没有什么作用。

中。他们是模糊的、不确定的，使得它们的实质内容难以理解和适用。① 一些术语既不是普通英语，也没有科学的外形，因此很难以将之统一起来。例如，第五章和第六章所探讨的“程序滥用”（abuse of process）和“司法终止”（judicial stay）的含义非常模糊，它们仅可以视为应对某些程序违法的权宜措施。在连续的刑事诉讼程序中，审判程序违法相对于其他程序违法研究较多。然而，很不幸的是，审判程序违法的救济也难以系统化，无法形成一套完整的理论。例如，英国刑事诉讼法中经常探讨公平审判权（right to a fair trial），然而对于该权利的外延和公平的标准从来没有共识。

英国法学家一直怀疑刑事诉讼法的地位。他们倾向于从经验主义角度观测刑事诉讼实践，而不是停留在对于纸面规则的研究。在刑事诉讼法领域，经常探讨不道德的行为（unethical conducts）。② 正式的规则在很多时候被明显地规避而不是被适用。道德守则（codes of ethics）也被视为刑事诉讼规则不可缺少的部分。然而，它们很明显淡化了刑事诉讼规则的合法性，因为它们没有法律上的执行力。英国刑事诉讼法的这些现象与罗伯茨（Roberts）和祖克曼（Zuckerman）的论证一致，他们认为，③ 那些表面明确固定，但是在实践中没有预告或解释的情况下就规避的规则仅仅给我们造成了确定性和可预测性的幻觉。

从经验主义的角度来看，普通法律师很少关注理性的法学理论和刑事诉讼规则的结构。他们对于刑事诉讼法过于实用主义的观点可以再次从罗伯茨和祖克曼的观点中得到印证，他们认为，④ “如果我们不信任我们的法官能够履行他们的法定职责，答案是任用新

---

① See HF Stone, ‘Some Aspects of the Problem of Law Simplification’ (1923) 23 Colum. L. Rev. 327.

② See A Ashworth and M Redmayne, The Criminal Process (3rd edn OUP, New York 2005) 71; P Roberts and A Zuckerman, Criminal Evidence (OUP, Oxford 2004) 56 - 57.

③ See P Roberts and A Zuckerman, Criminal Evidence (OUP, Oxford 2004) 30.

④ See P Roberts and A Zuckerman, Criminal Evidence (OUP, Oxford 2004) 27.

的法官，而不是大量增加刑事诉讼规则。这些刑事诉讼规则即便起草得相当完善，也必然会使那些不合理的期待失望”。他们确保法官执行刑事诉讼规则的方法不是改善规则，而是更为暂时的方法，即任用新的法官。一般说来，大多数英国诉讼法学者在研究刑事诉讼行为瑕疵时都喜好运用社会—法律的研究方法。然而，这并不能排除对于诉讼规则的结构分析。他们在这个领域缺少研究，可能源于缺少大陆法系那样有计划地制定法律的学术传统。

2. 不够系统的判例演进和事件驱动型的立法改革

从历史分析的角度来看，在三个具有代表性的法域中，英国程序瑕疵的救济措施最表现出碎片化特征，这部分来源于法律规则不够系统的演进。一般说来，这些救济措施的增加和完善依赖于上诉制度和一系列的司法改革。

在普通法传统中，上诉制度最为重要的目的就是澄清法律和反思性地发展整个制度。①这意味着法律通过上诉制度一点一滴地演进，因此普通法看起来并未是有意识地计划形成的。② 在这个过程中，普通法律师倾向于通过类比来处理案件，避免大幅度的概括，因此最终造成了短暂适用的法律原则。③例如，审判中的错误是最为普通的上诉理由。这些错误可以是法官在证据概述中对于陪审团的错误指示，具体包括：“没有提示陪审团存有证据支持的答辩”，“没有对证明责任和/或标准作出足够的指示” 等。④ 在审判过程中，还有其他程序错误，具体包括：“允许检控方更改起诉从而可能造成不公正的风险”，“采纳那些应当被排除的证据”，“未能正

① 安德鲁·阿什沃思甚至认为“如果没有上诉制度，普通法制度难以为继”。See A Ashworth and M Redmayne, The Criminal Process (3rd edn OUP, New York 2005) 71; P Roberts and A Zuckerman, Criminal Evidence (OUP, Oxford 2004) 338.

② See M Delmas – Marty and JR Spencer (eds), European Criminal Procedures (CUP, Cambridge 2002) 142.

③ See Lord Goff of Chieveley, 'The Wilberforce Lecture 1997: The Future of the Common Law' (1997) 46 ICLQ 753.

④ See J Sprack, Emmins on Criminal Procedure (9th edn OUP, New York 2002) 427.

确对待陪审团的记录”，“没能够遵守对多数决的限制性规定”。①然而，潜在的错误并没有一个明确的外延，必须要诉诸模糊的测试：“有罪判决安全吗？”②

上诉制度可以视为普通法的引擎，因为它提供了详细审查法律的程序。这些法律包含了对于刑事诉讼行为瑕疵的救济措施。然而，在承担这项职能时，上诉仅仅允许较高级别的法院对较低级别的法院施加消极的控制。具体而言，用来处理程序瑕疵的上诉必须由被告人或者检察官首先提起。这意味着“严重”的法律问题相比“不太严重”的法律问题更可能得到分析和澄清。这种情况妨碍了对刑事诉讼行为瑕疵设计完整的程序性后果方案。另外，判例法本身限制了相关刑事司法机构对于法律应当如何设计的宏观构想。

再者，上诉机制本身并没有得到足够的研究。很明显，在事实上对于上诉法院的上诉机制，外界并无法透彻了解。仅仅在最近，刑事诉讼法才表现出理性化③和法典化④的趋势。最近的一系列变化似乎是由《欧洲人权公约》和欧盟的框架下欧陆法的影响所造成的。

除了缓慢的判例演进，立法改革也体现出事件驱动的特征。⑤

---

① See J Sprack, Emmins on Criminal Procedure (9th edn OUP, New York 2002) 427.

② See J Sprack, Emmins on Criminal Procedure (9th edn OUP, New York 2002) 427.

③ 在奥尔德报告中，奥尔德大法官向政府提出了一项对于英国刑事司法制度全面审查的建议。在该报告中，理性化是制度改善的主要手段。该报告的情况，参见 Lord Justice Auld, A Review of the Criminal Courts of England and Wales (The Auld Report) (The Stationery Office, London 2001) 〈 http://www.criminal-courts-review.org.uk/ 〉.

④ 奥尔德报告和政府白皮书都非常支持法典化。两份报告认为，刑事诉讼法典、刑事证据法典和量刑法典应当替代现有的法律渊源；关于最新的白皮书提议，See the White Papers Criminal Justice: The Way Ahead, Cm 5074(February 2001) and Justice for All (Cm 5563) (July 2002).

⑤ See A Ashworth and M Redmayne, The Criminal Process (3rd edn OUP, New York 2005) 16.

这意味着只有当某个偶然的事件向社会公众曝光，并且获得广泛的社会影响时，改革才可能实施。例如，审判不当案件的曝光，尤其是伯明翰六人案（Birmingham Six case），造成了皇家刑事司法委员会（Royal Commission on Criminal Justice）的确立，《1995 年刑事上诉法案》（Criminal Appeal Act 1995）的颁布和刑事案件复查委员会（Criminal Cases Review Commission）的设立。这种类型改革随着某个严重的问题为职权机关关注骤然发生。阿什沃思（Ashworth）和里德梅（Redmayne）甚至认为，①“如果在史蒂芬·劳伦斯案件（Stephen Lawrence case）中，对于犯罪嫌疑人错误的指控没有获得媒体的足够重视，双重危险原则似乎很难成为《2003 年刑事司法法案》（Criminal Justice Act 2003）的主题”。

值得注意的是，刑事程序改革的根本动因是案件发生时的政治气候。政客们利用这些改革，通过表明自己对刑事司法的态度，获取足够的支持。② 这很少需要系统地思考所增加的规则是否与其他法律部分相互一致。因此，很明显，所谓的“根本性的改革或改变”仅仅是拉取民主选票的临时工具。总之，英国刑事诉讼法不具备系统性和连贯性，而且容易受到政治因素的影响。③ 尽管其他法域的刑事诉讼法也有着同样类似的倾向，但是这在具有自由主义传统的英美法系发生得更为频繁。

3. 没有原则化的刑事诉讼规则和分散的程序性后果

很明显，在英国刑事诉讼程序中，没有系统的法典，也没有统一的、体系化的法律渊源结构。相反地，仅仅有指明案件处理方向的非原则性的法律集合。这些刑事诉讼规则有时相互重叠，很多混

---

① See A Ashworth and M Redmayne, The Criminal Process (3rd edn OUP, New York 2005) 16.

② See A Ashworth and M Redmayne, The Criminal Process (3rd edn OUP, New York 2005) 17.

③ See JUSTICE, Remedying Miscarriages of Justice (British Section of the International Commssion of Jurists United Kingdom, London 1994) 8.

乱由此产生。再者，在英国刑事诉讼程序中，许多漏洞需要澄清。尽管有更多的努力试图将详细的指导和归责引入英国刑事诉讼程序，仍然有很多不受约束的自由裁量权。其中一些自由裁量权是立法者故意设置的。这些情况必然意味着刑事诉讼行为瑕疵的程序性后果也是分散的，并没有以一种规则的方式设计。

在下文中，绝大多数程序性后果将会被援引。此处，笔者将仅使用上诉制度中的撤销有罪判决作为程序性后果不规则排列的例子。事实上，从广义上来看，上诉措施构成了程序性制裁的主体：（1）如果上诉法院发现程序错误造成了“不安全”（unsafe）的有罪判决，上诉必须允许，上诉人的有罪判决应当撤销。① 如果审判利益需要的话，可能需要再审。②（2）如果判决、决定、裁定或者其他治安法院的裁决在法律上存有错误，③ 或超出管辖权，当事人可以向刑事法院上诉或向高等法院陈述案件要点。如果上诉成功，刑事法院或高等法院可以“撤销或改变被提起上诉的裁决的任何部分”，“将案件移送给治安法官并附着处理意见”或“直接作出其他裁定使案件公正”。④（3）如果刑事法院对于事实判决以外的裁定在法律上存有错误或者超出管辖权，当事人也可以通过向高等法院陈述案件要点上诉。第二种情况的后果也可以在此适用。（4）如果在刑事法院程序开始之前或发生的程序不规则导致了严重的误判，需要发布重审令（writ of venire de novo），然后案件应当重新审理。⑤ 尽管有很多上诉措施，上诉的适用情况的区分并不

① See Criminal Appeal Act, s 2(2).

② See Criminal Appeal Act, s 7.

③ 法律上存有错误的情况，如“起诉书与起诉的实质内容不一致”，“治安法官没有权力审理案件”，“采纳了应当排除的证据或者排除了应当采纳的证据”等。See J Sprack, Emmins on Criminal Procedure (9th edn OUP, New York 2002) 459.

④ See J Sprack, Emmins on Criminal Procedure (9th edn OUP, New York 2002) 458, 464.

⑤ See J Sprack, Emmins on Criminal Procedure (9th edn OUP, New York 2002) 429.

是非常清晰。

许多诉讼规则仅仅用来粗略地指导实践而不是调整行为。然而，如果规则有效，它至少应当有一定程度的密度和刚性。例如，《国家警告标准》（National Standards for Cautioning）仅仅由内务部通报支持，因此不具有严格的法律约束力。①一些指导性规范，如《1984 年警察和刑事证据法案》的实施细则仍然过于概括，无法对违法者实施归责。② 即使上议院倾向于严格解释该实施细则，在很多案件中，如女王诉福布斯案（R. v Forbes）③，仍然没有违反《实施细则 D》的明确的程序性后果。④

普通法陷入了一种反复澄清某些程序错误定义的境地，这些术语如“程序滥用”（abuse of process）、“技术性错误”（technical error）和“实质性错误”（substantive error）。使用这些术语通常导致案件处理机关可以对于某个程序错误及其程序性后果作出过于弹性的解释。对于程序违法的救济通常在法院平衡相关的规则之后权宜地作出。同时，不同的法官在应对相似的程序违法时容易适用不同的程序性后果。没有对于术语的明确界定和足够的规则，对于刑事诉讼规则违法的救济在很大程度上是不可事先预测的。在这些情况下，我们很难断定在某个刑事诉讼行为出现瑕疵时，某个程序性后果会适用。⑤

---

① 然而，1993 年皇家刑事司法委员会建议警察警告应当由制定法规范。在制定法的指导下，还应当在咨询皇家检控署（Crown Prosecution Service）和警察后，制定详细的规定。See Royal Commission on Criminal Justice, Report (Cm 2263 HMSO, London 1993) para 5.57.

② See A Ashworth and M Redmayne, The Criminal Process (3rd edn OUP, New York 2005) 161.

③ See [2001] UKHL 40.

④ See Royal Commission on Criminal Justice, Report (Cm 2263 HMSO, London 1993) 32.

⑤ 例如，在以不合法或者不适当的方式获取证据的情况下，我们有时很难提前预测它是否应当排除。

在刑事诉讼行为出现瑕疵时，很多程序性后果以外的其他类型的后果频繁适用。这些后果类型包括行政后果、纪律后果、民事后果和刑事后果等。例如，不遵守《1984 年警察和刑事证据法案》，非法逮捕或者非法侵入处所，可能会造成民事诉讼、刑事诉讼或者纪律程序。① 通过暴力逼取被告人供述可能有很多相似的后果。似乎根据法律部门进行法律后果的分类没有得到关注。英国法更为关注的是后果是否足够威慑程序违法。救济违反刑事诉讼规则的方式可以是撤销有罪判决（可以或不可以重新审判）、经济赔偿或仅仅宣告某项权利被侵犯。② 然而，不同类型救济之间的关系并没有明晰，这造成了案件处理机关在选择合适的救济时有大量的不受制约的自由裁量权。

4. 程序救济的弱结构控制

英国刑事机构在关系上相对独立。不仅在上下级机构之间的关系相对分散，而且同级机构之间的关系也相对分立。很明显，这部分是由于英国法相对孤立的发展。程序救济相对松散的结构控制造成了许多无法归责的情况，进而造成了在判例法演进推动下程序性后果的不足。

检察官与警察之间的关系相对分立，因此它们之间必要的制约不存在。当初作为公民代表的警察承担侦查和指控的双重功能。根据《1985 年犯罪起诉法》（Prosecution of Offences Act 1985），英国创设了皇家检控署（Crown Prosecution Service）。它是根据检察长（Director of Public Prosecutions）的命令运行的，检察长接受检察总长（Attorney－General）的指挥。③ 创设皇家检控署的主要原因是

① See C Elliott and F Quinn, English Legal System (6th edn Pearson Longman, Essex 2005) 257.

② See I Dennis, 'Fair Trials and Safe Convictions' (2003) 56 CLP 211, 223; B Emmerson and A Ashworth, Human Rights and Criminal Justice (Sweet & Maxwell, London 2001) 17－33.

③ See Prosecution of Offences Act 1985, s 3 (1).

将职业的检控复查制度引入刑事诉讼制度中，从而避免法庭审理不充分或者不适当的案件。[①] 检察官因此被赋予了停止检控的权力。[②] 在与其他国家的检察官做比较时，英国刑事检察官在刑事司法制度中起着相对不重要的作用。他们对于警察的活动有着很少的控制权力。[③] 相反地，警察因此拥有了大量的事实上的自由裁量权。[④]

警察是地方性的组织，他们在很大程度上独立于政府的直接控制。对于他们的违法行为依赖警察机构内部归责。然而，在刑事程序中，警察并没有体现出阶层化的特征，他们扮演的角色也比较混乱。一般说来，警察有两项显著的特征：第一，当他们侦查犯罪时，他们多自我负责。尽管在他们实施某些强制措施之前，需要向法官或地方法官申请批准，他们不是在检察官的指示下实施侦查。第二，在完成了侦查并且确认了犯罪嫌疑人之后，他们可以决定提起诉讼。然而，这与绝大多数其他法域相比是奇特的，因为在其他法域是否起诉是由检察官决定的。[⑤] 尽管皇家检控署有权停止起诉，并且这种情况很少发生，因为皇家检控署往往不愿意去质疑警察的决定。这种情况部分是因为警察试图避免让渡权力给新设立的皇家检控署。

英国普通法产生了一种奇特的法律结构，这种法律规则不是完整的，而是更带有纯粹救济的特征。这种救济法在历史上就有所体现，如《1215 年自由大宪章》的诸多条款就具有救济性特征。[⑥]

---

① See Royal Commission on Criminal Procedure, Report (Cmnd. 8092 HMSO, London, 1981) para 7.6.

② See Prosecution of Offences Act 1985, s 23.

③ See Code for Crown Prosecutors 2010, s 3.1.

④ See M Maguire and C Norris, The Conduct and Supervision of Criminal Investigations (HMSO, London 1992).

⑤ See M Delmas - Marty and JR Spencer (eds), European Criminal Procedures (CUP, Cambridge 2002) 151.

⑥ 例如，第 39 条规定："任何自由人，如未经其同级贵族之依法裁判，或经国法判决，皆不得被逮捕、监禁、没收财产、剥夺法律保护权、流放或加以任何其他损害。"

人身保护令也深受这一特性影响。人身保护令意味着刑事诉讼中拘留的任何人都有权由法官重新审查拘留的合法性。[①] 因此，人身保护令成为政治异议者反对国王滥用刑罚的有效机制。在普通刑事案件中，它曾经经常用于对抗地方法官拒绝给予被告人保释或者过长的审前拘留。[②] 在现代英国刑事诉讼程序中很少提到人身保护令，它已经逐渐演化成了一些不同的救济机制。[③]

大多数有撤销可能性的行为需要通过法院才能无效。法院对于行为合法性的审查并不必然造成明确的指导。在某种意义上，法院是处理程序违法的根本支柱。现在当事人可以通过提起司法审查请求的方式来质疑警察在指控阶段的决定的合法性，然而，这在英国仅仅是一种民事诉讼程序。在刑事诉讼制度中，案件处理机关对于程序违法依然缺少积极的控制。如果当事人（尤其是被告人）没有对行为的合法性提出质疑，往往不会有宣告无效的程序发生。

不可归责的主体——陪审员可能也是裁决中弱结构控制的潜在原因。在英国，一开始陪审团就起到替代神明裁判的作用。外行参与在刑事司法制度中产生了一定程度的不可预见性。刑事法院审判中法官与陪审员之间的责任划分意味着还有这样一层关系需要调整。陪审团受到法官较弱的控制。陪审团甚至可以不考虑法官的一些指示，径行作出裁判。[④] 很明显，英国刑事诉讼制度对于陪审团表示了极高的信任态度。阿什沃思（Ashworth）和里德梅（Redmayne）认为，[⑤] "如果上诉法院随意干预陪审团裁判，这就会使自

① See RJ Sharpe, The Law of Habeas Corpus (2nd edn OUP, Oxford 1989).

② See M Delmas - Marty and JR Spencer (eds), European Criminal Procedures (CUP, Cambridge 2002) 146.

③ See M Delmas - Marty and JR Spencer (eds), European Criminal Procedures (CUP, Cambridge 2002) 146.

④ See M Damaška, 'Structures of Authority and Comparative Criminal Procedure' (1975) 84 YLJ 491; J Feinberg, The Right to Disobey (1989) 87 Mich. L. Rev. 1702 - 1704.

⑤ See A Ashworth and M Redmayne, The Criminal Process (3rd edn OUP, New York 2005) 345.

身陷入非常不适的境地，即质疑陪审团作出正确判决。这被认为破坏了它所监督实施的机制”。此外，陪审团在作出裁判时不需要列明理由，它们商议的过程是隐秘的。因此，上诉法院不能确认陪审团作出某个裁决的具体理由。

从 1964 年开始，上诉法院有权指令重新审理案件。法院需要“将原审的完整性和对于刑事程序中事实审的最终裁决者陪审团的尊重结合考虑”。[①]即使这样，仍然很难处理陪审团的裁判瑕疵。尽管《刑事上诉法案》（Criminal Appeal Act）规定了如果上诉法院认为有罪判决是不安全的，它可以允许上诉；在其他情况下，可以驳回上诉，[②] 法院一般不愿意干预陪审团的裁判。在这些情况下，许多被告人上诉被不正当地驳回了。

在英国刑事诉讼程序中，由于陪审团的存在，造成了法律中大范围的缓冲区域。在很多情况下，对于关于裁判的规则违反没有明确的处理措施。例如，上议院认为如果《1984 年警察和刑事证据法案》的《实施细则 D》被违反，法官应当通知陪审团，并且要求他们考虑瑕疵的重要性。在一些情况下，违法可能会造成身份识别证据被排除。如果没有被排除，法官有义务通知陪审团错误识别的危险性。[③] 这种对于陪审团的通知应当相当具体，至少包括证人可能误认的信息。如果身份识别证据质量太差，如它是在短暂的一瞥中获得的或者是在非常困难的处境下观察得到的，法官都应更进一步将情况通知陪审团。如果案件完全或大体上依赖身份识别证据，法官应该要求陪审员在依据该证据对被告人审慎作出有罪判决。在大多数情况下，除非有证据支持该识别，案件应当从陪审团那里撤回。如果有辅助支持的证据，法官需要向陪审团指明。很明

① See A Ashworth and M Redmayne, The Criminal Process (3rd edn OUP, New York 2005) 346.

② See Criminal Appeal Act 1968, s 2 (1). 这个修改是在《1995 年刑事上诉法案》(Criminal Appeal Act 1995) 的基础上作出的。

③ See R v Turnbull [1977] QB 224.

显，法官监督/帮助陪审团的这种关系非常灵活和松散，这可能会造成规则的模糊。因此，证据是否应当排除或案件是否应当撤回往往与他们之间如何博弈相关。

三、德国刑事诉讼法

（一）法律渊源

德国宪法（Grundgesetz）包含了一些与刑事诉讼法直接相关的一般规定。[①]除此以外，宪法还规定一些根本性的权利，刑事司法机构必须保护这些权利。[②] 根据宪法第 92 条设立的联邦宪法法院是维护法律秩序最为重要的机制。根据第 93 条规定，公权力机关侵犯了某项基本权，宪法法院可以对此引起的宪法诉愿作出裁决。宪法法院还有对于宪法具体内容的最终解释权和对于与宪法适用相关的诉讼的裁决权。宪法法院是对宪法规范通过判例控制的唯一机构。因此，宪法法院审查在普通法院提起的宪法性异议的有效性。而且，宪法法院有义务将国际法规范尤其是《欧洲人权公约》吸收进国内法（第 100 条）。

德国刑事诉讼法（Strafprozeβordnung）于 1877 年颁布（1979 年生效），它包含八个部分。第三章为上诉救济（第 296 - 358 条）；第四章是对终局判决的再审（第 359 - 373a 条）。这些章的规则是应对刑事诉讼行为瑕疵的主要规定。法典已经修改了很多次，但是它的基本结构仍然没有变。德国法官法（Gerichtsverfassungsgesetz）和德国刑法（Strafgesetzbuch）也包含了应对刑事诉讼行为瑕疵的重要规范。

联邦上诉法院是解释刑事诉讼法最为权威的机构。尽管较低层

① 参见第 101（1）条（特别法庭的禁止）、第 103（1）条（法庭听证权）、第 103（3）条（对同一行为双重起诉的禁止）、第 104（2）条（对于未经法官许可剥夺自由的限制）。

② 参见第 2（2）条（行动自由权）、第 10 条（通信、邮件和电报的保密权）和第 13 条（住所的不可侵犯权）。

级的法院并没有义务必须遵守联邦上诉法院的裁决，在实践中他们往往这么做，这可能是由于法院的阶层化设置。具体而言，如果关于法律问题的冲突意见产生，案件通常最终由联邦上诉法院裁判。①

（二）刑事诉讼行为瑕疵程序性后果的检测

1. 对于民法理论不完全的移植

德国法学家热衷于通过创设理论使法律规则更具可操作性和容易适用。在众多法域的法律中，德国法被广泛赞誉为最为精确和科学的模式之一，德国甚至被称为大陆法的殿堂。由于德国法的理性与本书所倡导的法律科学性一致，笔者需要简要地介绍德国法发展史，从而理解制定德国刑事诉讼法时所处的理论背景。总体来看，德国法经历了三次演进：罗马法的继受，“启蒙运动”和潘德克顿法学派的系统化。第一，从 1495 年开始，德国为了实现现代化和理性化，开始回顾原有的罗马法，从而改变本国习惯法散乱的状况。第二，从 1756 年开始，由于启蒙运动哲学，德国法经过了理性的批判，创立了以推理为基础的新法律方法。② 在这些方法中，法典化无疑是最为引人注目的。德国人认为未成文的、地方化的习

① 德国刑事诉讼程序的相关资料，See，e. g.，B Huber，'Chapter Three：Criminal Procedure in Germany' in J Hatchard，B Huber and R Vogler（eds），Comparative Criminal Procedure（B. I. I. C. L，London 1996）；R Juy – Birmann，'The German system' in M Delmas – Marty and JR Spencer（eds），European Criminal Procedures（CUP，Cambridge 2002）；HH Kühne，'Chapter Five：Germany' in CD Wyngaert（ed），Criminal Procedure Systems in the European Community（Butterworths，London，Brussels，Dublin，Edinburgh 1993）；T Weigend，'Chapter Six：Germany' in CM Bradley（ed），Criminal Procedure：A Worldwide Study（Carolina Academic Press，Durham，North Carolina 1999）. NG Foster，German Legal System & Laws（2nd edn Blackstone Press Limited Press，London 1996）212 – 228；［德］克劳思·罗克信著：《刑事诉讼法》，吴丽琪译，法律出版社 2003 年版。

② See R Juy – Birmann，'The German system' in M Delmas – Marty and JR Spencer（eds），European Criminal Procedures（CUP，Cambridge 2002）292.

惯法必须为成文的、中央化的理性立法所替代。[①] 法律是“精巧的、清晰的制度”，[②] 根据法律可以作出“有逻辑的、数学性的推理”，从而处理各种案件。[③] 第三，在19世纪早期，潘德克顿法学派试图创设一系列逻辑的、科学的方法，以获取任何法律问题的解决方案。[④] 他们认为法律可以技术性地适用，不需要诉诸很多价值判断。在某种意义上，法律的适用仅仅是根据一些抽象概念作出数学计算。[⑤]

这些理论化机制在民法领域广为适用。潘德克顿法学派在民法领域的杰出遗产是《德国民法典》（Bürgerliches Gesezbuch）的总论部分。该部分含有整个私法的基本概念和原则，却没有具体制度的规定。这种完整、精确的模式以及形式化的教义广为其他法域所赞赏和借鉴。[⑥] 普通法学家麦特兰德（Maitland）甚至认为德国民法典是“整个世界范围内最杰出的法典”。他说：“我从来没有想

---

① 在此，笔者将德国法与英国法做简单对比。英国法最少地受到这些理性思想的影响，因为英国法是建立在“历史经验主义”基础上的，英国法没有德国法那样接受理论化与系统化的思想指导。See T Weir (tr), K Zweigert and H Kötz, An Introduction to Comparative Law (3rd edn OUP, Oxford 1998) 135 – 137.

② See T Weir (tr), K Zweigert and H Kötz, An Introduction to Comparative Law (3rd edn OUP, Oxford 1998) 136.

③ See T Weir (tr), K Zweigert and H Kötz, An Introduction to Comparative Law (3rd edn OUP, Oxford 1998) 136.

④ 潘德克顿法学派起源于历史法学派，后者关注《学说汇纂》而不是习惯法。潘德克顿法学派学者热衷于教条地、系统地分析罗马法资料。在他们的教义中，罗马法构成了解决法律问题的唯一渊源。概念计算是他们仅有的法律方法，在适用法律时现实原因被忽视了。

⑤ See T Weir (tr), K Zweigert and H Kötz, An Introduction to Comparative Law I The Framework (1st edn North – Holland Publishing Company, Amsterdam, New York, Oxford 1977) 141.

⑥ 德国民法对于东南欧、前苏联、日本和我国都有着重大影响。例如，匈牙利民法典就是参考德国民法典设计的。与英国民法的移植是由于大英帝国的殖民侵略相比，大多数国家学习德国民法是由于对其科学设计的膜拜。

过在立法中有如此多的第一流的想法。"① 最为重要的是，德国法律科学家通过技术性的概括，从大量案例中提取出"民事法律行为"（civil juristic act）的概念。② 民事法律行为概念的使用增强了民事问题处理逻辑上的致密性和经济性，如此令人厌倦的重复被有效避免了。③ 这个短语不仅意味着"私主体设立、改变和终止权利的意思表示"，④ 而且还表明"将实现的法律效果"。⑤ 贯穿整个民事法律行为理论，自由交易是个关键主题。一种单一的社会正义，即交易正义，在交易中得以体现。在民事法律行为理论中，纳入技术（technique of subsumption）是一种分析手段。每个问题都可以从法律规定的单一的公式里获得解决。根据民事法律行为违法的后果，两种瑕疵行为得以区分：无效行为和可撤销行为。⑥ 主体的行为能力、意思表示和其他外在因素的违法也都可以加以分类，并且匹配不同的后果。

德国理论家尝试借鉴先进的民法理论，开展另一项宏伟的工程，即一项刑事诉讼行为（prozeβhandlungen）理论。该理论可以

---

① See T Weir (tr), K Zweigert and H Kötz, An Introduction to Comparative Law (3rd edn OUP, Oxford 1998) 148.

② 民事法律行为在英语中又叫 juristic act 或 legal act，在法语中叫 actes juridiques，在德语中叫 rechtsgeschaft。然而，这些术语似乎在语义上超出了民法的范围。因此，笔者将采用 civil juristic act。See CS Lobingier, 'Juristic Acts in the Civil Law' (1949) 24 Tul. L. Rev. 178.

③ See T Weir (tr), K Zweigert and H Kötz, An Introduction to Comparative Law (3rd edn OUP, Oxford 1998) 136.

④ See TE Holland, Elements of Jurisprudence (The Lawbook Exchange, Clark, New Jersey 2006) 97; EJ Schuster, The Principles of German Civil Law (Clarendon Press, Michigan 1907) 88; JW Salmond and JL Parker, Salmond on Jurisprudence (9th edn Sweet & Maxwell, London 1937) 192.

⑤ See CC Turpin, 'Void and Voidable Acts' (1955) 72 S. African L. J. 58.

⑥ See R Youngs, English, French & German Comparative Law (2nd edn Routledge - Cavendish, London 2006) 377.

追溯到1900年。[①] 从那以后，刑事诉讼行为逐渐成为德国刑事诉讼法的重要主题。绍尔甚至认为诉讼行为是诉讼法的核心。[②] 然而，从现有的刑事诉讼法理论来看，对于刑事诉讼行为的研究不足以建构刑事诉讼行为瑕疵的程序性后果的统一理论。这项研究处于学说讨论阶段，还没有达成功能上的共识，以进行法律改革。[③] 刑事诉讼行为的相关教义在理论贡献方面远远落后于民事法律行为。最为遗憾的是，刑事诉讼行为的概念和范围并没有在学术探讨中成为共识。[④] 法学家通过参考民事诉讼行为要件分析来创设相似的刑事诉讼行为理论。这些要件包括主体资格、意思表示和时间等。很不幸的是，相关的讨论造成了对于刑事诉讼琐碎事项的冗长讨论。[⑤] 确立该等理论的主要障碍便是确认民事法律行为和刑事诉讼

---

① 参见曹鸿兰：《刑事诉讼行为之基础理论Ⅰ：刑事诉讼行为之效力》，载陈朴生编：《刑事诉讼法论文选辑》，台北五南图书出版公司1984年版，第111页。1900年，德国法学家本尼克·贝宁（Benneke Beling）首先提出了刑事诉讼行为的概念；1925年，詹姆斯·哥尔德斯密特（James Goldschmidt）系统地分析了刑事诉讼行为。随后，一大批学者加入到对刑事诉讼行为的分析中来。参见［德］克劳思·罗克信著：《刑事诉讼法》，吴丽琪译，法律出版社2003年版，第194～195页。

② See W Sauer, Grundlagen des Prozessrechts（F. Enke, Stuttgart 1929）167，转引自曹鸿兰：《刑事诉讼行为之基础理论Ⅰ：刑事诉讼行为之效力》，载陈朴生编：《刑事诉讼法论文选辑》，台北五南图书出版公司1984年版，第111页。

③ 在德国，刑事诉讼法是最为权威的教科书（第二十四版），克劳思·罗克信（Claus Roxin）认为刑事诉讼行为的相关教义只具有非常表面的用处。参见［德］克劳思·罗克信著：《刑事诉讼法》，吴丽琪译，法律出版社2003年版，第194～195页。

④ 从字面上来看，刑事诉讼行为应当包含刑事诉讼中所有主体的活动，不管它们的外在形式和主体怎样。然而，罗克信认为刑事诉讼行为的范围过于宽泛。他将其界定为具有意思表示和刑事诉讼中的预期法律效果的行为。参见［德］克劳思·罗克信著：《刑事诉讼法》，吴丽琪译，法律出版社2003年版，第195页。同时，贝宁也认为刑事诉讼行为主体应当仅包括法院和当事人双方。See E Beling, Deutsches Strafprozessrecht（Berlin and Leipzig 1928）163.

⑤ 对于刑事诉讼行为的要件的讨论，See W Beulke, Strafprozessrecht（5th end C. F. Müller, Heidelberg 2001）para. 297；关于意思表达瑕疵的法律后果的争论，See BGHSt 5, 341；17, 14，转引自［德］克劳思·罗克信著：《刑事诉讼法》，吴丽琪译，法律出版社2003年版，第195页。

行为的本质差别。在做这项工作之前，我们有必要了解“民法”与“刑法”之间，“实体法”与“程序法”之间的法理差异。很遗憾的是，在过去的几十年里，德国刑事诉讼行为理论对于这些领域似乎并没有太多实质性的探讨。德国刑事诉讼法与实体刑法相比，较少得到研究，甚至被认为是“游戏规则”。① 德国刑事诉讼行为理论相对于继受者日本和我国台湾地区的相关研究似乎并不见得高明。②

2. 现有理论在立法中不科学的应用

一般认为，德国立法者倾向于适用现有的理论，以制定或修改法律规则。德国的情况与英国不成系统的判例法演进和事件驱动型的法律改革不同。在德国法律改革之前，通常需要详细的学术解释和完整的立法。然而，尽管在形成法律时学说教义具有相当程度的重要性，大多数关于刑事诉讼行为的教义并没有像民事法律行为理论那样得到广泛适用。在德国法学家所创设的本体性术语中，诉讼行为的概念从来没有在刑事诉讼规则中得以适用。③

相反地，在德国以外的一些大陆法系法域（如澳门），“刑事诉讼行为”甚至成为刑事诉讼法典的一些章节的标题。在这些标题下，明确地规定了一系列的（尽管不是全部的）刑事诉讼行为。在德国刑事诉讼法中，刑事诉讼行为往往只在学术层面上得以应

---

① See, e. g. , J Goldschmidt, Prozeß Als Rechtslage (Springer, Berlin 1925) 257; A Popp, Verfahrenstheoretische Grundlagen der Fehlerkorrektur im Strafverfahren (Duncker & Humblot, Berlin 2005) 259.

② 日本和我国台湾地区的教科书中对于德国教科书中的刑事诉讼行为教义有所发展。参见［日］田口守一著：《刑事诉讼法》，刘迪等译，法律出版社 2000 年版；曹鸿兰：《刑事诉讼行为之基础理论 II：判决以外之诉讼行为之效力》、《刑事诉讼行为之基础理论 III：判决以外诉讼行为的无效之形态与其治愈》，载陈朴生编：《刑事诉讼法论文选辑》，台北五南图书出版公司 1984 年版，第 80～169 页。日本法继受德国法的简史，see JO Haley, 'The Revival of German Scholarship on Japanese Law' (1982) 30 AJCL 335－342.

③ 参见［德］克劳思·罗克信著：《刑事诉讼法》，吴丽琪译，法律出版社 2003 年版，第 195 页。

用。如果根据诉讼主体分类，刑事诉讼行为可以划分为法官行为和其他主体行为；根据行为的内容分类，可以划分为申请行为和决定行为；根据预期法律效果的形式划分，可以分为程序形成行为（erwirkungshandlungen）和实体形成行为（bewirkungshandlungen）。①

最后一种分类起源于哥尔德史密特（Goldschmidt）。② 程序形成行为是通过引导下一个诉讼主体的行为来推进刑事诉讼进程的行为。例如，作为一种程序形成行为，被告人交纳保证金往往意味着他可以被取保候审。实体形成行为是影响案件处理人心证判断和最终案件处理的行为。③ 例如，当事人展示证据可能直接影响法院的最终判决，尽管该行为并不一定是至关重要的影响因素。简而言之，程序形成行为是在整个刑事诉讼进程中引导下一步的必要步骤，而实体形成行为是影响有权机关处分性决定的证据、推理或论证。

根据德国现有的文献，这些行为划分仅仅具有分类学的意义，因此在实证法上很少有用武之地。正如笔者的理论框架所显示，行

① 这种翻译来源于日本法学家团藤重光。参见［日］团藤重光：《新刑事诉讼法纲要》，创文社 1972 年版，第 142 页。事实上，尽管此处"erwirkungshandlungen" and "bewirkungshandlungen" 翻译为程序形成行为和实体形成行为，它们原来的意思已经被相当大地调整了。从字面上来看，它们应当被分别翻译为"取效行为"（又称为由外促成之行为）和"与效行为"（由内促成之行为）。前者是引发另外一个诉讼行为（尤其是法院判决）的行为。它们可以划分为声请（antrage）和主张（behauptungen）。后者是直接形成特定诉讼结果的诉讼行为，这种行为必须符合行为主体个人的意志，如放弃法律救济，提出证据，提供担保等。参见［德］克劳思·罗克信著：《刑事诉讼法》，吴丽琪译，法律出版社 2003 年版，第 195 页；林钰雄著：《刑事诉讼法》（上册·总论编），中国人民大学出版社 2005 年版，第 182 页。很明显，同样的德文术语有着完全不同的翻译，这些翻译在概念和范围上差别很大。此处我们采用团藤重光的翻译版本，因为它们更有利于创设相关的理论。

② See J Goldschmidt, Prozeß Als Rechtslage (Springer, Berlin 1925) 364, 456.

③ 我们不能将案件的处分（disposition）简单地认为是判决。一些决定与判决有着相似的终结案件的功能，如在我国检察官对于案件不予起诉就属于这种情况。

为的划分，尤其是程序形成行为和实体形成行为（连同裁判行为）都对创设科学理论有着重要作用。这种事实间接地表明，德国现有的研究并没有得到有效适用。除了上述分类，笔者将介绍两个与刑事诉讼行为相关的理论。这两个理论分别由尼斯（Niese）和米泰格（Mittag）所创。它们似乎对于立法有所助益，然而它们在某些问题上是值得商榷的，不能完全应用于现有的刑事诉讼立法。然而，我们有必要将之概括，因为他们尝试对刑事诉讼行为以及匹配的后果进行分类。

在1950年，尼斯（Niese）创设了一个影响深远的概念——“双重功能的刑事诉讼行为”（doppelfunktionelle Prozeßhandlungen）。他指出某些诉讼行为，尤其是非法强制措施，有着实体刑法上的效果。[①] 例如，非法拘留限制了犯罪嫌疑人自由，在试图实现程序效果的同时，可能构成德国刑法第239条规定的罪名。尼斯的理论对于观测德国强制措施违法的救济有所帮助。他表明在刑事诉讼中存有一些根本性的权利。通过这项理论，他关注了一些违反刑事诉讼规则的实体性后果。这是一项对于刑事诉讼程序瑕疵及其后果的早期研究。

然而，他的研究在下列两个方面是值得质疑的。第一，尼斯所关注的后果是刑事诉讼程序以外的。他并没有认识到在当前的案件处理过程中还应当有一种内在的后果。刑事制裁仅仅是一种需要花费较长时间的间接救济。对于刑事诉讼行为瑕疵主要的救济方式应当是内嵌于刑事诉讼程序的。刑事制裁并不是一种全面的解决方案，因为并不是所有的程序违法都构成实体性犯罪。第二，由于实体刑法可以用来调整所有刑事诉讼中的犯罪行为，我们没有必要将

---

① See W Niese, Doppelfunktionelle Prozeßhandlungen, Ein Beitrag zur allgemeinen Prozeßrechtslehre (Göttingen 1950); ‘Narkoanalyse als doppelfunktionelle Prozeßhandlung’ (1951) 63 ZStW 199；林钰雄著：《刑事诉讼法》（上册·总论编），中国人民大学出版社2005年版，第182页；［德］克劳思·罗克信著：《刑事诉讼法》，吴丽琪译，法律出版社2003年版，第195页。

这个理论单独适用于刑事诉讼立法。正如米泰格批评的那样，警察行为的目的不是要去满足犯罪要件，而是要实施刑事诉讼程序。[①] 例如，非法强制措施在适用德国刑法第 239 条规定的剥夺自由罪时并没有例外。

米泰格参照希尔（Searle）所创设的规则理论，[②] 最近在刑事诉讼领域提出了一组关于刑事诉讼规则的新的分类：调整型规则（regulative rules）和构成型规则（constitutive rules）。[③] 米泰格认为，调整型规则在特征上表现为命令加制裁的形式，因此与实体法有着相似的效果。[④] 例如，如果警察在没有法定授权的情况下进入某个场所或者运输工具实施搜查，他可能触犯了德国刑法第 123 条规定的犯罪。构成型规则仅仅规定了实现预期效果的基本条件。具体而言，不遵守构成型规则可能使行为者无法进入刑事诉讼程序的下一个阶段，更不要说是最终的判决。[⑤] 有时，违反调整型规则，如非法搜查或扣押，可能会产生某些信息。案件处理机关需要处理获得的信息，即将之纳为证据或者将之排除。米泰格认为这种违法（如非法搜查或扣押）不仅需要通过实体法加以制裁，还需要根据“移转规则”（如排除规则）来加以制裁。这种移转规则调整行为

---

① See M Mittag, ‘A Legal Theoretical Approach to Criminal Procedure Law: The Structure of Rules in the German Code of Criminal Procedure’ [2006] 7 German Law Journal 641.

② See JR Searle, Speech Acts: An Essay in the Philosophy of Language (CUP, Cambridge 1969).

③ See M Mittag, ‘A Legal Theoretical Approach to Criminal Procedure Law: The Structure of Rules in the German Code of Criminal Procedure’ [2006] 7 German Law Journal 637 – 645.

④ See M Mittag, ‘A Legal Theoretical Approach to Criminal Procedure Law: The Structure of Rules in the German Code of Criminal Procedure’ [2006] 7 German Law Journal 641; B Grunst, Prozeßhandlungen im StrafProzeß (Aktiv Druck & Verlag GmbH, Ebelsbach 2002) 97.

⑤ See M Mittag, ‘A Legal Theoretical Approach to Criminal Procedure Law: The Structure of Rules in the German Code of Criminal Procedure’ [2006] 7 German Law Journal 639.

所获得的信息的移转，属于构成型规则，因为它具有程序性效果。[①] 即便如此，他也认为“一个规则不可能既是调整型的，也是构成型的”。[②]

这组分类在下列两个方面是存有疑问的。第一，米泰格故意选取德国刑事诉讼法中的救济措施来适用他的理论。他所参考的救济措施限于手续无效、[③] 非法证据排除[④]和对法律问题的上诉。[⑤] 换言之，他们不可以像本书所创建的框架一样全面地规定诉讼行为瑕疵的程序救济。第二，米泰格并没有澄清刑事诉讼中调整型规则的构成性功能。构成型规则和调整型规则并不是没有任何交叉的部分。调整型规则通常规制那些具有构成效力的行为（如上面的非法搜查的制裁不仅仅用于调整，也是程序演进的一部分）。米泰格认为制裁是调整型规则的组成部分，不是构成型规则的组成部分。[⑥] 然而，对于构成型规则，没有推进到程序的下一个阶段是一种程序性

① See M Mittag, ‘A Legal Theoretical Approach to Criminal Procedure Law: The Structure of Rules in the German Code of Criminal Procedure’ [2006] 7 German Law Journal 644, citing K Amelung, ‘Prinzipien der Strafprozessualen Verwertungsverbote’ in G Duttge, G Geilen, L Meyer - Goßner and L Meyer - Goßner (eds), Gedächtnisschrift für Ellen Schlüchter (Carl Heymanns, Verlag KG 2002) 417.

② See M Mittag, ‘A Legal Theoretical Approach to Criminal Procedure Law: The Structure of Rules in the German Code of Criminal Procedure’ [2006] 7 German Law Journal 644.

③ See M Mittag, ‘A Legal Theoretical Approach to Criminal Procedure Law: The Structure of Rules in the German Code of Criminal Procedure’ [2006] 7 German Law Journal 641.

④ See M Mittag, ‘A Legal Theoretical Approach to Criminal Procedure Law: The Structure of Rules in the German Code of Criminal Procedure’ [2006] 7 German Law Journal 642.

⑤ See M Mittag, ‘A Legal Theoretical Approach to Criminal Procedure Law: The Structure of Rules in the German Code of Criminal Procedure’ [2006] 7 German Law Journal 642. 他引用了德国刑事诉讼法第337条第1段、第338条。米泰格所参考的这些调整上诉制度的规定并没有明确地界定刑事诉讼行为瑕疵的程序性后果，因为瑕疵程序基础上的裁判本身并不是无效的，而仅仅是可撤销的。

⑥ See M Mittag, ‘A Legal Theoretical Approach to Criminal Procedure Law: The Structure of Rules in the German Code of Criminal Procedure’ [2006] 7 German Law Journal 641; B Grunst, Prozeßhandlungen im StrafProzeß (Aktiv Druck & Verlag GmbH, Ebelsbach 2002) 97.

制裁。米泰格没有认识到有很多刑事诉讼程序内部的后果。基于上述分析，调整型规则和构成型规则的二元界分并不够精确。因此，它们不能科学地适用于刑事诉讼规则。

3. 不完整的规定和不充足的程序性后果

德国刑事诉讼法的法律渊源相对具有条理性，刑事司法机构阶层明晰。例如，德国警察机构是从国家层面一级一级有序排列的。① 职业法官和业余法官组成了混合法庭。在这个混合法庭中，职业法官是绝对具有支配能力的。这与英国刑事审判中的陪审团裁判不同。② 在法院裁决中，必须要给明裁判的原因。这些因素对于设计功能上自治的刑事诉讼规则是有所助益的。事实上，德国法学家一直对他们的刑事诉讼法详细的程式感到骄傲。③ 然而，德国刑事诉讼法仍然受到工具性观念的影响，认为刑事诉讼程序仅仅是适用实体刑法的手段。④ 在实施刑事诉讼法的过程中，实体真实的目的被过于强调了。⑤由于刑事司法机构的主要目的就是发掘真实，正当程序的观念在德国并没有得到足够的重视。这些情况在事实上又与刑事诉讼法相对系统的规定有着冲突。

例如，许多指导刑事诉讼程序的法律规则相当不完整。绝大多数微罪和轻罪是通过行政性的刑罚程序或者非刑事化的措施分流处

---

① See AS Goldstein and M Marcus, 'The Myth of Judicial Supervision in Three "Inquisitorial" Systems: France, Italy, and Germany' (1977) 87 YLJ 1560.

② See JH Langbein, 'Mixed Court and Jury Court: Could the Continental Alternative Fill the American Need?' (1981) 6 Law and Social Inquiry 195 – 219.

③ See K Volk, 'The Principles of Criminal Procedure and Post – Modern Society: Contradictions and Perspectives' (17th International Conference of the International Society for the Reform of Criminal Law, the Hague, Netherlands 2003) 〈http://www.isrcl.org/Papers/Volk.pdf〉2 – 3.

④ See K Rogall, 'Germany: Principle of Criminal Procedure and Their Application in Disciplinary Proceedings' (2003) 74 RIDP 938.

⑤ 典型的例子参见德国刑事诉讼法第 244（2）条：为了调查事实真相，法院应当依职权将证据调查延伸到所有的对于裁判具有意义的事实、证据上。

理的。[①] 关于重罪，唯一可能符合刑事诉讼法完整要件的部分是审判程序。然而，根据德国刑事诉讼法第 273（1）条和第 274 条的规定，对于审判程序的遵循应当通过记录来证明。具体而言，记录需要写明主要的审理过程和结果以及其他所有重要的手续被遵守。然而，如果审判中的瑕疵在事实上已经作出，却没有被记录或者记录本身是伪造的，就无法对瑕疵作出合理的救济。大多数审判以外的程序非常具有叙述性，而不具有执行力。在审前程序中，治安法官可以在受害者申请的情况下对非法扣押实施审查。[②]然而，这项救济并没有延伸到非法逮捕、搜查、身体检查和检察官或辅助官员所授权实施的相似措施。[③] 审前的很多其他刑事诉讼行为都是不可争辩和撤销的。例如，检察官对辩护人调查案卷拒绝的合法性和有效性不会经过司法审查。[④]

在德国刑事诉讼法中有一些关于违法程序性后果的分散规定。在此处，笔者总结了其中的一些类别，当然它们并没有耗尽所有可能的程序性后果：（1）如果法官有回避的事由，回避申请已经提出，他应当回避，在回避动议提出后的审理程序也应当重新开始；[⑤]（2）如果证人没有依法出庭，应当将其强制带入法庭，在必要的时候采取强制措施；[⑥]（3）如果证人在没有正当理由的情况下

---

① See T Weigend, ‘The Legal and Practical Problems Posed by the Difference Between Criminal Law and Administrative Penal Law’ (1988) 59 RIDP 67 - 72; RS Frase and T Weigend, ‘German Criminal Justice as a Guide to American Law Reform: Similar Problems, Better Solutions?’ (1995) 18 B. C. Int'l & Comp. L. Rev. 321.

② 参见德国刑事诉讼法第 98（2）条。

③ See RS Frase and T Weigend, ‘German Criminal Justice as a Guide to American Law Reform: Similar Problems, Better Solutions?’ (1995) 18 B. C. Int'l & Comp. L. Rev. 326, footnote 50.

④ 参见德国刑事诉讼法第 147(4)条;see, e. g. , RS Frase and T Weigend, ‘German Criminal Justice as a Guide to American Law Reform: Similar Problems, Better Solutions?’ (1995) 18 B. C. Int'l & Comp. L. Rev. 341.

⑤ 参见德国刑事诉讼法第 22 ~ 31 条。

⑥ 参见德国刑事诉讼法第 51 条。

拒绝作证，应当强制其出庭作证；[①]（4）如果某人不遵守提交扣押物的义务，应对其实施强制措施，以实施该扣押；[②]（5）如果逮捕令已经撤销，被逮捕人不是逮捕令中所指明的人，应当释放被逮捕人；[③]（6）如果被告人严重违反义务和对其的限制，法官应当决定逮捕被告人；[④]（7）如果还押的条件不再存在，逮捕令应当撤销；[⑤]（8）如果采用了禁止的措施，所获得的供述应当排除；[⑥]（9）如果当事人没有在规定的时限内交纳保证金，法院应当宣告取保候审的申请无效；[⑦]（10）如果不允许获取某项证据，使用这项证据的申请应当拒绝；[⑧] 等等。

在绝大多数情况下，法律中多为没有清晰程序性后果的不完整规则。程序瑕疵的救济在很大程度上依赖于德国刑事诉讼法中及以外规定的实体法制裁。例如，有义务出具意见的专家证人拒绝作证的后果是对其罚款。如果该专家证人仍然不遵守规定，可以对其再次处以强制性的罚款。[⑨] 这种措施不是程序性后果，而仅仅是行政性的金钱处罚。再者，纪律性的措施也可以用于处罚职业人员违法。例如，德国法官法的相关规定可以适用于德国法官。该法的制裁方式包括任用无效[⑩]、撤销任用[⑪]、免去职务[⑫]、撤销法官[⑬]、停

---

① 参见德国刑事诉讼法第 70 条。

② 参见德国刑事诉讼法第 95（2）条。

③ 参见德国刑事诉讼法第 115a 条。

④ 参见德国刑事诉讼法第 116 条。

⑤ 参见德国刑事诉讼法第 120 条。

⑥ 参见德国刑事诉讼法第 136a 条。

⑦ 参见德国刑事诉讼法第 176 条。

⑧ 参见德国刑事诉讼法第 244 条。

⑨ 参见德国刑事诉讼法第 77（1）条。

⑩ 参见德国法官法第 18 条。

⑪ 参见德国法官法第 19 条。

⑫ 参见德国法官法第 21 条。

⑬ 参见德国法官法第 22、23 条。

止服务[1]、调任[2]、训诫和罚款。[3] 对于律师违反职业义务的瑕疵行为也可以通过联邦律师法（Bundesrechtsanwaltsordnung）加以惩戒。具体的惩戒措施包括：通报批评、警告、罚款、禁止担当代理人或辩护律师和撤销法律职业资格等。[4] 如果与这些事实相关义务的可归责的违反没有被纪律法庭所认定，可以撤销对于辩护人的排除。[5] 这些行为的程序性后果并没有明确规定在德国刑事诉讼法中。

德国刑法规定了很多违反公职的犯罪，它们中的大多数都可以用来制裁职权性的刑事诉讼违法。这些违法包括接受利益[6]、索贿[7]、给予利益[8]、行贿[9]、枉法[10]、刑讯逼供[11]、对无罪人的追诉[12]、对无罪的人执行刑罚[13]、超收费用[14]、禁止告知法院审理情况[15]、对当事人的背信。[16] 这些都通过罚金或者自由刑加以制裁。这些违法的程序性后果并没有完全规定在德国刑事诉讼法中。诚然，在有限的刑事诉讼法中对每个瑕疵都规定详细的程序性后果并不现实。认为实体法后果在功能上无法促使行为主体遵守刑事诉讼规则也是不正确的。然而，如果内部的处理机制，即瑕疵的程序性

① 参见德国法官法第 24 条。
② 参见德国法官法第 30 条。
③ 参见德国法官法第 64 条。
④ 参见联邦律师法第 114 条。
⑤ 参见联邦律师法第 138a（3）条。
⑥ 参见德国刑法第 331（2）条。
⑦ 参见德国刑法第 332（2）条。
⑧ 参见德国刑法第 333 条。
⑨ 参见德国刑法第 334 条。
⑩ 参见德国刑法第 339 条。
⑪ 参见德国刑法第 343 条。
⑫ 参见德国刑法第 344 条。
⑬ 参见德国刑法第 345 条。
⑭ 参见德国刑法第 352 条。
⑮ 参见德国刑法第 353d 条。
⑯ 参见德国刑法第 356 条。

后果没有明确规定，刑事诉讼规则不是完整的。很明显，德国刑事诉讼法并没有跟上理论发展的步伐，也远没有非常完善。

4. 对于上诉救济的过度依赖

除了前面提到的规则和一小部分法院可以自行处理程序瑕疵的规定以外，[①] 绝大多数程序瑕疵都需要通过上诉救济来处理。上诉救济可以划分为抗告[②]、对事实和法律问题提起上诉[③]、仅对法律问题提起上诉。[④] 案件通过刑事诉讼程序得以处理，然而德国刑事诉讼法并没有为治理程序瑕疵提供足够的直接救济，多通过上诉来处理法院的裁决，从而间接处理程序瑕疵。[⑤]

对于程序违法的处理只是上诉救济的附属功能。正当程序上诉的绝对理由非常有限，包括：（1）裁判法庭的组成不合法；[⑥]（2）制作判决书的法官不合格；[⑦]（3）法院管辖错误；[⑧]（4）在公诉人或其他法律要求必须到场的人缺席情况下审理案件；[⑨]（5）公开审判的违反；[⑩]（6）在判决中缺少理由；[⑪]（7）对于辩护人不合

---

① 法院自行处理程序瑕疵有下列两例。第一个是德国刑事诉讼法第 30 条［自行回避；职权回避］规定："即使无拒绝申请提出，但是法官说明存在他应当回避的情况，或者因其他事由产生了是否应当要求法官依法回避的疑虑时，负责处理拒绝申请的法院也应当对此裁定"。第二个是第 117（5）条［羁押复查］规定："待审羁押已经执行了三个月，被告在这段期间既未申请羁押复查也未对羁押提起抗告的，应当依职权进行羁押复查，但被告如果有辩护人时除外。"

② 参见德国刑事诉讼法第 304 ~ 311a 条。

③ 参见德国刑事诉讼法第 312 ~ 332 条。

④ 参见德国刑事诉讼法第 333 ~ 358 条。

⑤ 在德国法学研究中，上诉救济理论又称为"法院裁决的可撤销性"。参见［德］克劳思·罗克信著：《刑事诉讼法》，吴丽琪译，法律出版社 2003 年版，第 486 页。

⑥ 参见德国刑事诉讼法第 338 条第 1 项。

⑦ 参见德国刑事诉讼法第 338 条第 2、3 项。

⑧ 参见德国刑事诉讼法第 338 条第 4 项。

⑨ 参见德国刑事诉讼法第 338 条第 5 项。

⑩ 参见德国刑事诉讼法第 338 条第 6 项。

⑪ 参见德国刑事诉讼法第 338 条第 7 项。

理的限制。[①]如果一般的上诉途径失败，程序违法造成上诉人基本权利被剥夺，被告人可以申请特别程序，即宪法诉愿。然而，在一般情况下，当事人很难赢得宪法诉讼。

德国刑事诉讼规则中没有完整的机制，以应对所有刑事诉讼行为瑕疵。例如，一个异议者（如被告人）无法要求一些非法的程序重新开始或者去除这些瑕疵。通过上诉救济措施，绝大多数违法可以通过法院加以解决。这就意味着，其他机构（如检察院）即使在某一刑事诉讼阶段有权处理案件，也没有权力处理刑事诉讼行为瑕疵。许多刑事诉讼行为瑕疵必须通过法院程序才能救济，而这些程序往往并不经济。因此，在许多诉讼阶段，上诉救济减少了其他救济形式的空间。

这种全盘的刑事上诉制度仍然有值得质疑的地方。全面的上诉审查被认为是限制刑事司法机构“离心”（centrifugal）[②] 的关键措施。[③] 然而，大量上诉救济需要在利益当事人申请的情况下才可能实施。如果没有上诉，程序错误往往不会被法院处理。再者，并不是所有的上诉都能得到救济。上诉可以针对一审法院的裁决、审理事实和法律问题的上诉法院的裁决、主审法官的指令和预审法官的指令。[④] 然而，上诉救济不可以针对法庭判决前的决议。[⑤]

四、我国刑事诉讼法

（一）法律渊源

由于社会主义法系部分继承了大陆法传统，我们不难发现德国

---

① 参见德国刑事诉讼法第 338 条第 8 项。

② “离心”是指行为偏离了中心指示，在刑事司法的过程中，它意味着一种远离司法中心化和统一化的趋势。

③ See M Damaška, ‘Structures of Authority and Comparative Criminal Procedure’ (1975) 84 YLJ 489.

④ 参见德国刑事诉讼法第 304（1）条。

⑤ 参见德国刑事诉讼法第 305 条。

和我国刑事诉讼法之间存在许多相似之处。与德国对于程序性事项的宪法救济相比，我国宪法只提供了一些刑事诉讼的基本原则。这些原则具体规定在我国宪法的第二章“公民的基本权利和义务”和第三章“国家机构”中。例如，我国宪法第37条规定，中华人民共和国公民的人身自由不受侵犯。任何公民，非经人民检察院批准或者决定或者人民法院决定，并由公安机关执行，不受逮捕。禁止非法拘禁和以其他方法非法剥夺或者限制公民的人身自由，禁止非法搜查公民的身体。

我国宪法第125条规定：“人民法院审理案件，除法律规定的特别情况外，一律公开进行。被告人有权获得辩护。”由于历史的原因，它们在刑事诉讼中不可以直接援引，需要通过具体的法律才能适用。①

刑事诉讼程序的主要法律渊源是刑事诉讼法。其他规范刑事诉讼程序的制定法包括人民法院组织法、人民检察院组织法、律师法等。人民代表大会常务委员会、最高人民法院、最高人民检察院、公安部等机构还分别或共同制定了关于如何执行刑事诉讼法的有约束力的法律解释。② 在这些法律解释中，《关于办理刑事案件排除非法证据若干问题的规定》（简称《非法证据排除规定》）和《关于办理死刑案件审查判断证据若干问题的规定》（简称《办理死刑案件证据规定》）规定了具体的证据排除规则。此外，国务院及其所属相关部委也制定了一些执行细则和条例。这些与刑事诉讼程序相关的规范在广义上也属于刑事诉讼法。例如，国务院制定的

---

① 在1955年最高人民法院发布的一项法律解释中（第11298号），不允许在刑事诉讼中直接适用宪法。此外，宪法救济在我国并不存在。这种做法沿袭了前苏联的体制。

② 在我国这样一个疆域宽广的法域，有时很难统一执行某项法律。对于刑事诉讼法也出现了一些地域性的解释，如1996年安徽省人民代表大会常务委员会制定了地方性的解释。这体现了我国司法权力的地方化特点。事实上，由于权力的去中心化，地方主义和部门主义阻碍了立法者制定的法律的统一实施。然而，由于这些解释的合法性值得质疑，笔者并不参考它们。

《看守所条例》是一种典型的刑事诉讼法执行规则。

刑事案例在我国并不像普通法系国家那样起到重要法律渊源的作用。近些年，最高人民法院在《最高人民法院公报》上发布了一些典型案例。这些案例的指导意见也对于较低层级法院的判决产生了一定影响。[①]

（二）刑事诉讼行为瑕疵程序性后果的检测

1. 不完整的理论设计和值得质疑的逻辑划分

在我国法学理论中，程序法逐渐独立于实体法。[②] 西学理论的一些行话，如“程序正义”（procedural justice）和“正当程序”（due process）在我国刑事诉讼法领域的学术探讨中已经广为适用。在这个阶段，我国学者构建了关于刑事诉讼行为瑕疵的程序性后果的三种主流理论。这些理论是我国刑事诉讼法研究领域的最为杰出的成就，构成了我国当前刑事诉讼法改革的重要基础。[③]

第一项是陈瑞华教授提出的程序性制裁理论。通过批判性地分析我国刑事司法实践中的程序违法，陈瑞华教授参考了外国刑事诉讼法中现有的概念和救济方式，建构了一套非常具有原创性的理论。[④] 然而，在笔者看来，这些理论仍然有些理想化和不完整。他

---

① 我国刑事诉讼程序的相关英文资料，see，e. g.，C Yang，‘Criminal Procedure in China：Some Comparisons with the English System’（1988）33 ICLQ 190 – 207；JA Cohen，The Criminal Process in the People’s Republic of China 1949 – 1963：An Introduction（HUP，Cambridge，Massachusetts 1968）；L Yue，‘Chapter Three：China’ in CM Bradley（ed），Criminal Procedure：A Worldwide Study（Carolina Academic Press，Durham，North Carolina 1999）81 – 90.

② 最具有影响的论证之一，参见季卫东著：《法治秩序的建构》，中国政法大学出版社 1999 年版，第 12 ~ 13 页。

③ 本研究所构建的统一理论灵感部分来自对于我国这三种理论的批判性分析。与笔者的统一理论相比，这三种理论似乎更为谦虚，因为它们主要适用于我国。通过借鉴外国法律制度或者逻辑性地分析我国现有的程序救济措施，它们都尝试在我国建构理想的刑事诉讼制度。下面对于这些理论的批判恰恰体现了本研究的学术贡献。

④ 参见陈瑞华著：《程序性制裁理论》，中国法制出版社 2005 年版，第 533 ~ 544 页。

将刑事诉讼法假定为保护被告人免予受国家滥用权力侵犯的一项法律，这很明显是西方的老套模式。[①] 因此，刑事执法机构的程序违法是该理论调整的唯一对象。在这种模式下，被告人与国家之外的所有刑事诉讼关系被淡化甚至忽略。其他当事人（尤其是被告人）的程序违法没有被探讨。这造成了大量的漏洞，需要我们去填补。再者，他所援引的多数是严重的程序违法，而那些细微的错误或者技术性瑕疵并没有被认真分析，并纳入到他的理论中来。他的三阶段的法律规则分析，即假定、处理和制裁，是值得质疑的。有时制裁并不是违反刑事诉讼规则的必要后果。例如，程序错误的矫正也是一种后果。尤其是当这种错误对于刑事诉讼各方当事人均无害的情况下，这种非制裁的程序性后果就更可能适用。总而言之，这是一个自我周延，但是科学性不够的理论。

第二项是刘方权和曹文先生所提出的程序性责任理论。结合我国刑事诉讼法的相关规定，他们认为刑事诉讼程序中的法律责任应当包含程序性责任、刑事责任、行政责任和经济责任。[②] 程序性责任的确立对于我国现有的法律责任制度的完善意义重大。我国法理中公认的四项法律责任包括民事责任、行政责任、刑事责任和宪法责任。[③] 根据他们的理论，程序性责任包含排除非法所得证据、有缺陷程序重复、程序更正和终止程序。然而，很明显，这些类别并没有耗尽所有可能的后果，仅仅是对于我国刑事诉讼制度中现有程序性后果的总结。他们并没有讨论这四项责任的必要性和相互关系，也没有分析程序性责任与其他法律责任之间的关系。

---

① 他认为“作为一种程序性制裁，刑事诉讼行为无效不是针对当事人和其他参与人的，而是针对警察、检察官和法官的”。参见陈瑞华著：《程序性制裁理论》，中国法制出版社2005年版，第565页。

② “经济责任”起源于我国计划经济时代，它通常可以与民事责任互换。参见刘方权、曹文：《程序法律责任论——以刑事诉讼程序为视角》，载樊崇义主编：《诉讼法学研究（第六卷）》，中国检察出版社2003年版，第87~120页。

③ 参见张文显主编：《法理学》，高等教育出版社、北京大学出版社2007年版，第167~178页。

第三项是王敏远教授提出的程序性后果理论。他认为程序性后果应当划分为下列四种类型：[①] （1）否定该违反诉讼程序的行为，并使诉讼从违反诉讼程序的行为发生的那个阶段重新开始。（2）撤销该违反诉讼程序的行为，并否定该行为已得到的诉讼结果。[②] （3）否定违反诉讼程序的行为及其结果，并使诉讼进入另一阶段。（4）补充修正该违反诉讼程序的行为或结果，以使其符合程序法的要求。正如他所说，[③] 前三种程序性后果用来应对较为严重的违法，第四种用来应对较为轻微的违法。然而，他所列举的程序性后果并不够完整。例如，如果行为瑕疵轻微，自动省略该项瑕疵的程序性后果没有包含在内。再如，下文援引的如果行为瑕疵极其严重，终止整个诉讼程序，释放被告人的后果纳入上述分类中似乎有些勉强。此外，不同程序性后果之间的关系并不是特别具有逻辑性。他所列举的四项程序性后果更像是对于我国刑事诉讼法相关规定的总结，因此很难被认为是一项普适、系统的理论。

2. 相对能动和不规则的法律制定

我国刑事诉讼法和欧陆刑事诉讼法一样具有法典化特征。我国刑事诉讼法继承了欧陆审问模式的传统。同时，英美正当程序理论也对我国刑事诉讼程序的现代化起到了相当大的作用。然而，我国刑事诉讼法发展的主要动力并不是来自于欧陆法理或者英美法理，而是来自于我国特有的社会主义法理。具体而言，历史唯物主义、法律工具主义和实践论深深地影响了我国程序瑕疵救济的发展。

我国程序法学者长期以来一致呼吁刑事诉讼法应当成为一门独立的法律，它应当与实体法有着同等地位。有学者甚至认为程序法

① 参见王敏远：《论违反刑事诉讼程序的程序性后果》，载《中国法学》1994 年第 3 期，第 100 页。

② 此处，他并不是指终结整个诉讼程序，而是将情况限定于非法搜查或者扣押及其所得到的证据。

③ 参见王敏远：《论违反刑事诉讼程序的程序性后果》，载《中国法学》1994 年第 3 期，第 100 页。

的地位应当高于实体法。[①] 然而，这在立法中从来没有成为事实。历史唯物主义的广泛适用造成了对于事实查找的强调。相对于正当程序而言，我国刑事诉讼法更加注重惩罚犯罪。这造成了禁止双重危险原则/一事不再理原则的缺失。通过审判监督程序，终局判决可能被轻易推翻。同时，对客观性的追求造成了证据法发展的相对缓慢。

早期的前苏联社会主义法理中充满了“法律工具主义”的色彩，我国目前的刑事诉讼法仍然没有能够完全脱离这种理念。我们仍然会看到这样的字眼：法律是统治阶级统治、镇压和剥削被统治阶级利益的工具。[②] 因此，刑事诉讼程序也经常被人看做是“逮捕罪犯、拷住双手、推入囚车、送往法场”。[③] 被告人在很多情况下仍然被视为纯粹的客体。很明显，工具主义的刑事诉讼法无法有效救济刑事诉讼行为瑕疵。尽管在刑事诉讼法中通过一些措施可以宣告一些严重的瑕疵刑事诉讼行为无效，大多数违法仍然依赖大规模、集中的“运动式治理”来处理。[④] 例如，针对司法实践中严重的超期羁押问题，中央政法委、最高人民法院、最高人民检察院和公安部单独或共同颁布了一系列清理和整治超期羁押的通告。[⑤] 它

---

① 参见顾培东著：《社会冲突和诉讼机制》，法律出版社 2004 年版，第 39 ~ 61 页。

② H Kelsen, The Communist Theory of Law (Frederick A. Praeger, New York 1976) 1 citing F Engels, Der Ursprung der Familie, des Privateigentums und des Staates (Internationale Bibliothek, Stuttgart 1920) 177.

③ 陈卫东、刘计划、周军：《21 世纪中国刑事诉讼法学前瞻》，载《中国人民大学学报》2001 年第 1 期，第 27 ~ 33 页。

④ 参见陈瑞华著：《程序性制裁理论》，中国法制出版社 2005 年版，第 109 ~ 120 页。

⑤ 参见最高人民法院、最高人民检察院、公安部《关于严格执行刑事诉讼法，切实纠防超期羁押的通知》（法［2003］163 号），中共中央政法委《关于严格依法办案坚决纠正超期羁押问题的通知》，最高人民法院《关于清理超期羁押案件有关问题的通知》（法［2003］129 号），2003 年通过的最高人民检察院《关于在检察工作中防止和纠正超期羁押的若干规定》，公安部 2006 年通过的《公安机关适用刑事羁押期限规定》。

们启动了大量的特别或专项行动。然而，这些行动没有系统化，形成稳定的法律规范，仅仅是暂时性的政策。[①] 在这些具有弹性的政策指导下，我国处理违法刑事诉讼行为的程序性后果也显得不够规范和系统。

我国社会主义理论家将马克思的辩证唯物主义诠释为一种持续发展、无所不包的理论。在辩证唯物主义指引下，很多新的本土思想成为社会主义法理。在我国，很多领导人的理论成为法律改革的根本法理。例如，毛泽东创立了实践论，[②] 他号召“实践、认识、再实践和再认识”。尽管法学界似乎很少有人援引该理论，但是在立法实践中，该理论被广为推广。邓小平也采纳了该法理，认为在法律建设初期没有必要制定详细的规则。在这个基本原则下，各种刑事司法机构的“法律制定实验”被鼓励。例如，在刑事诉讼法中并没有明确的证据排除规则。然而，最高人民法院通过司法解释创设了该程序性后果。[③] 诚然，在对于刑事诉讼制度缺乏全面、周到的考虑的情况下，实验性的法律制定确保了刑事诉讼规则的有效性。然而，去中心化的立法可能会造成不同机构之间规则的冲突。例如，最高人民法院和最高人民检察院对于刑事诉讼法第 169 条有着不同的解释。最高人民法院的解释要求如果人民检察院要监督法院在刑事审判中的违法，必须在庭审后提出书面纠正意见。[④] 最高人民检察院的司法解释并没有限定纠正意见的书面形式。[⑤] 多元化

---

① 参见徐静村、潘金贵：《我国刑事强制措施改革的基本构想》，载《甘肃社会科学》2006 年第 2 期，第 151 页。

② 参见毛泽东著：《实践论：论认识和实践的关系——知和行的关系》，人民出版社 1951 年版，第 1～21 页。

③ 参见最高人民法院《关于执行〈中华人民共和国刑事诉讼法〉若干问题的解释》第 61 条。证据排除规则为《非法证据排除规定》和《办理死刑案件证据规定》所进一步完善。

④ 参见最高人民法院《关于执行〈中华人民共和国刑事诉讼法〉若干问题的解释》第 185 条。

⑤ 参见《人民检察院刑事诉讼规则》第 393 条。

的刑事诉讼规则可能会造成瑕疵的程序性后果的相对化和对于法律程序重要性的低估。

3. 笼统的规定和稀疏的程序性后果

与德国的刑事诉讼法相比，我国刑事诉讼规则在句法风格上更加直接、简单，具有说教式特点。德国刑事诉讼法共有 477 条，而我国刑事诉讼法只有 225 条。我国刑事诉讼法的每个条文的长度往往不到德国刑事诉讼法翻译成中文后每个条文长度的一半。我国刑事诉讼法使用了大量积极的动词、动态的句式和直接的规则陈述。它似乎主要是供刑事司法公职人员处理刑事案件参考之用。高度的概括和简化可能是由于“文化大革命”时期法制被破坏后，刑事诉讼法一直没有完全成熟。正如伯曼（Berman）、科恩（Cohen）和拉塞尔（Russell）所言：一系列的运动造成了中国在很长一段时间内没有足够有素质的律师、法官、检察官和法学研究者，以应对复杂的刑事立法。① 很明显，我国目前的刑事诉讼法无法为刑事诉讼行为瑕疵提供足够的程序性后果。刑事诉讼法中有一些不科学的权力/自由裁量权配置。刑事诉讼法中的简单规则通过相关最高司法机构的法律解释得以扩充，这增强了对于刑事司法机构的指导功能。然而，在很多非原则化的权力/自由裁量权情况下，规则的完整性和可操作性没有受到足够的重视，立法者似乎不关注如何制定完善的法律规则。尽管刑事诉讼法中有法院、检察院、公安机关必须严格遵守法律的原则，② 在绝大多数条款中缺少程序性后果的规定明显造成了执行该项原则的困难。③

在刑事诉讼法中，仅仅有极少数规则，如果违反的话可以直接适用具体的程序性后果。它们可以分为以下九类：(1) 如果根据法律不需要追究刑事责任，已经追究的，应当撤销案件，或者不起

---

① See HJ Berman, S Cohen and M Russell, ‘A Comparison of the Chinese and Soviet Codes of Criminal Law and Procedure’ (1982) 73 J. Crim. L. & Criminology 257.

② 参见刑事诉讼法第 3 条。

③ 参见陈卫东著：《程序正义之路》，法律出版社 2005 年版，第 37 页。

诉，或者终止审理，或者宣告无罪；[①]（2）如果犯罪嫌疑人或被告人违反取保候审、监视居住的相关规定，应通过惩戒矫正瑕疵或者变更强制措施；[②]（3）如果人民法院、人民检察院和公安机关采取的强制措施不当，应当予以撤销或变更；[③]（4）如果侦查机关扣押、冻结不当，应当解除并予以归还；[④]（5）如果第一审法院违反法定情节，第二审法院应当撤销原判，发回原审法院重新审判；[⑤]（6）如果自诉人无正当理由拒不到庭或者未经法庭许可中途退庭的，按照撤诉处理；[⑥]（7）如果不适宜适用简易程序，法院应当按照不同程序重新审理；[⑦]（8）如果罪犯保外就医违法，他应当被及时收监；[⑧]（9）如果诉讼参与人或旁听人员违反法庭秩序，审判长应当警告制止，对不听制止的，可以强行带出法庭。[⑨]

除了这些明确规定后果的零散规则，刑事诉讼法中大多数规则违反时，都只规定了"追究法律责任"，但是没有清楚地界定违法的程序性后果。例如，如果审判人员、检察人员、侦查人员接受当事人及其委托的人请客送礼，违反规定会见当事人及其委托的人的，应当根据刑事诉讼法第 29 条的规定承担法律责任。然而，这没有规定明确的程序性后果。与该条相似的情况还包括"应当承担法律责任"、"依法应当处理"等。事实上，整个法律制度倾向于适用实体法后果，而不是程序性后果。例如，刑事诉讼法第 120 条规定鉴定人故意作虚假鉴定的一般性的法律责任。该后果部分通过刑法第 305 条加以具体化：鉴定人需要处以 3 年以下有期徒刑或

① 参见刑事诉讼法第 15 条。
② 参见刑事诉讼法第 56、57 条。
③ 参见刑事诉讼法第 57、130、133、134 条。
④ 参见刑事诉讼法第 118 条。
⑤ 参见刑事诉讼法第 191 条，第 204 条第（三）、（四）项。
⑥ 参见刑事诉讼法第 171 条。
⑦ 参见刑事诉讼法第 179 条。
⑧ 参见刑事诉讼法第 214 条。
⑨ 参见刑事诉讼法第 161 条。

者拘役。如果情节严重的，处 3 年以上 7 年以下有期徒刑。然而，该犯罪行为只有在证据对于案件有重大影响，鉴定人的目的在于陷害他人或者隐匿证据的情况下才可能成立。如果这些要件没有满足，将不会存在刑事后果。因此，如果某个程序被违反，实体法并不一定适用。例如，“追究法律责任”的规定也出现在公安机关提请批准逮捕书、人民检察院起诉书、人民法院判决书故意隐瞒事实真相的规则中。[①] 此外，这样的规定也出现在那些调整伪造证据、隐匿证据或者毁灭证据的处理，[②] 证人有意作伪证或者隐匿罪证的处理[③]等情况中。对于这些刑事诉讼违法往往没有明确的程序性后果。在我国刑法中，有专门一章处理妨害司法罪，在其他章节也有一些规定可以用来处理刑事诉讼违法，但是这些后果均是实体性的。[④]

此外，对于刑事诉讼违法往往还依赖纪律性规定处理。例如，根据《人民检察院错案责任追究条例（试行）》第 7 条的规定，七种类型的诉讼程序违法应当追究责任。[⑤] 根据该规定第 25 条和《检察人员纪律处分条例》第 6 条规定，这些违法行为可以通过警告、记过、记大过、降级、撤职和开除处理。同样，根据《人民

① 参见刑事诉讼法第 44 条。

② 参见刑事诉讼法第 45 条。

③ 参见刑事诉讼法第 47 条。

④ 妨碍司法犯罪包括伪证罪（第 305 条），辩护人、诉讼代理人毁灭证据、伪造证据、妨害作证罪（第 306 条）和帮助毁灭、伪造证据罪（第 307 条第 2 款），打击报复证人罪（第 308 条），扰乱法庭秩序罪（第 309 条）等。其他刑事诉讼违法所造成的犯罪包括徇私枉法罪（第 399 条第 1 款），私放在押人员罪（第 400 条），徇私舞弊减刑、假释、暂予监外执行罪（第 401 条）等。

⑤ 这些情况包括刑讯逼供或者使用暴力逼取证人证言；隐瞒事实真相，伪造、隐匿、毁灭证据或者妨害作证、帮助当事人毁灭、伪造证据的；违法对诉讼参与人采取强制措施，侵犯诉讼参与人诉讼权利的；违法使用武器、警械造成公民身体伤害或者死亡的；违法对犯罪嫌疑人财产采取查封、扣押、冻结、追缴等措施或者私自挪用、处理上述财产，侵犯公民、法人和其他组织财产权的；违法进行搜查，毁损公私财物的；其他违反法定诉讼程序造成严重后果的。

法院审判人员违法审判责任追究办法（试行）》和《人民法院审判纪律处分办法（试行）》规定，这些措施可以用于制裁审判人员违反诉讼规则。这些措施不可以视为行政措施，因为根据最高人民法院《关于执行〈中华人民共和国行政诉讼法〉若干问题的解释》第1条第2款规定，刑事司法机关的诉讼行为违法不可以通过行政诉讼加以救济。这些法律对违法者的后果有所规定，而对受瑕疵影响的刑事案件的后果没有规定。

此外，如果违法职权刑事诉讼行为侵犯了个人利益或财产，还可以适用民事责任和国家赔偿责任。根据《民法通则》可以要求违法者承担民事责任。然而，该法第121条仅仅一般性地规定，国家机关或者国家机关工作人员在执行职务中，侵犯公民、法人的合法权益造成损害的，应当承担民事责任。国家赔偿责任规定在国家赔偿法中。根据该法第15条和第16条的规定，适用国家赔偿往往以实体权利和利益的损害为前提。因此，除非实体损害产生，违反刑事诉讼法不可能适用国家赔偿责任。

4. “相互制约”和“法律监督”原则指导下的弹性规则

在我国刑事诉讼法中，只有第191条规定的五种程序瑕疵受上诉制度规范，包括：违反公开审判规定；违反回避制度；剥夺或者限制当事人的法定诉讼权利，可能影响公正审判的；审判组织的组成不合法；其他违反法律规定的诉讼程序，可能影响公正审判的。一旦第二审法院发现这些违反法律规定的诉讼程序的情形，就应当裁定撤销原判，发回原审法院重新审判。

如果公安机关的侦查行为违法，瑕疵受害人可能为此向检察院提出异议，而不是向法院提出。同样，关于起诉阶段的程序违法，当事人的异议可以由较高层级的检察院处理。[①] 在处理刑事诉讼行为瑕疵方面，我国上诉制度只起到有限的作用，因为它仅仅可以用来制裁第一审法院所做的五种类型的程序瑕疵。还有两种奇特的制

① 参见刑事诉讼法第145、146条。

度可以用以处理刑事诉讼行为瑕疵："不同机关之间的相互制约"和"检察院的法律监督"。这两种制度体现在两项不同的刑事诉讼原则中。

(1)"相互制约"。

第一项原则是法院、检察院和公安机关分工负责、互相配合、互相制约原则。该原则规定在刑事诉讼法的总则和宪法中。① 该原则并不是从前苏联法中继受所得，而是革命时期我国司法实践的创造。该原则设计的初衷是适应战争时期的紧急情况。它可以用来维持战争时期刑事案件处理以及惩罚犯罪的正确性和迅速性。② 在新中国成立以后，该原则并没有写入1963年《刑事诉讼法草案》。这可能部分由于苏联刑事诉讼模式的引进。在"文化大革命"以后的1979年刑事诉讼法中，该项原则作为我国司法实践的本土创造又重新出现。

根据马克思主义原理，该项原则是辩证统一的。"分工负责"、"互相配合"和"互相制约"不可分离，相互补充。分工负责意味着在处理案件时，不同的机构不可以互相替代或者超越它们各自的法定权限。③ 互相配合意味着它们需要相互帮助，以实现打击犯罪、保护社会的目标。从字面上来看，互相制约意味着它们必须彼此约束，对于其他机构不必要的偏差加以提防，提出建议，要求它们改正错误。很明显，互相制约的最终目标是确保正确有效地执行法律。下面的情形可以用来例证互相制约：公安机关制约检察院不

① 参见刑事诉讼法第7条、宪法第135条。两条的内容几乎是一样的，只有在条件上有一些不同，前者是在"进行刑事诉讼"中，后者是"办理刑事案件"中。

② 该原则是在1937年抗日战争时期创立的。它的出现伴随着马克思列宁主义法理发展、刑事司法机构的体系化和反革命案件审理的紧迫。

③ 杨诚教授认为该原则是来自于西方的三权分立原则。See C Yang, 'Criminal Procedure in China: Some Comparisons with the English System' (1988) 33 ICLQ 196；相反地，它的主要目的应该是"保证准确有效地执行法律"(刑事诉讼法第7条)。根据该目的，程序具有工具性作用，它可以增强实体的准确性和案件处理的效率性。

批准逮捕的决定；[1] 公安机关制约检察院不起诉决定；[2] 检察院制约公安机关不立案侦查；[3] 检察院制约公安机关侦查活动违法；[4] 检察院制约人民法院第一审判决、裁定错误等。[5]

该原则可以在一定程度上限制某一机构的官僚化。例如，它可以有效地限制最高人民法院、最高人民检察院、公安机关和其他机构滥用解释权。[6] 此处并不否定刑事司法机构之间互相制约对于促进法律遵守的功能。然而，立法者很有可能有策略地避免规定明确的程序性后果，而使用较为弹性的沟通机制，解决程序争议。有时这会造成通过机构之间的妥协，而不是法定的规则来解决程序争议。

以公安机关制约检察院不批准逮捕为例，公安机关对人民检察院不批准逮捕的决定，认为有错误的时候，可以要求复议，但是必须将被拘留的人立即释放。如果意见不被接受，可以向上一级人民检察院提请复核。上级人民检察院应当立即复核，作出是否变更的决定，通知下级人民检察院和公安机关执行（刑事诉讼法第 70 条）。在此处频繁地使用"可以"淡化了使法律有效实施必要的强制力，因为"可以"赋予了案件处理机关自由裁量权。因此，如果公安机关认为检察院不批准逮捕的决定有错误，可以（或可以不）要求复议。如果意见不被接受，它可以（或可以不）提请复核。

检察院制约公安机关侦查活动违法也是一个例子，人民检察院在审查批准逮捕工作中，如果发现公安机关的侦查活动有违法情

① 参见刑事诉讼法第 70 条。

② 参见刑事诉讼法第 144 条。

③ 参见刑事诉讼法第 87 条。

④ 参见刑事诉讼法第 76 条。

⑤ 参见刑事诉讼法第 181 条。

⑥ 该原则可以间接地保护个人利益，因为机构之间的制约有时意味着对于个人利益的保护。

况，应当通知公安机关予以纠正，公安机关应当将纠正情况通知人民检察院（刑事诉讼法第76条）。通知是刑事司法机构之间的一种交流措施，它体现了互相制约并不具有刚性。如果检察院发现公安机关在侦查活动中的违法，它应当通知公安机关纠正，然后由公安机关告知检察院纠正的情况。[①] 然而，这并不意味着公安机关必然纠正。公安机关并不附属于检察院，公安机关对于检察院的通知可以理解为它们如何处理违法的汇报，这种处理仍然在公安机关的自由裁量权范围内。

（2）“法律监督”。

第二项原则是人民检察院依法对刑事诉讼实行法律监督。该原则规定在刑事诉讼法的总则和人民检察院组织法中。[②] 我国人民检察院是从前苏联法律制度中引进的。人民检察院的创设受列宁的法律监督理论所指引。[③] 然而，与前苏联的情况不同，我国并没有如此严重的地方主义要克服，建立一套统一的法律制度也并没有那么困难。当时，中央政权在建设运动式社会司法的同时，建立了平行的阶层模式的刑事司法体系。在1936年的延安抗日革命根据地，日常的刑事司法制度得以确立。在这种司法体系中，公检法三家具有象征性的平等地位，[④] 我国检察院的法律监督远远弱于前苏联的检察机关。这种模式也不同于欧陆的刑事诉讼制度，因为法院在欧陆刑事诉讼制度中起到中心作用。因此，在我国刑事诉讼中存在多重权力中心。

---

① 参见刑事诉讼法第76条。

② 根据刑事诉讼法第8条和人民检察院组织法第1条规定，检察院是对刑事诉讼实施法律监督的机关。

③ 面对法律地方主义的困境，列宁认为社会主义法制不仅需要对犯罪人实施制裁，还需要确立一种法律监督的制度。根据他的观点，法律监督可以用来促使公众和司法机构服从法律。为了执行他的理论，检察院因此创立，并且成为前苏联刑事司法中最具有权力的机构。

④ 这种设置通常被比喻成为“工厂的三道工序”。

在刑事诉讼法中有五种类型的法律监督：立案监督①、侦查监督②、审判监督③、刑事判决和裁定监督④和执行监督。⑤ 如果将刑事诉讼法的相关规定和《人民检察院刑事诉讼规则》对比，我们可以发现，最高人民检察院通过法律解释扩充了自身的法律监督职能。在该解释的第十章，共有66条用于详细规定各种类型的法律监督。立案监督和侦查监督部分与“互相制约”原则下的相关规定重叠。⑥

由于检察院有时无法宣告瑕疵程序无效，法律监督在刑事诉讼中实际上是一种弱救济。再者，值得质疑的是，如果被告人的权利被侵犯，被告人本人在法律监督中并没有起到什么作用。这可以以审判监督为证：⑦ 人民检察院发现人民法院审理案件违反法律规定的诉讼程序，有权向人民法院提出纠正意见。作为一种救济，这种意见对于纠正程序错误而言并没有强制力。如果法院既不反对也不执行人民检察院的纠正意见，后者将无法救济违法。大多数监督都是实体性的，而不是为了确保程序合法。例如，刑事诉讼法第212条一般性地规定了死刑执行监督，然而在法律解释第414条至第418条中程序违法的情况并没有在监督的范围之内。

---

① 参见刑事诉讼法第87条。

② 参见刑事诉讼法第76条。

③ 参见刑事诉讼法第169条。

④ 参见刑事诉讼法第181条。

⑤ 参见刑事诉讼法第212、215、222、224条。

⑥ 关于法律监督原则和互相制约原则，有公认的三项差异：(1) 互相制约是在检察院与公安机关处理同一案件时发生的，而法律监督可以发生在所有刑事诉讼中；(2) 互相制约是双向的，而法律监督是单项的；(3) 互相监督的后果通常由案件处理机关所定，而法律监督的后果通常是在检察院的意见下，被监督机构自我纠正或者解释情况和原因。

⑦ 相似的规定如下：对于批准暂予监外执行的监督（第215条）；对于人民法院减刑、假释的裁定监督（第222条）；对于执行机关执行刑罚活动的监督（第224条）；等等。

五、结论

上述描述的三个法系代表法域的刑事诉讼违法的程序性后果都不够完整，无法令人满意。一些分析成为下面论证的基础，并且可以纳入最后的分析框架中。从笔者的研究来看，很明显每个法域刑事诉讼违法的救济都存在缺陷。这尤其体现在很多规定只有刑事诉讼行为模式，没有足够的程序性后果方面。缺少程序性后果制约了每个法域刑事诉讼法的有效性。在此处有必要重复本章开头的观点：从刑事诉讼规则的完整性角度来看，对于刑事诉讼违法需要通过程序性后果来应对，否则刑事诉讼法将成为处理案件的一般性指导。

第四章　构建瑕疵行为程序性后果的统一、科学理论：乌托邦或者潜在可能

在前一章，笔者已经在法理上论述了刑事诉讼规则的两个组成部分，即刑事诉讼行为模式和违反模式的程序性后果。笔者检验了英国、德国和我国的刑事诉讼行为瑕疵的程序性后果。很明显，各代表性法域的刑事诉讼法都有自己的发展路径，并没有得到系统化。

一、理念的隔阂：是难以逾越的障碍还是“纸老虎”

不同法律制度的不同发展路径导致了律师、法官和法学者看待法律的不同态度。从传统意义上来讲，比较法仅仅是欧陆法律科学的一种逻辑延伸。[①] 在大陆法系，法律的科学分析和法律制度的可比较性被广为强调。在法律实践中，概念推导比静态的观测更得到推崇。这种方法无疑对创设普适的理论有所帮助。

参看前一章的分析，在开展这项工程时，可能会出现与英美法和社会主义法相关的两大理念上的障碍。第一，从经验的角度来看，绝大多数普通法律师与德国“法律科学家”在对待普适理论上态度相反。普通法律师不相信法律的普适性理论，这可能是由于他们对于法律的确定性存有疑虑。欧陆法律科学家坚持法律的确定性并不只是意味着相对刚性的程序规则，而且意味着刑事司法人员

---

① See JH Merryman, Comparative Law and Social Change: On the Origins, Style, Decline & Revival of the Law and Development Movement (1977) 25 AJCL 479.

在处理刑事案件时，对于诉讼规则忠实履行的态度。它暗示了这样一种可能：从基本的规则中可以推导出解决任何法律问题的答案。第二，一些西方自由主义学者将社会主义法认为是政治法，与资本主义法不具有可比性或者社会主义法根本不具备法律的特征。因此，社会主义与资本主义刑事诉讼法之间有极大的隔阂。由于这两个障碍，我们是否还可以将绝大多数法域的所有（或绝大多数）程序性后果视为有机、科学的整体？

即使我们已经解决了这两个难题，我们仍然应当认识到法域的存在是建构普适理论的现实障碍。在各法域之间，尤其是不同法系的不同法域之间，法律概念、原则、机构或者更广的法律文化背景有着极大的差异。只有提前总结出所有法域刑事诉讼程序的共性，才可能构建科学理论。那么，是否有公理性或经过推理可以确证的条件以供确立科学理论呢？

因此，本章首先需要协调法系之间潜在的理念冲突，随后将查找一切现有的供理论建构的科学条件。当然，这是一种传统的创设理论的方法。

（一）英美法系对于普适理论和法律确定性的怀疑态度

揭示英美法系对于刑事诉讼规则确定性持怀疑态度的最为重要的文献是米尔建·达马斯卡的《职权的结构和比较刑事诉讼程序》。他认为英美法系刑事诉讼模式表现出同位模式的特征，这种同位模式导致了普通法领域对于法律确定性持有怀疑态度。[①] 很明显，法律确定性是创设统一理论的一个基本条件。如果英美法系的法律确定性被否定，而个案正义被片面强调，理论创建则缺乏共同基础。出于解释学的目的，笔者将因此聚焦达马斯卡的模式创建，重申“寻找共性”的比较法进路，在英美法系和大陆法系冲突观

① See M Damaška, ‘Structures of Authority and Comparative Criminal Procedure’ (1975) 84 YLJ 509.

点之间加以协调。[①]

达马斯卡认为英美法系刑事诉讼程序的目标便是通过个案实现正义。这意味着司法官员一系列活动的实质就是诉诸社会政策或道德等价值。[②] 我们必须要关注他如何获得该结论。他似乎认为，在英美法系刑事诉讼程序中，警察和检察官具有相当多的、不受拘束的自由裁量权。缺少集中化的警察机构造成了对于它们的规制不严格。[③] 即使规范已经相当明确，检察官也有大量的自由裁量权。同样，法官具有较强的自治性，[④]对规则持灵活态度。[⑤] 在这种情况下，法官将法律规则视为指导性的章程，法律规则随着案件的反复重新审查得到持续更新。[⑥] 此外，陪审团通常将地方性的正义观念引入到每个案件的判决中。[⑦]

达马斯卡认为，个案正义的追求意味着官员在处理案件时更注

① 在英美法系和大陆法系刑事诉讼程序中有大量的二元对立：审问模式/对抗模式，家庭模式/对等模式，阶层模式/同位模式。最后一组二元对立似乎可以解释违法刑事诉讼行为的程序性后果的不可兼容性。达马斯卡的另一组二元对立，即审问模式和对抗模式，解释了社会主义和资本主义刑事诉讼程序存在的一些不同特征，但是这并不表示与法律规则统一理论相冲突。家庭模式/对等模式可能在本书中得以运用，但是在本部分没有什么作用。它们只可能与对瑕疵适用程序性后果是否以当事人提出异议为前提或者案件处理机构可以自行决定程序性后果有关。

② See M Damaška, ‘Structures of Authority and Comparative Criminal Procedure’ (1975) 84 YLJ 522.

③ See M Damaška, ‘Structures of Authority and Comparative Criminal Procedure’ (1975) 84 YLJ 518.

④ 这表现为理想制度下的单层权力。他甚至认为，英美法系整个刑事司法机构都体现出与大陆法系阶层模式不同的特点，刑事司法机构的案件处理不受更高层刑事司法机构的全面审查。See M Damaška, ‘Structures of Authority and Comparative Criminal Procedure’ (1975) 84 YLJ 509, 532.

⑤ See M Damaška, ‘Structures of Authority and Comparative Criminal Procedure’ (1975) 84 YLJ 519 – 520.

⑥ See M Damaška, ‘Structures of Authority and Comparative Criminal Procedure’ (1975) 84 YLJ 520.

⑦ See M Damaška, ‘Structures of Authority and Comparative Criminal Procedure’ (1975) 84 YLJ 512.

重具体的情况。[①] 在阶层模式中，裁判者将自身视为法律工匠；相反，“在程序更为复杂的同位模式下，裁判者将自身认为是一般的争端解决者”。[②] 这种自我认识加强了上述总结的特征，同位模式下的裁判者在作出衡平时，更加独立于外界的压力。这种价值取向使得他们普遍注重灵活的救济方案，而不是法律字面上的规定。[③]

然后，达马斯卡试图做更为深入的历史分析，通过援引英国传统自由主义来解释英美法系刑事诉讼程序中职权结构的演进。在这种意识形态下，人们消极地看待国家，认为其功能极其有限。[④]根据他的观点，英国刑事诉讼法的特征在历史上根源于职权的平行分配。具体而言，绝大多数案件的管辖权被授予地方士绅和陪审团。[⑤] 从某种意义上来说，地方士绅力量的强大和中央监督的缺乏造成了官员的自治。同时，传统自由主义意味着在自治的社会中国家最低限度的干预。除非社会危机或不稳定出现，国家不应当干预社会的自然运行。[⑥] 在这种理念指导下，刑事司法职权相对分散，职权集中化被予以否定。[⑦]

根据达马斯卡的分析，从典型的英美法系角度来看，刑事诉讼

---

① See M Damaška, ‘Structures of Authority and Comparative Criminal Procedure’ (1975) 84 YLJ 509.

② See M Damaška, ‘Structures of Authority and Comparative Criminal Procedure’ (1975) 84 YLJ 529.

③ See M Damaška, ‘Structures of Authority and Comparative Criminal Procedure’ (1975) 84 YLJ 509.

④ See N Jörg, S Field and C Brants, ‘Are Inquisitorial and Adversarial Systems Converging?’ in P Fennell, C Harding, N Jörg and B Swart (eds), Criminal Justice in Europe: A Comparative Study, Clarendon Press (OUP, Oxford, New York 1995) 45.

⑤ See M Damaška, ‘Structures of Authority and Comparative Criminal Procedure’ (1975) 84 YLJ 513.

⑥ See M Damaška, ‘Structures of Authority and Comparative Criminal Procedure’ (1975) 84 YLJ 532.

⑦ See M Damaška, ‘Structures of Authority and Comparative Criminal Procedure’ (1975) 84 YLJ 533; R Pound, ‘A Comparison of Systems of Law’ (1948) 10 U. Pitt. L. Rev. 271 -283.

程序的普遍理论是不可行的。这也体现在一个并不奇特的现象中，即比较法律科学只在大陆法系取得了成功，而在英美法系很难有所影响。[①] 难怪英国刑事诉讼法权威安德鲁·阿什沃思认为，只可能设计出衡量某些法域刑事诉讼程序的理论，而不可能有普适的理论。[②]

（二）英美法系刑事诉讼程序理念障碍的调和

同位模式/阶层模式二元划分及其他模式划分可以将我们从烦琐的细节中解放出来，[③]但是这有时候会误导我们夸大制度之间的差异，而忽视了很多明显的相似性。诚然，与大陆法传统相比，英美法更加具有弹性，然而法律基本的标准仍然存在。法律作为一种框架，有时允许自由裁量权的存在。然而，在很多情况下，两种模式下的刑事诉讼程序差异只是裁量权多少的问题：在同位模式中较多，在阶层模式中较少。这两种模式有一个共同的内核，只是在不重要的细微之处有些不同。这与“国别或特殊法理”不同，奥斯丁称这种类型的法理为“一般或普通法理”。[④]在自然控制和社会生活中寻求可以预见的秩序和明确的指引是人类的本性。[⑤] 毫无疑

① See JH Merryman, Comparative Law and Social Change: On the Origins, Style, Decline & Revival of the Law and Development Movement (1977) 25 AJCL 479.

② See A Ashworth and M Redmayne, The Criminal Process (3rd edn OUP, New York 2005) 19 – 20.

③ See M Damaška, ‘Structures of Authority and Comparative Criminal Procedure’ (1975) 84 YLJ 482.

④ See HLA Hart (ed), J Austin, The Province of Jurisprudence Determined (George Weidenfeld & Nicolson Ltd., London 1954) 365 – 366; WE Rumble, ‘Austin in the Classroom: Why were His Courses on Jurisprudence Unpopular?’ (1996) 17. The Journal of Legal History 19. 博登海默也运用普适法理来解释法律。See E Bodenheimer, Jurisprudence: The Philosophy and Method of the Law (HUP, Cambridge, Massachusetts 1962). 弗里曼（Freeman）在他的著作《劳埃斯法理学导论》中将自己的研究视为前人研究的整体。See MDA Freeman, Lloyd’s Introduction to Jurisprudence. (7th edn Sweet & Maxwell Ltd, London, 2001)

⑤ See E Bodenheimer, Jurisprudence: The Philosophy and Method of the Law (HUP, Cambridge, Massachusetts 1962) 162 – 165.

问，法律本身意味着人类永恒而理性的需要：将简单的秩序套用在复杂的社会事实上。追求秩序化、系统化和简单化是法律的内在需求，而为了正义而弹性地适用规范永远是一种例外；否则作出裁定所依凭的预先标准是没有必要的，法律本身无法成立。加利根（Galligan）指出：[①]“一定程度的一般标准的生成通常用来提高决策的理性程度和排除恣意”。我们不应认为普通法缺乏基本的可预测性，即“每个案件都必须由自身的事实所决定”。[②]

除了法律内在的确定特性以外，我们至少可以发现两个外在的因素造成英美法趋向于法律确定性。首先，罗马法对于普通法法理的长期影响促进英美法系统化和法典化。其次，受19世纪流行的功利主义理论，特别是边沁的理论的影响，使得普通法世界更愿意通过立法制定规则。[③] 如果我们比较英美法和罗马法的发展历程，我们会发现这并不是偶然的。英美法正在经历着从以大量法律报告为基础的不成文法向成文法制度的转变。许多规则都是权威的成文法，如英国议会法案是最典型的成文法。同样，罗马法也是从不成文的习惯法进化为具有确定性和可预测性的成文法，从救济规则进化为行为规则，从争议的解决方案进化为系统的制度。[④]因此，我们可以从中发现一个普遍适用的规律，即对于确定性的追求适用于每个法域的法律发展。

尽管一些模糊的术语，如“公正性”（fairness）预示着法官在

---

① See DJ Galligan, ‘Discretionary Powers: A Legal Study of Official Discretion’ (OUP, Oxford 1990) 143.

② See PM Craig, ‘Structural Differences between Common and Civil Law’ (1951) 9 Seminar Jurist 54 –55.

③ See E Bodenheimer, Jurisprudence: The Philosophy and Method of the Law (HUP, Cambridge, Massachusetts 1962) 88.

④ 罗马法和英国法原来都是通过程序产生规则，罗马法法官使用授权诉讼（又称扩用之诉，action utilis），而普通法法官发布令状。它们的法律推理技术基于法律和事实，即以判例法为基础的推理。See P Cruz, Comparative Law in a Changing World (Cavendish, London 1995) 50 –51.

裁决中享有一定程度的自由裁量权，然而在绝大多数案件中，法官没有经过批判性的分析和检验，直接适用先例和制定法。[①] 普通法的推理方法是理性的，因为先例的适用不是随便的。例如，较低层级的法庭在作出裁决时必须遵循判决理由（ratio decidendi）。遵循先例（stare decisis）可以提高法律效力的稳固性，即一定程度的确定性、连贯性和一致性。即便法律存在一定程度的不连贯，先例也至少规范了法律弹性的幅度。[②] 这意味着法官不应当“将纸面规则搁置在一边而完全加以个别情况判断”，[③] 他们必须使用先例以将论证理性化。[④]

从客观上来讲，在英美法系刑事诉讼程序中，确定性和最佳方案（个案正义）之间必须要保持一定的平衡。事实上，在其他法系，我们也可以看到一些不严格遵守规则的例子。大陆法系的法官也不再完全是规则的适用者，在很多情况下他们是规则的制定者。从这一点来看，两种模式趋于融合，形成了一个共同的法理。因此，正如鲁道夫·施莱辛格（Rudolf Schlesinger）所总结的那样：[⑤] “大陆法系刑事诉讼制度并不与英美法系在本质上互相排斥，当我们在比较两种方案时，并没有特别的理念上的障碍。”汉斯－海因里希·耶塞克也以分属两大对立法系的德美两国刑事诉讼程序的比较辅证了这个结论。他指出应该“避免错误的理解，即认为存在

① See E Bodenheimer, Jurisprudence: The Philosophy and Method of the Law (HUP, Cambridge, Massachusetts 1962) 289.

② See D Corker and D Young, Abuse of Process and Fairness in Criminal Proceedings (Butterworths, London, Edinburgh, Dublin 2000) vi.

③ See RM Dworkin, Taking Rights Seriously (rev. HUP, Cambridge, Massachusetts 1978) 86－87.

④ See RM Dworkin, Taking Rights Seriously (rev. HUP, Cambridge, Massachusetts 1978) 93.

⑤ See RB Schlesinger, 'The 1976 James McCormick Mitchell Lecture, Comparative Criminal Procedure: A Plea for Utilizing Foreign Experience' (1976) 26 Buff. Crim. Rev. 364.

根本的、难以逾越的差异。相反地，德美刑事诉讼程序相似之处也应该被强调。不仅显见的外在形式相似，而且那些难以觉察的刑事诉讼程序的基础方面也相似。”①还需要注意的是，正如埃德加·博登海默所言：②“在一个健康的法律制度中，秩序和正义的价值不是相互排斥的；相反地，在很多时候，它们会在更高的层面上统一起来。”凯尔森也认为：③“如果对正义科学地加以解释，它就意味着通过自觉的适用法律保持秩序”。

上述分析建立在一般性的法理分析基础之上。现在笔者将话题转移到具体的事实上，以证实笔者的论断。第一个事实是英美法系法域与严格法律规则相左的措施，尤其是衡平法，已经消失了。④现在法官并没有在疑难案件中将遗漏的要点补充进法律的权力。⑤正如彼得·克鲁斯（Peter Cruz）所认为的：⑥“最近的一系列趋势证明了普通法和大陆法在使用判例和成文法方面越来越相近。”第二个事实是英美法系法典化冲淡了注重实效和权宜的判例法传统。⑦ 我们甚至可以说，英美法系法官“对成文法怀有更加坚定的认同态度”。⑧ 有意思的是，“普通法法域程序法比其他部门法法典

---

① See HH Jescheck, ‘Principles of German Criminal Procedure in Comparison with American Law’ (1970) 56 Va. L. Rev. 239.

② See E Bodenheimer, Jurisprudence: The Philosophy and Method of the Law (HUP, Cambridge, Massachusetts 1962) 211.

③ See H Kelsen, General Theory of Law and State (HUP, Cambridge, Massachusetts 1946) 14.

④ See R Pound, ‘The Decadence of Equity’ (1905) 5 Colum. L. Rev. 20.

⑤ See E Bodenheimer, Jurisprudence: The Philosophy and Method of the Law (HUP, Cambridge, Massachusetts 1962) 359.

⑥ See P Cruz, Comparative Law in a Changing World (Cavendish, London 1995) 36.

⑦ 英国在过去50年里通过了大量的成文立法。See P Cruz, Comparative Law in a Changing World (Cavendish, London 1995) 477.

⑧ See E Bodenheimer, Jurisprudence: The Philosophy and Method of the Law (HUP, Cambridge, Massachusetts 1962) 363.

化趋向更加明显”。[①] 例如，《1984 年警察和刑事证据法案》及其附属实施细则的制定体现了英国刑事诉讼法的这种趋势。最近的奥尔德改革（Auld Reform）中所采取的大量方案使得英国刑事司法制度更加理性化，这些方案之一便是刑事诉讼规则的法典化。[②]同样，在苏格兰，《1995 年刑事诉讼法案》（Criminal Procedure Act 1995）基本上没有对实体刑法的法典化规定。这些事实从某种程度上证明了诉讼规则尤其需要明确并加以系统化，在处理案件时不适宜将程序步骤规定得过于弹性。程序主体在过多的弹性步骤中容易产生困惑。总之，刑事诉讼规则充满了表征形象正义的符号性价值，刑事诉讼规则应当比实体法更加明确和统一。

根据达马斯卡的观点，英美法系律师厌恶法律确定性来源于刑事司法机制的非阶层排列。[③]然而，正如他所言，“英国是第一个建立了统一司法制度，实现法律统一的西方国家。”[④] 当英国中央政府采取了一种特殊的实现法律统一的方式，职权纵向层面的碎片化并不能否定法律控制的存在。事实上，刑事司法职权的去中心化并不是刻意的，而是一种权宜的法律技术。对于法律制度统一性的追求不仅体现在这种运用自上而下方法的法制史中，而且也为持续不断的阶层化趋势所证实。在 1907 年以后，普通法世界出现了上诉制度。[⑤] 在达马斯卡发表这篇论文时，英格兰还没有真正的检察

---

① See P Cruz, Comparative Law in a Changing World (Cavendish, London 1995) 46.

② See Lord Justice Auld, A Review of the Criminal Courts of England and Wales (The Auld Report) (The Stationery Office, London 2001) 〈 http://www.criminal-courts-review.org.uk/ 〉Appendix Eight; J Sprack, Emmins on Criminal Procedure (9th edn OUP, New York 2002) 541-546.

③ See M Damaška, 'Structures of Authority and Comparative Criminal Procedure' (1975) 84 YLJ 515.

④ See M Damaška, 'Structures of Authority and Comparative Criminal Procedure' (1975) 84 YLJ 513.

⑤ See J Sprack, Emmins on Criminal Procedure (9th edn OUP, New York 2002) 419.

官，而是采用公众指控的形式。[1]然而，在1972年，皇家检控署和全职的职业检察官得以确立，审前程序逐渐形成，这开启了类似于欧陆的阶层化趋势。[2]

在美国，刑事司法机构也日趋阶层化。由于奉行“不介入”(hands-off)管理的联邦主义已经为中央政府的一系列措施所侵蚀，刑事司法的去中心化一直被限缩。[3] 我们惊讶地发现，法官的角色已经逐渐转向法律的忠实适用者。[4] 有意思的是，美国首席大法官索托梅（Sotomayor）的司法哲学便是“忠于法律”。[5] 同时，为了满足新的社会需要，成文法逐渐替代了判例法的主要地位。[6] 例如，《统一逮捕法案》(Uniform Arrest Act) 等法院和立法机关所制定的成文法频增。[7]成文法便于明确刑事诉讼规则，因此在美国广为学界所拥护。[8]

普通法的最后堡垒陪审团是一个独立自治的裁判主体和司法离心化的根源所在。笔者认为，它涉及的法律偏离主要是指实体法，而很少背离刑事诉讼规则。一般认为，陪审团是保护公民自由的象征，它长期以来被赋予了不受主审法官制约的事实裁判上的自由裁

---

① See RM Jackson, the Machinery of Justice in England (4th edn CUP, Cambridge 1964) 120.

② See M Delmas - Marty and JR Spencer (eds), European Criminal Procedures (CUP, Cambridge 2002) 15; M Damaška, 'Structures of Authority and Comparative Criminal Procedure' (1975) 84 YLJ 511; K Grzybowski, 'Court Reform in England' (1973) 21 AJCL 747.

③ See MM Feeley and E Rubin, Federalism: Political Identity and Tragic Compromise (The University of Michigan Press, Michigan 2008) 96 - 123.

④ See P Cruz, Comparative Law in a Changing World (Cavendish, London 1995) 115.

⑤ 她的讲话见 http://www.youtube.com/watch? v = lyPbFX5Fv_k.

⑥ See P Cruz, Comparative Law in a Changing World (Cavendish, London 1995) 116.

⑦ See AS Goldstein, 'Reflections on Two Models: Inquisitorial Themes in American Criminal Procedure' (1974) 26 Stan. L. Rev. 1014. 对于《统一逮捕法案》的评论，see SB Warner, 'The Uniform Arrest Act' (1942) 28 Va. L. Rev. 315 - 347.

⑧ 例如，克雷格·布拉德利（Craig M. Bradley）就是成文法的忠实拥护者。See CM Bradley, 'The Emerging International Consensus as to Criminal Procedure Rules' (1992) 14 Mich. J. Int'l L. 221.

量权。然而，陪审员不能公然忽视刑事诉讼规则和法官的程序指示。[1] 正如达马斯卡自己也认识到，法官起到“监督信息流通，为陪审员特别提供所有必需的技术性信息的作用。”[2]即使陪审员在处理案件时似乎并不符合诉讼规则，这是一种事实上的权力而非法定权力。[3]

达马斯卡认为，英国古典自由主义是决定职权去中心化以及规则不确定的潜在意识形态。然而，他也表示了自己对于这种因果关系的怀疑：[4] “事实上，一个集权化的国家可能会增进自由价值，我们很难得出中央集权就一定比地方士绅专权来得差的结论。”换言之，对于自由的追求并不自动导致职权的去中心化和法律规则的不确定，它可能会产生相反的结果。事实上，英国古典自由主义只是一种历史偶然，而不是英美法系现代自由价值的主要组成部分。[5]在18世纪中期，美国内战促使了职权集中，以保护人民的自由。[6]今天，世界范围内的反恐怖主义战争必然导致刑事司法机构更加阶层化，对于潜在的犯罪控制更加严格。

总之，很明显，达马斯卡将现有法律制度的模式极端化了。[7]

---

① 正如菲恩堡（Feinberg）指出：“陪审员被告知遵循法官指示，并且根据证据决定有罪或者无罪。每个陪审员都必须做此庄严宣誓。” See J Feinberg, The Right to Disobey (1989) 87 Mich. L. Rev. 1702.

② See M Damaška, ‘Structures of Authority and Comparative Criminal Procedure’ (1975) 84 YLJ 528, footnote 123.

③ See M Damaška, ‘Structures of Authority and Comparative Criminal Procedure’ (1975) 84 YLJ 512.

④ See M Damaška, ‘Structures of Authority and Comparative Criminal Procedure’ (1975) 84 YLJ 534.

⑤ See M Damaška, ‘Structures of Authority and Comparative Criminal Procedure’ (1975) 84 YLJ 534.

⑥ See M Damaška, ‘Structures of Authority and Comparative Criminal Procedure’ (1975) 84 YLJ 542 - 543.

⑦ See S Swoboda, ‘A Normative Theory of Criminal Procedure’ (2007) 18 Crim. L. F 153.

即使英美法系对于规则确定性和普适理论的狭隘想法确实存在，这也不可能和不应当维持。大量的社会变革需要对于刑事诉讼法更加合理、连贯的解释。尽管“英美法系法律学者可能仍然对于理论表示不耐烦，仍然将实践置于思辨之上，”[①] 普通法系的刑事诉讼法并不是该领域普适法理的例外。

（三）社会主义与资本主义刑事诉讼法的对立状态

在另一篇文章《定罪的证据障碍和刑事诉讼程序的两种模式：一项比较研究》中，达马斯卡简单地提到了社会主义与资本主义刑事诉讼法的对立状态。他认为，[②] 社会主义法域的律师倾向于将社会主义刑事诉讼法与资本主义刑事诉讼法区分开。然而，很不幸的是，达马斯卡论证社会主义刑事诉讼法仍然植根于欧陆法传统，因此没有必要探讨这种对立。尽管“冷战”已经结束了20年，但这种对立观点事实上仍然存在。

这种对立可以扩大到社会主义法与资本主义法之间的对立。例如，克鲁兹（Cruz）设计了一种包括一些步骤的法律比较的方法，然而社会主义法应当从其中的一个步骤中排除（第二步）。[③]他认

① See JH Merryman, Comparative Law and Social Change: On the Origins, Style, Decline & Revival of the Law and Development Movement (1977) 25 AJCL 475. 在英美法系法学界，一些将刑事诉讼法理论化的作品已经涌现，如 A Duff, L Farmer, S Marshall and V Tadros (eds), The Trial on Trial (Vol. 3): Towards a Normative Theory of the Criminal Trial (Hart Publishing, Oxford and Portland, Oregon 2007).

② See M Damaška, 'Evidentiary Barriers to Conviction and Two Models of Criminal Procedure: A Comparative Study' (1973) 121 U. Pa. L. Rev. 565. 相似的观点，see P Cruz, Comparative Law in a Changing World (Cavendish, London 1995) 184.

③ 彼德·克鲁兹（Peter de Cruz）创设了下列法律比较的逻辑步骤：（1）确定需要解决的法律问题；（2）确定需要比较的法域，如果可以的话，还需要确定它们各自所属的法系；（3）确定主要的法律渊源；（4）搜集与法和相关的资料；（5）通过一定的标准组织资料；（6）假定解决问题的可能方案；（7）根据法律原则的属性批判性地评价它们；（8）以折中的方式作出结论。see P Cruz, Comparative Law in a Changing World (Cavendish, London 1995) 233 - 235.

为，“如果问题涉及社会主义法系，这将造成无法克服的困难”。[①]在一些西方学者眼中，社会主义刑事司法机构在很多情况下滥用或忽视程序规则，将这些规则看成是上级指示；社会主义法的政治化和弹性造成了与西方真正的法律不具备可比性。

还有一种不同的西方观点是我国的法律制度还不健全，不可以与西方同等法律作比较。正如布拉德利（Bradley）认为，[②]“（比较刑事诉讼法）似乎有必要包含两个主要法域：中国和俄罗斯。尽管它们具有地理政治上的重要性，刑事诉讼制度仍然不健全，尤其是在被告人权利的相关规定方面。这两章可以作为其他先进法律制度的对应。”

（四）社会主义刑事诉讼程序理念障碍的调和

当有些西方比较法学者仍然将苏俄法作为社会主义法的代表，他们忘记了那仅仅是过去。正如第二章所解释的那样，必须将当今中国法作为现代社会主义法的代表。我国社会主义法在很多方面已经不同于斯大林时代的苏联法律，后者的刑事诉讼法才真正与西方刑事诉讼法本质上对立。两者在意识形态上的差异并不必然意味着它们不可比较。

我国在1978年以后逐渐强调法律在维护公共秩序上的功能，同时淡化消灭革命敌人的导向。[③]法律制度现代化是我国法律改革的一项主旋律。随着传统的非对抗、纠问式的审判模式的废除，半对抗模式的审判制度已经运行了十多年。以往无罪推定被视为“资产阶级的教条”。[④]现在我国刑事诉讼法第12条明确规定了这项

---

① See P Cruz, Comparative Law in a Changing World (Cavendish, London 1995) 233.

② See CM Bradley (ed), Criminal Procedure: A Worldwide Study (Carolina Academic Press, Durham, North Carolina 1999) xxiv.

③ See CWH Lo, 'Socialist Legal Theory in Deng Xiaoping's China' (1997) 11 Colum. J. Asian L. 476.

④ See TA Gelatt, 'The People's Republic of China and the Presumption of Innocence' (1982) 73 J. Crim. L. & Criminology 259-316.

原则：未经人民法院依法判决，对任何人都不得确定有罪。在过去的很长时间里，正当程序被认为是一项资产阶级教义。现在很多法学界人士都提倡正当程序原则。[①]犯罪嫌疑人也由以往的客体逐渐转变为刑事诉讼主体，并且受到了更多的法律保障。同时，刑事司法机构的职权得到了相当大的控制。

尽管意识形态上的差异在原则上是至关重要的，然而在适用技术性规则时却很难察觉。[②] 尽管当今我国刑事诉讼法还有很多条款与1923年俄罗斯苏维埃联邦社会主义共和国刑事诉讼法典存有相似之处，但是也在确保程序规范性方面取得了巨大的进步。意识形态上的自由裁量权多规定在实体法而较少规定在程序法中，[③] 刑事诉讼法明显较实体法获得更多的自治性。

同样，尽管我们承认社会主义刑事诉讼法具有政治功能，也同时不可以忽视即使在西方国家，每个法律规则也是或多或少应当时的政策背景制定的。程序设置的差异不可以用来否认共同法理的存在。茨威格（Zwegert）和克兹（Kötz）提醒比较法学者在进行法律比较时应避免对社会主义法的偏见：[④]"当然，在很多情况下，社会主义法律制度下的法律机构的活动受到政治的影响，但是我们不知道这些影响的程度，以及在哪些领域政治有较多的干预。"

---

① 参见季卫东著：《法治秩序的建构》，中国政法大学出版社1999年版，第13页；孙笑侠著：《程序的法理》，商务印书馆2005年版，第43页。

② See R David and JEC Brierley, Major Legal Systems in the World Today: an Introduction to the Comparative Study of Law (3rd edn Stevens & Sons, London 1985) 180.

③ See MYK Woo, 'Law and Discretion in the Contemporary Chinese Courts' (1999) 8 Pac. Rim L. & Pol'y J. 592.

④ See T Weir (tr), K Zweigert and H Kötz, An Introduction to Comparative Law I The Framework (1st edn North - Holland Publishing Company, Amsterdam, New York, Oxford 1977) 327.

当承认英美法系与大陆法系刑事诉讼法存在功能上的相似性，[①] 面对相似的问题，[②] 我们不应否定这些也同样存在于现今我国的刑事诉讼法中。这些事实明显减少了社会主义与资本主义刑事诉讼法比较的难度。

上文提到克雷格·布拉德利（Craig Bradley）在他编著的《刑事诉讼法：一项世界范围的研究》中认为我国刑事诉讼法不值得进行比较研究。[③]这些仅仅依据我国刑事诉讼法作出的判断对于比较研究是有害无利的。它们往往忽视了我国刑事诉讼法以外的大量法律渊源，如法律解释。正如第二章所提到的，这些规则不是真正的解释，而是一种与制定法并列的法律渊源。

这些证据表明了我国社会主义刑事诉讼法与其他法系刑事诉讼法具有可比性。不同政治背景下不同的意识形态并不会妨碍技术性的刑事诉讼规则的比较。换言之，尽管它们存在一定程度上的差异，但在实证法上这种差异显得微不足道。

---

① 例如，里查德·弗雷斯（Richard S. Frase）和托马斯·魏根特（Thomas Weigend）列举了美国和德国刑事诉讼法的一些相似之处：（1）警察和检察官更像是被告人的对手，而不是中立的调查者；（2）审前程序包括一些相对稳定的阶段：警察侦查、检察官公诉、法官批准强制措施；（3）四层审判制度被使用：微罪和不具有争议的案件通过罚金、处罚令和速审来处理；其他较轻的指控由单独的法官审理；中等程度的指控由小合议庭（3 个法官或 6 个陪审员）审理；大多数重要案件由较大的合议庭审理；（4）相似的证据搜集程序和有限的证据排除规则。See RS Frase and T Weigend, German Criminal Justice as a Guide to American Law Reform: Similar Problems, Better Solutions? (1995) 18 B. C. Int'l & Comp. L. Rev. 317 -360.

② 这些问题包括有限的法律资源、外部的政治压力、法律规则的严格性与个案正义的平衡、警察主导侦查和司法控制的冲突和制度液压（system hydraulic），即某个制度改革的效果被其他部分的改变所抵消。See RS Frase and T Weigend, German Criminal Justice as a Guide to American Law Reform: Similar Problems, Better Solutions? (1995) 18 B. C. Int'l & Comp. L. Rev. 352, footnote 252.

③ See CM Bradley (ed), Criminal Procedure: A Worldwide Study (Carolina Academic Press, Durham, North Carolina 1999) 81 -89.

二、建构一栋科学的大厦：脚手架和砖瓦

即使在调和这些理念障碍后，笔者很难勇敢地宣称，一项科学、统一的程序性后果理论必然存在。对于上述障碍的调和并不自动生成整合刑事诉讼行为瑕疵及其程序性后果的平台。如何才能确保整合科学呢？①科学的理论总是建立在现有的原理或确证的结论之上的。这意味着科学的理论的创建不是直接从观察开始，而是从某些在观察之前的存在开始。② 在这个中间阶段，我们有必要简要探讨建设科学理论的科学条件。③

我们已经论证了一般性的法理。“刑事诉讼规则＝刑事诉讼行为模式＋违反的程序性后果”的公式是该研究的一项科学条件，因为它意味着刑事诉讼法中存在基本的可度量性。然而，为了超越

---

① 科学最重要的特征体现在解释或预测某种存在现象时的普遍性与客观性。对于科学的定义，see AF Chalmers, What is this Thing Called Science? An Assessment of the Nature and Status of Science and its Methods (2nd edn The Open University Press, Milton Keynes 1982) 5. 形容词“科学的”因此意味着某些具有普遍性和客观性特征的事物。科学的理论不仅需要有价值的、可靠的方法，而且必须得出合理的、有贡献的结论。

② See AF Chalmers, What is this Thing Called Science? An Assessment of the Nature and Status of Science and its Methods (2nd edn The Open University Press, Milton Keynes 1982) 32.

③ 科学的法律理论与自然科学中的科学理论不同，后者通常提供了对于自然物体和现象世界范围内适用的标准和解释。相反地，在绝大多数情况下，法律是相对地方化的。例如，正如前面所讨论的，有时不同法域的法律术语不同。但是，尽管法律并不是中立、统一的规则体，它也不是完全不确定的。See J Williams, ‘Is Law an Art or a Science? Comments on Objectivity, Feminism, and Power’ (1998) 7 Am. U. J. Gender Soc. Pol'y & L. 375. 从更深的层次理解法律中的科学理论，我们有必要指出“自然科学也不是机械的”。在任何情况下，都存在不确定或“机会”因素，使得物理世界无法完全通过可预测的确定原理解释。事实上，现代物理学已经否定了绝对确定主义的神话。See MDA Freeman, Lloyd's Introduction to Jurisprudence (7th edn Sweet & Maxwell Ltd, London, 2001) 6. 因此，我们试图建立的科学理论并不是要使得情况绝对具有可预测性和可计算性，而只是最大限度地减少不确定和不理性因素，避免“法律政治”（politics of law）的陷阱。这意味着科学不是终点，而是永远追求的目标。

不同法域刑事诉讼法的文本，我们需要确定该统一理论的两项科学条件：（1）刑事诉讼法的三项目的：实体真实、程序法定与法律和谐；（2）刑事诉讼程序的基本分析单元——刑事诉讼行为及其各种不同的形态。

刑事诉讼法的三项共同目的是宏观的。由于该项课题的超法域性，为了从功能上整合不同法域的刑事诉讼规则违法的程序性后果，有必要证明支撑程序性后果功能的共同目的基础。换言之，每个法域程序性后果的具体化都依赖这三个项目的平衡。这三个项目可以视为这个理论大厦的脚手架。刑事诉讼行为是微观的。每个程序瑕疵都可以视为不合法的刑事诉讼行为，而每个瑕疵的程序性后果都可以视为不合法的诉讼行为的后果。刑事诉讼行为可以视为这个理论大厦的砖瓦。为了理解瑕疵与程序性后果的关系，有必要理解刑事诉讼行为依属性划分的类别。

（一）刑事诉讼法的三项目的

为了界定某个法域某部法律的覆盖范围，我们有必要探讨该部门法的目的。一个很明显的例子就是社会主义和资本主义民法通常有着不同的目的。正如前文所总结的那样，不同法域刑事诉讼法的差异已经略有调和。为了创设可供比较的共同结构框架，我们有必要进一步讨论，证明刑事诉讼法存有共同的目的。

当我们进入刑事诉讼法领域时，某些论证已经成为不言自明的公理。例如，有效的刑事诉讼规则需要在惩罚犯罪与保护无辜之间作出平衡。这种平衡还体现在犯罪控制与正当程序之间。在一些情况下，还需要对于对抗式程序和审问式程序之间作出协调。[①] 这些常识性的结论意味着刑事诉讼法持久地遵循一些特定的目的。很明显，不同法域的刑事诉讼法体现出不同的特点。不同法域使用不同

① 普通法系的刑事诉讼程序通常被认为是对抗模式的。然而，这种结论是定性的结果，并没有使用定量分析方法。它将“对抗模式”的标签贴在这种类型的刑事诉讼程序上，而忽视了少部分审问模式的成分。例如，在侦查阶段，对抗模式程序很少出现，不适宜将普通法系的侦查程序定性为对抗模式。具体的讨论参见本书第六章。

的教义和原则应对同样的程序问题。然而，这只是因为同样目的的不同混合。笔者认为，在大多数法域，刑事诉讼法都遵循三种目的：实体真实、程序法定和法律和谐，理由如下：.

这三项目的在刑事诉讼法的发展历程中依次显现，也就是说这种进程在任何法域都是基本相似的。当初刑事诉讼法是用来便于刑事司法机关回溯性地调查被告人是否犯罪的事实，确定其所犯罪名，并最终对其施加刑罚。[①] 从某种意义上来看，实体刑法决定了刑事诉讼法最为重要的功能：查找和确认被告人是否犯罪的事实，[②] 在事实确定之后判决有罪、开释无辜。[③] 因此，刑事诉讼法的第一项目的便是精确地查找事实，从而确保正确地适用实体刑法。这种事实可以部分地为英国 18 世纪中期之前的刑事诉讼法所证明，在当时证据的可采性并不受非法逮捕、搜查和没收的不利影响。[④]

随着时间的推移，尽管国家离真正的宪政文明尚远，社会却更加复杂了。由于司法机构及其他诉讼参与者严重违反刑事诉讼规则，从而扰乱了刑事司法的正常秩序。因此，法律制定者对于它们的违法行为施加了限制，并且确立了很多不利的后果。在这些后果中，最为有效的就是不利的程序性后果。因此，刑事诉讼法的第二项目的便是为诉讼主体违法设立障碍。这些障碍可以引导相关机构和其他参与者遵守法定程序。因此，许多学者声称，刑事诉讼的目

---

① 参见［德］克劳思·罗克信著：《刑事诉讼法》，吴丽琪译，法律出版社 2003 年版，第 4 页。

② See K Volk, 'The Principles of Criminal Procedure and Post - Modern Society: Contradictions and Perspectives' (17th International Conference of the International Society for the Reform of Criminal Law, the Hague, Netherlands 2003) 〈http://www.isrcl.org/Papers/Volk.pdf〉.

③ 参见林钰雄著：《刑事诉讼法》（上册 总论编），中国人民大学出版社 2005 年版，第 7 页。See also ALT Choo, Abuse of Process and Judicial Stays of Criminal Proceedings (OUP, Oxford, New York 1993) 10.

④ See, e.g., R v Leatham (1861) 8 Cox C.C. 498.

的是“依据法定的程式框架，在其限度内查找客观事实”。①

在确定实体真实和程序法定这两项目的之后，刑事诉讼法仍然不能完全满足当事人和一般公众的期望。除了查找真实和法定程序，刑事诉讼法还承担着解决刑事纠纷和使社会更加和谐的额外功能。因而，法律和谐成为刑事诉讼法的第三项目的。② 法和平性与法律和谐经常可以互用。在这里笔者将详细探讨这三项目的。

关于第一项目的，在历史上，实体真实就是刑事诉讼程序所追求的根本目标。③程序的确立先天就是为了回溯性查找事实。在很多情况下，我们无法将程序规则违法与案件的事实完全分离。④ 因此，在很多情况下，程序性后果的选择与瑕疵所造成的可能的事实偏离程度有关。欧陆有些评论认为英美刑事审判完全是检控方与被告方的体育竞技，没有任何认定事实的意图，这完全是一种误解。例如，证据排除规则等障碍设置，至少部分目的是避免事实的认定错误。对抗模式和审问模式传统之间的差异主要体现在：前者主要由交叉询问证人和被告人的控辩双方承担举证责任，后者的主审法

① See HH Jescheck, ‘Principles of German Criminal Procedure in Comparison with American Law’ (1970) 56 Va. L. Rev. 239.

② 关于这三项目的的分析，see K Volk, ‘The Principles of Criminal Procedure and Post – Modern Society: Contradictions and Perspectives’ (17th International Conference of the International Society for the Reform of Criminal Law, the Hague, Netherlands 2003) 〈http://www.isrcl.org/Papers/Volk.pdf〉；林钰雄著：《刑事诉讼法》（上册 总论编），中国人民大学出版社2005年版，第7页。

③ See RB Schlesinger, ‘The 1976 James McCormick Mitchell Lecture, Comparative Criminal Procedure: A Plea for Utilizing Foreign Experience’ (1976) 26 Buff. Crim. L. Rev. 384; M Damaška, ‘Evidentiary Barriers to Conviction and Two Models of Criminal Procedure: A Comparative Study’ (1973) 121 U. Pa. L. Rev. 580.

④ 一般认为在很多情况下，事实与法律不可能完全分离。在处理刑事诉讼瑕疵时，法律和事实都应当考虑。例如，欧洲人权法院对违法获取证据的诉讼行为适用程序性后果时，尤其关注它是否是认定案件事实“唯一的或决定性的”的证据。因此，如何处理刑事诉讼行为瑕疵还得视案件的具体事实而定。See, e.g., Al – Khawaja and Tahery v. UK (no 26766/05) ECHR 20 January 2009.

官仍然要承担澄清事实的责任。这种区别实质是查找事实最佳方案的差异。[①] 查找事实有时与刑事诉讼程序所关注的其他方面相重叠，程序正义和安定在某种意义上需要通过发掘事实来实现。[②] 例如，如果事实被查清，受害方可能就会停止寻求另外的救济途径，案件就很可能会结束。通过发掘实体真实，一般公众很可能对案件处理产生信任态度，愿意遵从现有的刑事诉讼秩序。

关于第二项目的，很明显，刑事诉讼法不仅仅用来执行实体刑法，而且也用来阻碍刑法的实施。刑事诉讼法有着相对于实体刑法独立的价值。如果没有刑事诉讼法，事实查找者就可能根据他们自己的意愿，采用最为经济的方式发掘事实。[③] 这就可能较少考虑刑事诉讼法的其他方面价值。[④] 这些在某种程度上与查找事实相冲突的价值包括个人自由、权利、尊严、公正的秩序等。这些价值都可以被纳入法定程序的目的。在案件最终裁定之前，整个刑事诉讼处于不确定的状态，这体现了规范程序的重要性。[⑤]程序法定可以用来阻止不计成本、不择手段的真相查找。为了不陷入“刑法的政治”

---

① See HH Jescheck, ‘Principles of German Criminal Procedure in Comparison with American Law’ (1970) 56 Va. L. Rev. 240.

② See K Volk, ‘The Principles of Criminal Procedure and Post – Modern Society: Contradictions and Perspectives’ (17th International Conference of the International Society for the Reform of Criminal Law, the Hague, Netherlands 2003) 〈http://www.isrcl.org/Papers/Volk.pdf〉2.

③ See M Damaška, ‘Evidentiary Barriers to Conviction and Two Models of Criminal Procedure: A Comparative Study’ (1973) 121 U. Pa. L. Rev. 576.

④ See K Volk, ‘The Principles of Criminal Procedure and Post – Modern Society: Contradictions and Perspectives’ (17th International Conference of the International Society for the Reform of Criminal Law, the Hague, Netherlands 2003) 〈http://www.isrcl.org/Papers/Volk.pdf〉2.

⑤ 参见林钰雄著：《刑事诉讼法》（上册 总论编），中国人民大学出版社 2005 年版，第9页。

(the politics of criminal law)①，我们必须理解程序规范的独立价值。尽管具有欧陆法传统的刑事诉讼制度比普通法制度更重视确定案件事实,② 将大陆法系和社会主义法系的刑事诉讼法的宗旨视为不惜一切代价判定被告人有罪是极为错误的。在大陆法系和社会主义法系的刑事诉讼法中有许多不利的程序性后果。例如，在德国刑事诉讼法和我国刑事诉讼法中，一些裁判行为瑕疵，如合议庭构成不合法，可能会造成被提出异议的判决撤销。③

第三项目的，即法律和谐，可以为案件中终局裁定所例证。一般说来，越多地实现实体真实和程序法定，法律和谐也就越容易实现。客观真实和规范程序很可能会使当事人、一般公众和整个社会满意。然而，这种和谐的挽回还应当建立在合理时间内终结案件的基础之上。④ 正如阿什沃思认为：“任何法律制度都需要在合理的期限内对案件作出处理。”⑤ 这个方面有时与精确的查找事实和刚性的程序法定相冲突。正义需要在合理的时限内以合适的成本实现。既判力就是指司法判决限制重复起诉,确保案件终结的一种肯定状态。案件的终结性可以用来解释“禁止双重危险原则”。⑥ 除了裁判以外，还有很多其他分流案件的方式可以用来解决纠纷，恢复

---

① See K Volk, ‘The Principles of Criminal Procedure and Post - Modern Society: Contradictions and Perspectives’ (17th International Conference of the International Society for the Reform of Criminal Law, the Hague, Netherlands 2003) 〈http://www.isrcl.org/Papers/Volk.pdf〉17.

② See M Damaška, ‘Evidentiary Barriers to Conviction and Two Models of Criminal Procedure: A Comparative Study’ (1973) 121 U. Pa. L. Rev. 580 -587.

③ 参见德国刑事诉讼法第338、353（1）条；我国刑事诉讼法第191条，第204条第（三）、（四）项。

④ 参见林钰雄著:《刑事诉讼法》（上册 总论编），中国人民大学出版社2005年版，第10页。

⑤ See A Ashworth and M Redmayne, The Criminal Process (3rd edn OUP, New York 2005) 345.

⑥ See the Law Commission, Prosecution Appeals Against Judges’ Rulings, Consultation Paper No. 158 (2000) 〈 http://www.lawcom.gov.uk/docs/cp158.pdf 〉35 -38.

法律和谐。这很容易理解，如果司法机关的工作量超重，它们的效率将会降低。这还可以通过期间来例证。通过期间制度，减少了不合理的拖延，手续被及时地履行，同时争议的事项也能够得到及时的解决。

如何平衡这三项目的（实体真实、程序法定和法律和谐）是需要思考的问题。在本书中，笔者仅仅简略地描述这些相互竞争的目的，并不准备系统地调和它们。有人可能会指责，作者已经陷入了价值判断的泥潭中。然而，三项目的的中立性体现在它们在刑事诉讼规则中的存在，而不是如何在他们之间形成妥协。我们很难对它们作出平衡。不同的程序可能强调三项目的中的某一个，但是这并不必然意味着某个程序就会比其他程序更加优越。正如达马斯卡（Damaška）所言，那些夸大其词值得质疑，因为“通常发生的情况是顾此失彼”。[①] 事实上，不同的刑事诉讼程序都需要服务于这三项目的，而这三项目的在很大程度上互相重叠。正如林钰雄所言，刑事诉讼法的精神在于对于不同目标的冲突与平衡；为了化解冲突，最佳的方案是寻求调和而不是片面的牺牲，换言之，在有限的范围内设计出有着最少牺牲的共存方案。[②]

由于刑事诉讼法的三项目的，很多非法诉讼行为的预期后果既不应当是绝对的彻底否定，也不应当是完全的肯定。每种瑕疵救济的选择都应当建立在平衡刑事诉讼法的三项目的基础之上：实体真实、程序法定和法律和谐。对于实体真实的过分强调容易造成忽视行为瑕疵。在某种意义上，程序变成了纯粹发掘真实和惩罚罪犯的工具。刑事诉讼法可能会退回到原始状态。过分地遵循程序法定通常意味着以牺牲真实和社会和谐为代价僵硬地服从行为模式。这很可能会造成过重的程序制裁或者宣告无效部分的程序不必要的重

---

① See M Damaška, ‘Evidentiary Barriers to Conviction and Two Models of Criminal Procedure: A Comparative Study’ (1973) 121 U. Pa. L. Rev. 588 - 589.

② 参见林钰雄著：《刑事诉讼法》（上册 总论编），中国人民大学出版社 2005 年版，第 11 页。

复。法律和谐要求适时地停止程序制裁，避免不必要的重复，从而及时地解决案件争议。

尽管本书中缺少定量研究的方法，某个刑事诉讼行为瑕疵的可能的程序性后果的数量一般可以确定。原因很简单：对于刑事诉讼法的一般理解可以从三项基本目的中判断出来。例如，如果某个证据被非法获取，法庭或者接受该证据，或者不接受该证据（排除）。[①] 如果从全有全无（all or nothing）的逻辑来看，证据的最终效力只有两种对立的可能。如果实体真实和法律和谐得到优先考虑，证据将被采纳。如果程序法定被强调，证据将被排除。

确定了刑事诉讼法的这三项目的后，如何回应刑事诉讼行为瑕疵的一般方向就可以确定。在某种意义上，本书只需要确认刑事诉讼法的目的是什么，不需要涉及它们如何调和，因为本书仅仅提供了处理刑事诉讼行为瑕疵的框架，并没有指定或预测精确的程序性后果。再者，我们可以将刑事诉讼法的目的用来对刑事诉讼行为瑕疵进行分类。例如，一些对于重要行为具有形式的确定性，程序法定对于这些行为至关重要。相关的瑕疵可能使得该类行为绝对无效。这意味着程序错误不可以被忽略。救济这些瑕疵的唯一方式是宣告行为无效。对于相对无效行为，其他两项目的（实体真实和法律和谐）也同样要考虑。三项目的因此毫无疑问构成了该项科学研究的重要基础。

我们必须稍微谈及刑事诉讼法两个冲突的导向：犯罪控制（crime control）与程序公平（procedural fairness）。许多学者认为它们是刑事诉讼法的根本目的。[②] 这个看起来理想的平衡结构（犯罪控制与程序公平的平衡）意味着刑法内在地通过惩罚犯罪来确保

---

① See SB Starr, 'Sentence Reduction as a Remedy for Prosecutorial Misconduct' (2009) 97 Geo. L. J. 1511.

② See A Ashworth and M Redmayne, The Criminal Process (3rd edn OUP, New York 2005) 22; HH Jescheck, 'Principles of German Criminal Procedure in Comparison with American Law' (1970) 56 Va. L. Rev. 241.

公共秩序，实现对于相关人员尤其是被告人的保护。但是，和其他模式一样，犯罪控制和程序公平的导向可以被上述三个刑事诉讼目的所包含。尽管这两种导向（犯罪控制和程序公平）和笔者的三项目的（实体真实、程序法定和法律和谐）并不完全一致，但是它们或多或少对应。我们可以理解，查清案件事实是控制犯罪最为有效、合理的方式，而法定程序通过在检察官和被告人之间合理分配权利来保护刑事诉讼的公平。① 然而非常遗憾的是，法律和谐在犯罪控制/正当程序模式中并没有提及，因此不能被这个二元界分的导向所代替。因此，这个二元划分比三项目的适用范围要窄很多。

综上，刑事诉讼法的导向或价值无论如何划分，都不可能在整体范围上超出刑事诉讼法的这三项目的。这些目的为三大代表法系甚至所有法域的刑事诉讼法提供了一个共同的分析框架，以及划分刑事诉讼行为瑕疵及其程序性后果的一个可能的参考指数。

分析刑事诉讼行为瑕疵的程序性后果的更为微观的方法是平衡不同诉讼主体的多元利益。例如，德国法院在决定非法证据是否排除时，经常需要平衡涉及的利益。② 尽管如此，这些多元利益完全由三项刑事诉讼法目的所支撑。刑事诉讼法是由不同的主体实施的，因此用来解决它们之间利益的冲突。在很多情况下，利益平衡法是目的平衡法的具体化。我们可以发现在利益和目的之间有着相似的原则。同样，通过宏观分析，主体的利益有着一定程度的一致性。例如，迅速审判（speedy trial）节省了职权机关和非职权参与者的成本（时间和金钱）。同时，迅速审判确保了刑事诉讼法的三项目的的实现。在其他情况下，不同利益之间可能会有一些紧张关

① See A Ashworth and M Redmayne, The Criminal Process (3rd edn OUP, New York 2005) 22; HH Jescheck, 'Principles of German Criminal Procedure in Comparison with American Law' (1970) 56 Va. L. Rev. 241.

② See RS Frase and T Weigend, German Criminal Justice as a Guide to American Law Reform: Similar Problems, Better Solutions? (1995) 18 B. C. Int'l & Comp. L. Rev. 336.

系。最终的价值评价不应基于个人喜好。案件处理人员应当考虑所有不同的利益，即使这些利益难以用同一标准鉴定或衡量。正如前文所概述的那样，刑事诉讼法的三项目的必须要被通盘考虑。

（二）作为基本分析单元的刑事诉讼行为及其各种样态

1. 刑事诉讼法的基本分析单元：刑事诉讼行为

程序法研究者通常从刑事诉讼规则中抽出一个分析单元，用以界定甚至评价某个程序事项。在现有的刑事诉讼法文献中，“刑事诉讼程序”和“刑事诉讼法律关系”通常被视为基本的分析单元。① 需要明确的是，刑事诉讼行为才是刑事诉讼法的“原子”，是该领域研究的最小分析单位。

何谓刑事诉讼行为？在各国现有的刑事诉讼法典及其他法律渊源中，无法查知刑事诉讼行为的法定含义和解释。澳门刑事诉讼法典第二卷对刑事诉讼行为作了一般性规定，但是该法典没有对刑事诉讼行为明确界定。该法典中的诉讼行为不是字面上的刑事诉讼法规范的所有行为，而更像是“司法当局、刑事警察当局及司法公务员主持或指导”的程序。② 结合法典全文来看，这种行为基本上都为管理型行为（managerial act）。如果仅以澳门刑事诉讼法典的相关规定来界定刑事诉讼行为，定义的外延则略显狭隘。

大陆法系学者一直试图效仿民事法律行为理论建构刑事诉讼行为理论。随着刑事诉讼法学研究的重心逐渐从教义转向司法实践，目前各国已经很难出现关于刑事诉讼行为的共通理论。从现有资料来看，刑事诉讼行为的学理定义有以下三类：（1）构成刑事诉讼程序，具有刑事诉讼法上的效果的行为；③ （2）符合刑事诉讼法上的

---

① See, e. g., J Sprack, Emmins on Criminal Procedure (9th edn OUP, New York 2002)；参见［德］克劳思·罗克信著：《刑事诉讼法》，吴丽琪译，法律出版社2003年版，第2页；陈光中主编：《刑事诉讼法》，北京大学出版社2002年版，第2页。

② 参见澳门刑事诉讼法典第75条第1款。

③ 参见［日］田口守一著：《刑事诉讼法》，刘迪等译，法律出版社2000年版，第127页。

外形界定，并发生刑事诉讼法上的效果的行为；[①]（3）能够按照意愿达到所期望的法律效果，并促进刑事诉讼程序继续进行的意思表示（如告诉、公诉、羁押命令、审判程序之命令、判决、提起法律救济）。[②]

大陆法系学者陷入对刑事诉讼行为定义惯有的争执，在没有明确的法定解释的情况下，学理定义多受学者个人价值取向和所创作的具体文本的限定。由于没有对刑事诉讼行为共同的学理界定，不妨采取字面解释。在上述三种定义中，第一种最贴近字面解释。它避免了与刑事诉讼无关的行为，又不至于偷换概念，将合法或有效的刑事诉讼行为当做刑事诉讼行为。由于各国的刑事诉讼法规则容量有限，刑事诉讼行为不应以有明文规定为限，只要它构成刑事诉讼程序，具有刑事诉讼法上的效果即可。

这种字面意义上的"刑事诉讼行为"的适用范围比民事法律行为更为广泛。民事法律行为仅适用于大陆法传统。英美法没有民事法律行为的概念，而是采用类型化的关系来概括各种协议。正如罗斯科·庞德（Roscoe Pound）所言："当欧陆法学家想到服务合同时，英美律师想到的是主仆关系。[③]"相反地，刑事诉讼行为不是大陆法传统的"专利"。它没有某个法系定型化的理论概括，因而作为一个普通概念可以广泛适用于任何法域的刑事诉讼法。

刑事诉讼行为顺次递进，前后衔接，构成了刑事诉讼程序。诉讼程序的生命源自于各种主体间诉讼行为交错而形成的张力和收缩力。[④] 例如，审判程序应当包括下列行为：公诉人宣读起诉书、被

---

① 参见陈朴生著：《刑事诉讼法实务》，海宇文化事业有限公司1997年版，第131页。

② 参见［德］克劳思·罗克信著：《刑事诉讼法》，吴丽琪译，法律出版社2003年版，第195页。

③ See R Pound，'A Comparison of Systems of Law'（1948）10 U. Pitt. L. Rev. 277.

④ 参见刘荣军：《民事诉讼行为瑕疵及其处理》，载《中国法学》1999年第3期，第112页。

告人答辩、双方辩论、被告人最后陈述、合议庭合议和判决等。如果缺少了这些行为，审判程序则难以为继。刑事诉讼行为支撑了刑事诉讼法律关系。刑事诉讼行为是刑事诉讼法律关系产生、发展、变更和消灭的主要原因。例如，当辩护律师接受了犯罪嫌疑人的委托，他们之间的辩护法律关系便产生。该法律关系是由法律咨询、申请取保候审、出庭、法庭辩论等刑事诉讼行为维系的。此外，某些刑事诉讼行为构成了法律关系之间或程序之间的纽带。例如，提起公诉是连接起诉程序和审判程序的纽带。因此，即便刑事诉讼行为的概念没有成为刑事诉讼法的中心点，讨论其成立性、合法性和有效性对于理解刑事诉讼行为瑕疵的实质和程序性后果的动态变换，乃至整个刑事诉讼法的特性意义重大。

2. 成立性、合法性和有效性：如何界定

民事法律行为的成立、合法和生效要件已经成为学界的共识。[①] 刑事诉讼行为的相关要件却没有定论。这里不纠缠于学术谱系的考古，而从功能性原理（functionality）出发，逐一讨论三个评价系统（成立性、合法性和有效性）。

（1）成立性。

评价刑事诉讼行为是否成立实际上就是判断某个行为是否符合刑事诉讼行为概念的两项要件，即“构成刑事诉讼程序”和“具有刑事诉讼法上的效果”。成立性只是一个最为基础性的判断，是或不是的问题，它只需要考虑两个方面：“构成诉讼程序”是指参与整个诉讼的建构；具有“诉讼法”上的效果是指接受刑事诉讼法的评价，影响诉讼的进程和决定。只要这二者具备，无论行为是否合法或有效，刑事诉讼行为即告成立。相比之下，如下文所述，合法性可能需要考察六个方面；而有效性则更为复杂，不可以仅以静态观测来判断，还有可能结合诉讼的进程，通过平衡各种利益来

---

① 参见陈自强：《民法讲义 I：契约之成立与生效》，法律出版社 2000 年版，第 342 页。

决定是否有效。

通过法律常识可以判断某个行为是否构成刑事诉讼程序。例如，刑事判决是审判程序的重要环节，而某个案件的法官的选派则不构成任何诉讼程序，属于司法行政行为。何谓刑事诉讼法上的效果则需要通过功能性原理加以解释。刑事诉讼法是一个独立的法律部门，具有相对自治的系统。刑事诉讼法上的效果除了诉讼流程的推进，还包括引起心证，即影响有权处理案件人员（如法官）的心理状态及随后的案件处理。诉讼流程往往是由手续性的行为来推进的，如传唤等。心证效果及随后的决定则往往由证据展示来影响。裁判既有终结诉讼流程的效果，又有最终心证及决定的效果。

诉讼行为如果不成立，则不产生合法与否、有效与否的问题，可以置之不理或者宣告行为不成立。例如，交通事故的受害者起诉要求机动车所有人给予民事赔偿，这明显是民事诉讼行为，而不成立刑事诉讼行为。有人认为非检察官而以检察官代理人的资格提起公诉不成立刑事诉讼行为。[①] 这种判断并不妥当。如果提起公诉的人是未经批准代行检察官职务的助理检察官，法院有合理理由推定其具有资格以其行为实现公诉效果，开启审判程序，则该刑事诉讼行为成立。如果提起公诉的人明显不具备相关职权，因而不具备启动审判程序的可能，则该刑事诉讼行为不成立。以上是关于一般刑事诉讼行为是否成立的探讨，具体到被命名的刑事诉讼行为是否成立，还应当探讨其所构成程序的功能。例如，移送审查起诉不得被认定为公诉行为成立。各种不同的刑事诉讼行为之间不可随意替代。

（2）合法性。

合法性比较容易理解，这里的合法不仅指刑事诉讼行为符合刑事诉讼法的具体规范，它们还得符合刑事诉讼法的原则和秩序。刑

① 参见陈朴生著：《刑事诉讼法实务》，海宇文化事业有限公司1997年版，第138页。

事诉讼行为具有以下组成要素：A. 主体资格；B. 意思表示；C. 地点；D. 时间；E. 内容；F. 行为方式。由于各国的法律规定并不一致，而且并不是所有的要素均有法律明确规定，这里仅对刑事诉讼行为合法性逐一展开一般性的讨论。不合法的行为应当成立刑事诉讼行为瑕疵。

A. 主体资格。刑事诉讼行为的主体资格包括主体诉讼能力、行为适格性、组织构成等方面。诉讼能力是指刑事诉讼主体行使诉讼行为应具备的能力，如主审法官因精神失常无法胜任审判工作属于主体诉讼能力欠缺。行为适格性是指特定主体可以实施特定行为的资格，如被告人超过上诉期限上诉属于行为不适格。组织构成是指行为人员的数目及关系，如合议庭组成人员少于法定人数属于组织构成不合法。

B. 意思表示。刑事诉讼行为的意思表示是指行为人将可能产生刑事诉讼法上效果的内心意思以一定方式表达出来。它的构成要素包括主观/心理上的意思和客观/物理上的表示。[①] 意思上的不合法包括意思欠缺和意思不自由；意思欠缺可以公诉人在交通事故中失去知觉而未出庭为例，意思不自由可以被告人受公诉人威胁而作出有罪答辩为例。表示上的不合法主要体现在意思与表示的不一致上，主要包括两种情况：一是主体知道他的真正意思与他的表示不一致，如犯罪嫌疑人对侦查人员供认了自己没有实施的犯罪；二是主体不知道这种不一致；如被告人对行为要素认识错误，想提起申诉却提交了上诉状。除了意思不合法和表示不合法之外，理论上还有违反强行法（jus cogens）推定意思表示不合法的情况。例如，检察官接受被告人贿赂而撤回公诉等。

C. 地点。行为地点是实施刑事诉讼行为的空间所在，又可以

---

① See Mi Jian, ‘Analysis on Declaration of Intent’ (2004) 1 Chinese Journal of Law 30 - 38.

称为处所或场所。[1] 固定地点可以用来提高刑事诉讼的正式性，减轻职权机关的办案压力。地域管辖是地点的表现形式之一，超出法定管辖权的行为不合法。一些诉讼行为必须在法定的处所进行，如审判必须在法庭上进行，否则便是私设公堂。有时行为地点不是法律直接规定的，而是由被授权机关指定的，行为的合法性取决于授权是否合法，如职权机关在法律规定的范围内传讯被取保候审的犯罪嫌疑人到指定的地点，被取保人没有履行，被取保人的行为地点不合法。

D. 时间。刑事诉讼行为时间可分为期日、期间和次序三类。[2] 例如，法院指定了审判时间，但公诉人未按时出庭属于行为期日不合法；超出法定期限提起上诉属于行为期间不合法。次序表现为行为间的逻辑关系；我国经常出现的法院先定案后审案就属于行为次序不合法。

E. 内容。刑事诉讼行为内容需要符合下列五个方面要求：一是内容必须能够通过解释被辨认出来，[3] 如用起诉状采用其他国家语言文字使人难以识别属于内容无法辨认；二是内容必须具有可能性，如对不存在的人起诉属于内容不可能；三是内容必须确定，如对若干被告人提起公诉，没有明细各被告人所犯罪名属于内容不确定；四是内容必须符合强行法，如自诉人和被告人和解中非法处分了国有财产属于内容不符合强行法；五是内容必须有足够的依据，如判决书没有列明详细的事实和理由属于内容无足够的依据。

F. 行为方式。由于刑事诉讼行为的种类繁多，可能是积极作为，也可能是消极不作为，可能是事实行为，也可能是法律行

---

① 参见胡开诚著：《刑事诉讼法论》，三民书局印行 1992 年版，第 82 页。

② 参见胡开诚著：《刑事诉讼法论》，三民书局印行 1992 年版，第 82 页。

③ 参见林钰雄著：《刑事诉讼法》（上册 总论编），中国人民大学出版社 2005 年版，第 183 页。

为。[①] 除了以这些行为方式划分外，刑事诉讼行为还可以依据表达方式或记录方式划分。表达方式主要包括言词（口头）方式和书面（文书）方式两类；[②] 前者如法庭辩论以言词辩论为原则；后者如判决以下达判决书为形式。记录方式，如法庭审理一般须做成笔录。以上这些如果不符合法定行为方式要求便属于行为方式不合法。[③]

（3）有效性。

有效性是指刑事诉讼行为是否实现了刑事诉讼法上的预期效果。有效的要件“实现预期效果”与成立的要件“存在效果”不同。“实现预期效果”意味着刑事诉讼行为具备顺利推进诉讼流程或影响心证的功能。如果刑事诉讼行为没有实现预期的刑事诉讼法上的效果，即没有顺利推进诉讼流程或影响心证，则该行为无效。例如，被告人对一审判决上诉具有刑事诉讼法上的效果，成立刑事诉讼行为；然而，只有当该上诉被二审法院接受，它才实现了预期的刑事诉讼法上的效果，成为有效的上诉；反之，如果该上诉没有被二审法院接受，则上诉无效。

无效刑事诉讼行为不应被视为行为不存在或未发生而不予理会。例如，对于需要被排除的非法证据，法庭不可以将其视为证据从来没有被调查过。一旦某一刑事诉讼行为成立，它就具备了该行为的外在形式条件。为了维持刑事诉讼的确定性，行为即使无效也应当产生一定附随的法律后果。例如，本书第六章将会谈到，手续性行为的无效引起诉讼流程的倒退或终止，心证形成行为的无效意味着证据的排除，裁判行为的无效导致整个案件的撤销或重新

---

① 参见林钰雄著：《刑事诉讼法》（上册 总论编），中国人民大学出版社 2005 年版，第 186 页。

② 在例外情况下行为还可以以手势和默认方式作出。

③ 行为方式还可以划分为：（1）面谈和通信（邮寄、电话、电报和网络等）；（2）个人和代理；（3）对具体的人和对大众（公告等）等。See C. Summer Lobingier, ‘Juristic Acts in the Civil Law’ (1949) 24 The Tulane Law Review 187.

审理。

刑事诉讼行为的有效性也不是合法性的延伸，它们是两个相对独立的评价系统。合法的行为未必有效。例如，当事人向法院院长合法地申请审判人员回避，在回避决定作出之前，当事人撤回该申请，则该合法的回避申请可能无效。不合法的行为未必有效。例如，如果侦查人员搜查物证时未制作搜查笔录，则该搜查行为不合法，然而如果该物证为法庭所采纳，作为定案的根据，该搜查行为有效。

刑事诉讼行为"有效/无效"并不一定明确地体现在严格的规则中。在很多情况下，刑事诉讼行为"有效/无效"需要由对案件有解释权的主体（如法庭）加以裁量决定。它不是绝对自由的裁量，而是有原则的裁量（principled discretion）。例如，法院在决定是否宣告非法证据无效时，往往需要依据相关原则，考虑行为违法程度、案件的严重性以及该证据对于定案的作用等因素，并且还需要对所涉及的主体的利益加以权衡。

不同刑事诉讼行为在整个诉讼锁链的支持下相互关联，因此它们的效力也可能会相互联系。如果某一行为无效，后面的行为也可能随之失去法律效力。例如，侦查机关非法暴力逼取证人证言的行为无效，就可能导致证言不具有证据能力，如果法庭采纳了该证据，有可能使判决本身无效，需要通过上诉审撤销原判决。另外，后面的行为也可能使前面的行为无效。例如，如果是被告人撤回之前提起的合法上诉，该上诉行为可能就会无效。

3. 三重评价之间的关系：图解

三组非此即彼的二元划分，即"成立/不成立"、"合法/不合法"和"有效/无效"是理解刑事诉讼行为状态的"达芬奇密码"。只有通过理解它们之间的关系，才可能认识各种状态之间的动态切换，透彻地理解刑事诉讼法的特性。此处将采用浅显易懂的图解，以清楚地标明它们之间的关系。在创制科学的图解之前，需要对其他学者创制的模型加以评判。

（1）我国台湾地区学者蔡辉龙创设了下列图解（图解一）：①

- 刑事诉讼行为
  - 不成立
  - 成立
    - 无效
    - 有效
      - 不合法
      - 合法

刑事诉讼行为的成立是评价是否有效的前提并无异议。然而，最后一组划分，即“合法/不合法”不应仅限定在“有效”中，它们与“无效”也存在交叉。图解一显然没有明晰这一点。违法行为无效情况众多，如侦查机关非法逼取的证人证言被法庭排除。当然，正如该图所示，有些不合法行为可能会生效，如当事人没有在法定期间内对错误管辖的法庭作出的判决提出上诉，该非法判决可能生效。可以形象地说，判决瑕疵被治愈了。因此，刑事诉讼行为瑕疵的后果除了否定性的无效，还应该包括肯定性的有效。

由于刑事诉讼程序的流动性，一些合法行为可能会无效。图解一没有明晰此处。这些无效往往是事后无效，即有效的刑事诉讼行为之后转为无效，具体包括：② 由于另一行为而产生的事后无效，如自诉人提起了合法有效的自诉后撤回该自诉；由于发生一定的事实而产生的事后无效，如证人在法庭调查及双方质证前死亡，他已经出具的证言很可能无效。是否合法是行为模式评价，而是否有效则是法律效果评价。合法性评价和有效性评价之间不互为充分条件，亦不为必要条件。

---

① 参见蔡辉龙著：《刑事诉讼法新论》，风云论坛出版有限公司 2002 年版，第 62 页。

② 参见曹鸿兰：《刑事诉讼行为之基础理论Ⅲ：判决以外诉讼行为的无效之形态与其治愈》，载陈朴生主编：《刑事诉讼法论文选辑》，台北五南图书出版公司 1984 年版，第 155 页。

（2）大陆学者陈永生创设了下列图解（图解二）：[1]

上面的括号越大，表示符合条件的行为越多。

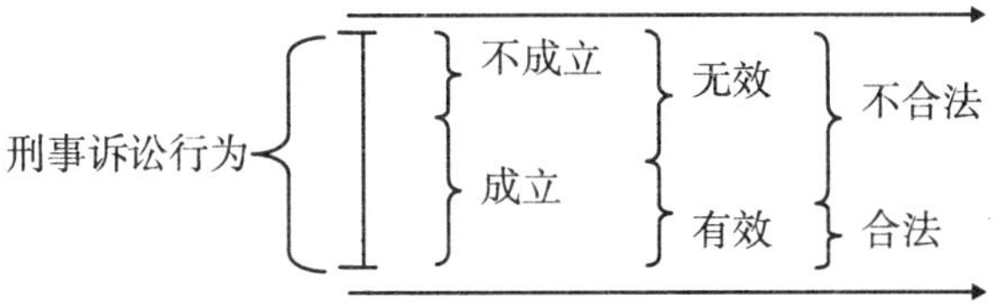

下面的括号越小，表示符合条件的行为越少。

图解二印证了对图解一的批评，即不合法行为既可能无效也可能有效。然而，行为无效必须以该行为成立为前提，不成立则无效力评价，图解二此处不正确。此外，图解二和图解一有着同样的问题，即没有认识到合法的行为可能无效。例如，被告人对一审判决依法提起上诉，然而后来他撤回了该项上诉，则以前的合法上诉无效。

（3）刑事诉讼行为三重评价象限图。

在检讨这两种图解之后，下面的三重评价象限图将被提出。不同于上述两个图解，该图解将展示“有效/无效”和“合法/非法”结合的所有可能。

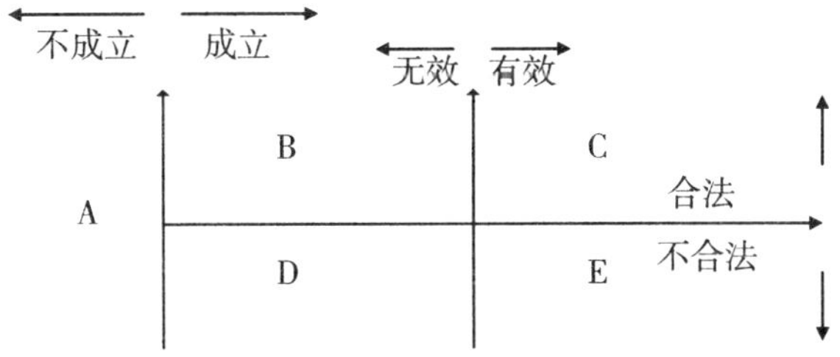

A＝不成立（如交通事故的受害者起诉要求机动车所有人给予

① 参见陈永生：《诉讼行为》，载樊崇义主编：《诉讼原理》，法律出版社2003年版，第391页。

民事赔偿，这明显是民事诉讼行为，而不是刑事诉讼行为，即刑事诉讼行为不成立）

B = 合法无效（如被告人对一审判决依法提起上诉，然而又撤回了该上诉，则以前的上诉可能合法但无效）

C = 合法有效（如公诉机关依法指控某个犯罪嫌疑人，该项指控合法有效）

D = 不合法无效（如侦查机关非法逼取的证人证言被法庭排除，获取证言的行为不合法无效）

E = 不合法有效（如当事人没有在法定上诉期间内对错误管辖的法庭作出的判决提出上诉，该判决不合法但有效）

如图所示，行为整体可以划分为 B + C + D + E（刑事诉讼行为，即成立的行为）和 A（其他行为，即不成立的行为）。如果一个行为构成刑事诉讼程序，产生刑事诉讼效果，刑事诉讼行为就成立了。例如，人民检察院作出不起诉的决定成立刑事诉讼行为。如果一个行为不构成刑事诉讼程序，不产生刑事诉讼后果，刑事诉讼行为不能成立。例如，民事纠纷的当事人向民事庭提起民事诉讼，刑事诉讼行为不能成立，它是一个民事诉讼行为。

成立的刑事诉讼行为可以划分为 B + C（合法刑事诉讼行为）和 D + E（不合法刑事诉讼行为）。行为是否合法取决于法律规定。成立的刑事诉讼行为还可以划分为 B + E（有效刑事诉讼行为）和 C + E（无效刑事诉讼行为）。行为是否有效取决于该行为刑事诉讼法上的预期效果。例如，侦查机关搜查获取的证据被法庭采纳，无论搜查是否合法，该行为都是有效的。相反地，如果证据被法庭排除了，搜查获取证据的行为是无效的。

三重行为象限图明晰了这两组划分（合法/不合法和有效/无效）存在交叉关系，而图解一和图解二没有清楚地表明这种交叉关系。因此，刑事诉讼行为包括四种可能性："合法无效"，"合法有效"，"不合法无效"和"不合法有效"。它们的具体范例已经在三重评价象限图下方详细列明。

三、结论

在本章中，笔者清理了一些比较法学者认为的建构普适理论的障碍：(1) 英美法系对于法律确定性的怀疑；(2) 社会主义与资本主义刑事诉讼法的对立。调和这些差异，寻找共同特征是创设普适理论的前提。随后，本书探讨了两项可以用来铸造理论的科学条件。第一项条件是刑事诉讼法的三项目的（实体真实、程序法定和法律和谐）。它们是刑事诉讼违法的程序性后果具体化的指引。第二项条件是刑事诉讼行为及其各种状态。刑事诉讼行为是刑事诉讼法的基本分析单元。在理解了刑事诉讼行为的各种状态之后，我们可以看到刑事诉讼行为瑕疵的各种状态及其后果。通过这两项初步的步骤，该项研究可以免受不同法律背景的困扰，变得更加科学。刑事诉讼行为违法的程序性后果的统一理论不是空想，而应当是描述性的样板，从中可以获取指导。

第五章　程序性后果理论：单一公式抑或完整框架

从上一章的内容来看，创设一个关于程序性后果的统一理论是可能的。不同法系之间整合所遇到的理念障碍并不是无法逾越的，因为这些假定或夸大的对立模式是可以调和的。要建立一幢科学理论大厦，我们已经具备了脚手架（刑事诉讼法的三项目的）和砖瓦（刑事诉讼行为）。与大陆法系和社会主义法系所采用的民事法律行为不同，刑事诉讼行为既没有完全理论化，也没有在法律制度中得以直接适用。正如第三章所概括的那样，现有的刑事诉讼行为教义仅仅取材于民事法律行为理论的部分成果。因此，建构一套完整的刑事诉讼行为瑕疵及其程序性后果的理论的捷径便是继续法律科学家未竟的事业，全面移植民事法律行为理论，以发展相关的刑事诉讼理论。

一、民事法律行为理论是否可以机械套用

尽管笔者在检验德国刑事诉讼法时简要地提及了民事法律行为理论，但是这些仍然过于简略，不足以判定刑事诉讼行为和民事法律行为理论是否兼容。因此，笔者将首先阐释民事法律行为理论，然后考察民事法律行为与刑事诉讼行为的差异，从而探讨在刑事诉讼法领域机械地套用民事法律行为是否可行。

（一）民事法律行为理论概览

为了将罗马法教义与现代学说有机地融合起来，罗马法推崇者详细地阐述并解释了罗马法教义，并设计出一些公式。根据这些公

式，每个结论都可以从行为者的意思中推导出来。[1] 民事法律行为的概念就是在这样的系统化运动中产生的。民事法律行为可以用以概括各种民商事交易，它极大地减轻了交易者的计算压力。它被认为是“在一项法律交易中体现行为者意思的，单个的、简略的、重要的行为”。[2] 以最为简单的法律交易赠与为例，它意味着一方自愿无偿地将财产转移给另一方。根据这个名称，除了行为人和财产之外，一项要素便是明确表示赠与人意思的行为。[3] 这一概念化的行为便是赠与法律行为。

民事法律行为成立的伦理依据是私法中个人之间的平等、自治关系。根据民事法律行为，有权人可以根据自己的意思确立、更改或终止法律关系。民事法律行为并不是以个案的形式表达出来，而是运用抽象的法律概念和模式化的法律技术确立预期的法律后果。换言之，民事法律行为并不是由具体的事实所框定的，而是由法律和行为本身所调整的。在这个意义上，它将道德及其他的价值因素从法定形式中分离出去，使得私法规范本身简单而可以计算。

在私法中，民事法律行为是一个广泛使用的概念。它包含了普通合同行为，如买卖、租赁、转让、赠与和互易等。物权合同也属于该类，它是指对于他人不动产创设权利的合同。此外，民事法律行为还包含了家事合同，如收养、婚姻登记和遗嘱等。[4] 正如民事法律行为的概念所显示，法律交易的更改和终止也在调整范围之内。例如，在商事领域，股东可以通过依照相应的民事法律行为的要求增加公司的注册资金。

---

① See R Pound, ‘A Comparison of Systems of Law’ (1948) 10 U. Pitt. L. Rev. 276.

② See M Ferson, ‘The Nature of Legal Transactions and Juristic Acts: Analysis of Common Factors and Variations’ (1945) 31 Cornell Law Quarterly 107.

③ See M Ferson, ‘The Nature of Legal Transactions and Juristic Acts: Analysis of Common Factors and Variations’ (1945) 31 Cornell Law Quarterly 108.

④ See FH Lawson, ‘Some Reflections on Sales and Civilian Methodology’ (1969) 44 Tul. L. Rev. 752.

民事法律行为包括单方行为，如立遗嘱等；它也包括双方行为，如买卖等。此外，还有几种公认的分类：有偿和无偿（compensated and gratuitous）、生前和死后（inter vivos and post mortem）、正式和非正式（formal and informal）、经营和处分（managerial and dispositive）。① 这些分类构成了这一复杂理论重要的组成部分。在大陆法系民法理论中，民事法律行为被誉为“民事规则理论化的杰出表现”和“民法教义化最值得自豪的成就”。②

民事法律行为的特征尤其体现在法律后果上。民事法律行为的教义不仅展示了实现预期效果的法定要件，还形成了一张关于法律后果无缝的网络，以应对所有可能的民事瑕疵。当然，“行为者从未试图实现不合法行为的法律后果”。③笔者将简单地描述行为的法定要件，然后详细地解读法律后果部分。

法定要件意味着需要满足民事法律行为合法的必要条件。相反，违法民事行为实际上行为的某项要件有缺陷或者瑕疵。在这些要件中，意思表示（行为人的意思和它的表示）是民事法律行为的核心。④当然，民事法律行为还包含其他很多实质性的要件，如行为主体、地点、时间、行为方式等。事实上，这些要件一般需要与意思表示瑕疵联系到一起。除了那些违反强行性法律的无效之外，民事行为瑕疵的法律后果处理都可以与当事人的意思表示有关。

用以表示违法民事行为可能后果的术语包括“无效”、“可撤销”和“有效”。如果某个民事行为无效或者可撤销，该行为名称

---

① See CS Lobingier, ‘Juristic Acts in the Civil Law’ (1949) 24 Tul. L. Rev. 179 – 180.

② See JH Merryman, The Civil Law Tradition: An Introduction to the Legal Systems of Western Europe and Latin America (Stanford University Press, Stanford, California, 1969) 81.

③ See M Ferson, ‘The Nature of Legal Transactions and Juristic Acts: Analysis of Common Factors and Variations’ (1945) 31 Cornell Law Quarterly 107.

④ See EGL, The Private Law of China (1920) 30 YLJ 182.

就通常包含了可能的法律后果。[①] 这意味着某种瑕疵必然造成一定的法律后果。尽管行为是否有效、可撤销或无效基本上由各法域的具体法律规定，[②] 然而公式表达却极为相似。原因很简单，大多数法律后果的适用必须符合私法自治这一基本原则，即对于当事人双方的意思表示予以尊重。

如果民事法律行为没有实现预期的法律后果，该行为无效。在大多数有着大陆法系传统的法域，那些违反私法自治原则的民事行为绝对无效。例如，如果意思表示是通谋或者虚假的，民事法律行为无效。[③] 如果民事法律行为违反强行法或公序良俗，也应认定无效。[④] 当然，法律后果是个集合体，这意味着某个行为可能在某个方向上有效，而在另一个方向上无效。某个行为可能造成一定的法律后果，但是并不必然产生它所期望的行为。当然，我们必须注意，无效通常是对行为的最后评判。

诚然，如果某个行为有无效的因素，我们并不必然将该行为认定为绝对无效。这个行为也可能是可撤销的。[⑤] 可撤销民事行为比无效行为更为复杂。"可撤销"（voidable）意味着行为"具有约束力但是可能被宣告无效，或者约束力仅仅是暂时的。"[⑥] 可撤销行为有可能被宣告无效或者被某个特定的人的特定行为所变更。[⑦] 实质上，可撤销行为赋予了特定当事人通过单方或双方的表示变更或终止该行为的权力。通过这项权力，当事人可以通过法庭程序攻击该等行为的有效性，并通过合理的步骤撤销该行为。我们可以合理

---

① See CC Turpin, 'Void and Voidable Acts' (1955) 72 S. African L. J. 63.

② See CC Turpin, 'Void and Voidable Acts' (1955) 72 S. African L. J. 63 - 64.

③ 如我国《民法通则》第58条第（四）项、德国民法第117条、日本民法第94条。

④ 如我国《民法通则》第52条第（五）项、德国民法第134条、日本民法第91条。

⑤ 参见王利明著：《民法》，中国人民大学出版社2000年版，第108页。

⑥ See AM Honoré, 'Degrees of Invalidity' (1958) 75 S. African L. J. 33.

⑦ See CC Turpin, 'Void and Voidable Acts' (1955) 72 S. African L. J. 60.

地认为，民事法律行为最为重要的特征便是单方错误有可能造成无效或变更。[①] 具体而言，如果变更权得以行使，该行为便可能转化为另一个行为。再者，如果行为终止，该等行为基础上的整个交易也就不再具有任何法律效力，并且自始无效。[②] 正如图宾（Turpin）所描述的那样，“行为所假定或临时的有效性完全消失了，似乎它从来没有发生过。”[③] 相反地，如果撤销权没有行使，瑕疵行为可能就会治愈，整个交易因此完全生效。例如，当事人在重大误解的情况下作出的法律行为是可撤销的。[④] 这意味着行为人可以撤销或更改这个瑕疵行为。

从逻辑上来看，有一种行为开始时无效，随后由于一个特定的行为而完全有效。该行为是否属于可撤销的行为是存有争议的。这种情况如行为人是未成年人或者有着有限的行为能力。在这种情况下，法律效力是待定的，[⑤] 需要行为人的监护人批准以执行该等协议。[⑥] 不管这种批准是否由有权人明示或默示地行使，它都是回溯性的，可以使本来无效的行为转为有效。当然，监护人还具有使合同无效的撤销权。这种效力待定的行为有时与上文可撤销行为相混淆，[⑦] 但是两者都可以视为相对无效行为。相对无效意味着瑕疵可因某些理由而治愈，这些理由包括有权人放弃异议，期间的经过等。还有一种情况很难归入上述类别中：一个无效的行为可以为一

---

① See RA Riegert, ‘Unilateral Mistake under the West German Civil Code and Some Comparisons’ (1971) 5 Int'l L. 312.

② See CS Lobingier, ‘Juristic Acts in the Civil Law’ (1949) 24 Tul. L. Rev. 188.

③ See CC Turpin, ‘Void and Voidable Acts’ (1955) 72 S. African L. J. 60.

④ 如我国《民法通则》第59条第（一）项、德国民法第119条、日本民法第95条。

⑤ 如我国合同法第47条、德国民法第108条、日本民法第20条。

⑥ 尽管监护人的批准可以视为一个新行为，它不可以被认为是民事法律行为，因为监护人不是法律交易的主体。

⑦ See CC Turpin, ‘Void and Voidable Acts’ (1955) 72 S. African L. J. 65.

个有效的行为所代替。[①]这个行为不是可撤销的，而是无效的。然而，它可以被直接视为另一个有效的行为。这意味着某些行为的法律效力具有相对性。因此，我们有必要将其视为相对无效。

在所有的其他情形中，瑕疵行为都是有效的。如果错误极其微小，如履行某项民事法律行为时间略有微差，该行为是有效的。一个可能的不利后果便是承担对于另一方的损失。[②] 然而，这个后果并不等同于民事法律行为无效。

采用这些类别划分，我们可以根据现有的法律，使用简单的民事法律行为公式处理民事交易中的违法行为。由于民事法律行为精巧的概念设计和分类，王泽鉴甚至认为“民法学者学习了民事法律行为理论，就好比习武之人打通了任督二脉一样……”[③] 在民法中我们采用这样一种简单的方法来处理违法，这使我们联想到尽管民事法律行为和刑事诉讼行为之间可能有着巨大差异，但是否可以在刑事诉讼法中构建相似的理论。

基于上述分析，民事法律行为理论可能提供三种方案，以供建构刑事诉讼行为瑕疵程序性后果的统一理论：第一，创设一系列公式，诸如某个诉讼行为瑕疵必然造成一定的法律后果；第二，分析诉讼行为的要件，如主体、地点等，尤其是意思表示；第三，对瑕疵行为的后果进行分类，即有效、可撤销、无效。很明显，后两个方案只采用了第一个方案的一部分，因为公式包含行为瑕疵（即某项刑事诉讼行为某个要件存有的瑕疵）和它的法律后果。只有当刑事诉讼行为瑕疵和它的程序性后果之间的因果联系无法创设时，后两种方案才应当考虑。

（二）民事法律行为和刑事诉讼行为的差异

一般说来，民事法律行为与刑事诉讼行为一样具有定型化特

① See CS Lobingier, ‘Juristic Acts in the Civil Law’ (1949) 24 Tul. L. Rev. 188.

② 如我国合同法第107条。

③ 参见王泽鉴著：《民法总论》，中国政法大学出版社2001年版，第272页。

征，它们都是人类行为的组成部分。① 并不奇怪的是，绝大多数其他法律都从母法——民法中借鉴分析工具。很明显，现有的刑事诉讼行为相关教义也是从民事法律行为中汲取理念和方法。然而，即使民事法律行为和刑事诉讼行为在语义上具有一定相似性，即都是抽象化、定型化的行为，它们之间仍然存在大量差异。这些差异体现在下列四个方面：(1) 本质特征；(2) 根本理念；(3) 适用法域；(4) 法律渊源。尽管这四个方面是分立的，但其中的联系隐约可见。第二个方面“根本理念”是第一个方面“本质特征”产生的解释。这两个方面都与创设公式化的解决方案息息相关。第三个方面和第四个方面与公式（如果可以创设）的适用普遍性有关。所有这些差异都可以用来质疑创设刑事诉讼行为瑕疵和相应的程序性法律后果普适公式的可能性。

1. 本质特征

民事法律行为与刑事诉讼行为本质的特征差异体现在如下两个方面：(1) 人的意愿对于行为的重要性；(2) 行为与其他行为之间的关系。笔者将首先探讨第一个方面，即人的意愿的重要性。民事法律行为的核心便是意思表示。②法律行为因此通常视为意思表示的同义词。这意味着法律行为的理想模型便是有行为能力的主体自愿、善意地行使某一行为。如果某一自愿行为所指向的对象合法，并以法定形式由具有行为能力的主体作出，该行为便具有了民事法律行为效力。③

因此，人的意愿是评价民事法律行为后果的重要参考。我们需要根据某一瑕疵法律行为偏离这个理想模型的程度来决定它的法律后果。在某种瑕疵和法律后果之间的公式可以从这个简单的准则中

① See M Ferson, ‘The Nature of Legal Transactions and Juristic Acts: Analysis of Common Factors and Variations’ (1945) 31 Cornell Law Quarterly 129.

② 法律行为这一概念有时似乎可以理解为某个具备特定目的的行为。See CC Turpin, ‘Void and Voidable Acts’ (1955) 72 S. African L. J. 58.

③ See EGL, The Private Law of China (1920) 30 YLJ 182.

推导出来。

相反地，并不是所有的刑事诉讼行为的有效都需要以自愿为前提。一般来说，瑕疵的意思表示并不会影响实体形成行为（即那些影响案件处理机关处分案件的行为）的有效性。笔者将使用向法庭出示证据来例证实体形成行为。如果证人不愿意作证指控被告人，这将不会影响其证言的有效性，因为所有的证言必须通过法官的内心客观评估和重新整合。向法庭出示证据行为的程序性后果与程序形成行为（如法庭传唤被告人）不同，它更与实体真实相关。另外，我们将谈一谈瑕疵程序形成行为的程序性后果。程序形成行为是指那些直接引导下一个行为的行为。人的意愿对于程序形成行为的影响也是充满变数的。例如，被告人故意缺席庭审的程序性后果往往不同于公诉人缺席庭审的程序性后果。很明显，被告人需要比公诉人得到更多的程序性保护。这些情况造成了在刑事诉讼行为瑕疵和其程序性后果之间确立公式存在极大困难。例如，当事人缺席庭审就很难有单一的原则性的程序性后果。

我们转向讨论第二个方面，即行为与其他行为之间的关系。民事法律行为的法律效力仅为法律交易中的另一个行为所影响。例如，重大误解的民事行为可以由行为人撤销或变更。① 然而，这个撤销或变更行为并不能否定原有的重大误解行为可撤销、可变更的法律公式。在这个方面，民事法律行为之间是相对独立的。该撤销或变更行为通常由行为人自己实施。这部分是由民事法律行为中的意思因素所决定的。此外，法律交易中当事人是分立的个人或组织，有相应独立的意志。因此，对于民事法律行为而言，在瑕疵和后果之间设立公式是可能的。

然而，刑事诉讼程序是连续不断的行为的整体。刑事诉讼行为是以终结案件为目标的刑事诉讼制度的部分。刑事诉讼行为的程序

---

① 如我国《民法通则》第59条第（一）项、德国民法第119条、日本民法第95条。

性后果与其他相关行为的状况息息相关。由于刑事诉讼程序的锁链效应，如果前一个刑事诉讼行为无效，后一个行为也可能无效。例如，侦查机关用欺诈的手段获取被告人的供述，则该供述通常是无效的，不能作为定案的依据。此外，后来的行为也可能会使前面的行为无效。例如，如果被告人对一审判决作出上诉，后来撤回了该项上诉，这将造成上诉无效。从这个行为间关系的角度来看，在刑事诉讼行为瑕疵和其程序性后果之间创设一个与民事法律行为同样的公式是不可能的。

2. 根本理念

为了透彻理解民事法律行为和刑事诉讼行为的差异，笔者将探讨它们在理念上的不同。绝大多数民事法律行为都体现了单一的理念，即私法自治原则。[①] 在这个原则指导之下，各种各样的交易在形式上具有相似性。正如默顿·佛森（Merton Ferson）所言：[②] “在各种形式的交易中可以发现大量相同的因素，这些相同因素构成了法律的重要组成部分。它们有助于将法律的很多方面进行单元化处理。这样的单元将各项主题（如合同、买卖和代理）等方面整合到一起。”

私法自治原则意味着私主体有权确立、改变和处分他们之间的交易。换言之，交易应当建立在当事人平等和自由的基础之上。在处分利益时，“自治终结的地方就是其他主体法律地位开始的地方”。[③] 通过进行深入的分析，民事法律行为理论是建立在自由主

---

① See M Ferson, ‘The Nature of Legal Transactions and Juristic Acts: Analysis of Common Factors and Variations’ (1945) 31 Cornell Law Quarterly 105；参见黄茂荣著：《法学方法和现代民法》，中国政法大学出版社2001年版，第55页。

② See M Ferson, ‘The Nature of Legal Transactions and Juristic Acts: Analysis of Common Factors and Variations’ (1945) 31 Cornell Law Quarterly 105, footnote 1.

③ See M Ferson, ‘The Nature of Legal Transactions and Juristic Acts: Analysis of Common Factors and Variations’ (1945) 31 Cornell Law Quarterly 138.

义和个人主义的基础之上的。[①] 在这样的理念指引下，国家必须在市场经济中保持中立。[②] 如此，民事法律行为的运行体现了单一的交换正义，这有助于在瑕疵行为和法律后果之间确立单一的公式。

在很多法域，刑事诉讼行为并不必然排除民事法律行为所体现的私法自治理念。在刑事诉讼程序中，交换正义偶然具有合理性。例如，在辩诉交易中，被告人与控诉方被假定为平等、自治。然而，刑事诉讼行为并不体现同样程度的私人自治因素。刑事诉讼行为通常是根据事先规定的义务而强制实施的，而不是仅根据个人意愿行事。因此，该词的英文翻译应当是 conduct，而不是 act。例如，在侦查过程中，警察根据法定义务讯问被扣押的犯罪嫌疑人，而该犯罪嫌疑人被强制讯问，而不是自愿参与到这个程序中来。更为重要的是，不同诉讼行为主体的心理状况要求存有差异：对于警方来说是一种义务，而对于被拘留的犯罪嫌疑人来说是一种强制。

刑事诉讼法不同于私法，它受制于连续排列的确定规则，而不是行为人的意愿。此外，刑事诉讼程序通常涉及刑事司法机关，而民事法律行为往往不涉及司法机关。因此，民事法律行为蕴涵着交换正义，大多数刑事诉讼行为遵循着复杂的分配正义，在该分配正义理念指引下，职权主体和非职权主义应当以不同的方式对待。例如，在讯问过程中，警察和被拘留人不可能是平等的。我们有必要在这种不平衡的法律关系中导入对于被拘留人的保障措施或者赋予被拘留人一定的权利。此外，很明显，不同的诉讼主体有着不同的利益取向。在讯问过程中，警察有着查清案件事实的公共利益，而被拘留人有着免遭权力滥用的私人利益。两种利益不能够互相让

---

① See H Xie, ‘Norms of Legality in Relation to the Validity of Juristic Act (Rechtsgesch? ft): The Influence of Public Law on the Effect of Juristic Acts and its Limitations’ (2008) 29 Social Sciences in China 109.

② See H Xie, ‘Norms of Legality in Relation to the Validity of Juristic Act (Rechtsgeschaft): The Influence of Public Law on the Effect of Juristic Acts and its Limitations’ (2008) 29 Social Sciences in China 109.

度。因此，刑事诉讼行为比民事法律行为更加复杂，因为后者主要体现单一的理念。

3. 适用法域

民事法律行为这一概念并不在大陆法系和社会主义法系之外使用。在德国和我国，民事法律行为是个相当重要的术语。在这两个法域，抽象的原则在法律中广为适用。然而，在英美法传统中，民事法律行为理论则没有推广。①有些学者声称："每个民事法律行为在英美法中都有对应体。"② 然而，在英美法中，"术语和行为名称似乎从来都不是很清楚"。③ 尽管英美法有着系统化的趋势，现有的概念将妨碍民事法律行为理论的适用。④

英美法系的律师用类型化的法律关系，而不是民事法律行为，来界定各种协议。这种关系与民事法律行为中推导法律后果的严格公式不同，它意味着"习惯的、公平的、合理的事件。"⑤一旦某种关系得以确立，在这种确定的当事人之间权利、义务关系中所预先设定的后果便可以从中推导出来。这种关系并不一定与当事人的意愿相符合。⑥这些关系来源于各种诉讼和衡平规则的自然增长，它

---

① See EGL, The Private Law of China (1920) 30 YLJ 182.

② See CS Lobingier, 'Juristic Acts in the Civil Law' (1949) 24 Tul. L. Rev. 178; M Ferson, 'The Nature of Legal Transactions and Juristic Acts: Analysis of Common Factors and Variations' (1945) 31 Cornell Law Quarterly 105 – 181.

③ See CS Lobingier, 'Juristic Acts in the Civil Law' (1949) 24 Tul. L. Rev. 179.

④ See R Pound, 'A Comparison of Systems of Law' (1948) 10 U. Pitt. L. Rev. 275.

⑤ See R Pound, 'A Comparison of Systems of Law' (1948) 10 U. Pitt. L. Rev. 275.

⑥ See PM Craig, 'Structural Differences between Common and Civil Law' (1951) 9 Seminar Jurist 58.

们并不具有整体上的系统性。[①]可以合理地说，普通法的很多方面越来越趋向于大陆法，不同的事项可以在同样的主题下得以解决。[②] 然而，两种不同的民法理念（即英美法类型化的法律关系和欧陆法及社会主义法的民事法律行为）仍然存在，造成了它们相互整合的巨大困难。

然而，刑事诉讼行为可以在每个法域的刑事诉讼法中都广泛使用。正如第四章所分析的那样，刑事诉讼行为是刑事诉讼程序的基本分析单元。它们是用以建构理论大厦的砖瓦。每个瑕疵刑事诉讼行为都可以视为不合法的刑事诉讼行为，每个瑕疵刑事诉讼行为的后果都可以视为不合法的刑事诉讼行为的后果。刑事诉讼行为不是欧陆法学理论的专利。反之，它应当为各法域刑事诉讼法所用。因此，借鉴民事法律行为理论不应是机械的。我们不应将刑事诉讼行为限定在欧陆法传统中。不经过批判地将公式化的方案适用于刑事诉讼行为瑕疵及其程序性后果是值得质疑的。我们需要探讨民事法律行为和刑事诉讼行为的法律渊源，尤其是那些与如何处理瑕疵相关的法律。

① 我们并不能说“英国法院从来没有接受过罗马法。”在英国法律发展史上有三个人物需要强调：13 世纪的亨利·布拉顿（Henry de Bracton）；17 世纪的马修·黑尔（Matthew Hale）；19 世纪的约翰·奥斯丁（John Austin）。他们分别从注释法学派、人文主义法学派和学说汇纂法学派中接受了罗马法，并且因此影响了英国法的改革。布拉顿确立了替代程序术语的法律术语，用以创设实体性的英国法。黑尔找到了从原始时期到复杂体系法律与社会平行发展的原因。奥斯丁发现了用以检测法律独立于外来标准的科学特质的分析工具。在美国，尤其是在革命以后，有众多法律改革者急切地寻求借鉴罗马法来改进普通法制度，因为只有这样才可能使普通法具有更多的普适性特征。See P Stein, The Character and Influence of the Roman Civil Law: Historical Essays (The Hambledon Press, London and Ronceverte 1988) 151 - 157. 著名的比较法学家阿伦·沃森也认为，“现代普通法制度从罗马借鉴了很多实体成分。”See A Watson, ‘Legal Change: Sources of Law and Legal Culture’(1983) 131 U. Pa. L. Rev. 1126.

② See PM Craig, ‘Structural Differences between Common and Civil Law’(1951) 9 Seminar Jurist 60.

4. 法律渊源

很明显，不同法域的规则都是在独有的路径中产生并发展的。然而，民事法律行为的法律渊源较刑事诉讼行为更为一致。从历史学的角度来看，民事法律行为取材于罗马法，或者至少可以说民事法律行为与罗马法有着相当大的关系。因此，在大陆法系和社会主义法系我们可以看到相对一致的法律渊源，它们都遵循私法自治的原则。在各种法律交易的名目下，民事法律行为瑕疵可以通过相对固定的公式加以处理。

然而，我们很难从不同的法域刑事诉讼法中发现相对一致的渊源。尽管我们已经识别了刑事诉讼行为的三项共同的目的，程序救济往往需要依据不同的原则。换言之，各种各样的不一致的理论可以用以解释某种救济。例如，至少有下列三种理论可以解释证据排除规则：保护公民权利、训导国家刑事司法人员和确保刑事诉讼程序合道义性。①在不同的法域，我们可以发现不同的理由可以用以解释相同的证据排除规则。这些理由在不同程度上融合了这三种理论。例如，在英国，根据《1984 年警察和刑事证据法案》第 76、78 条以及一系列关于证据的判例，如果证据使得刑事诉讼程序不公或者供述不可靠，该证据或供述就不可采纳。在德国，德国宪法第 20 条规定了法治国家原则，该项原则支撑了德国的证据排除规则。② 在我国，《非法证据排除规定》和《办理死刑案件证据规

① See P Roberts and A Zuckerman, Criminal Evidence (OUP, Oxford 2004) 150 - 160; I Dennis, The Law of Evidence (2nd edn Sweet & Maxwell, London 2002) 249 - 287.

② See CM Bradley, 'The Exclusionary Rule in Germany' (1983) 96 Harv. L. Rev. 1034.

定》形成了中国模式的证据排除规则。[①] 这些原则是对各项制度的解释，从这些原则的措辞我们可以看出，很难得到关于某项刑事诉讼行为瑕疵处理完全一致的法理。

5. “刑事诉讼行为的统一理论”

尽管刑事诉讼行为的概念可以在绝大多数法域适用，但是由于刑事诉讼行为和民事法律行为有着上述四项差异，我们不可能确定单一的原则，以整合刑事诉讼行为瑕疵的程序性后果。尽管民事法律行为的公式可以借鉴，从而将刑事诉讼程序理论化，它们不可以机械地用来应对刑事诉讼行为瑕疵。为了建构解决刑事诉讼行为瑕疵的统一理论，我们必须在设计相对固定的公式之外寻求出路。

二、单一公式的替代进路：分类法

设计单一的公式不是建构理论的唯一方法。[②] 如果解决某个问题的同一方式无法获得，人们通常会选择将现有的研究对象划分为可控数量的类别。在每个类别中，研究对象表现出相似性，能够为相对一致的原则所指引。[③] 同时，分类需要展示出完整性和内部的相融性，从而有助于确立自我周延的理论架构。[④] 因此，由于无法

---

① 这两项司法解释明晰了我国证据排除规则的某些特征，如“强制性排除”与“裁量性排除”共存，确定某些附条件排除等。参见陈瑞华：《非法证据排除的中国模式》，载《中国法学》2010 年第 6 期，第 33 页。有些西方学者也认为，“中国的证据排除规则”既不是一项新的创造，也不是完全照搬西方的。See MK Margaret, ‘Controlling Abuse to Maintain Control: The Exclusionary Rule in China’〈http://works. bepress. com/margaret_lewis/1〉.

② 一般说来，理论意味着对于某一个特定问题进行逻辑性的、科学的解释。与经验性的实践和技术规定相反，理论涉及原则和一定程度的抽象教义，它可以被理性地理解、阐释，并对特定问题加以预测。

③ 当然，分属两种不同类别的研究对象在适用原则上有着相当大的差异。这种分类表明指导某一类别的原则不同于指导另一类别的原则的机理。

④ 通过该分类，指导这些事项的原则将以一种合理的方式组织起来，形成有条理的结构。分类本身替代了原有对象之间的无序，从而简化了我们对于观察对象的理解，而且没有减弱理论的解释力。

获得一劳永逸的科学原则，笔者将试图确定一组原则，或者至少一组对应关系，用以指导和预测刑事诉讼行为瑕疵及其程序性后果。这些原则或对应关系有逻辑地相互连接起来。如果没有这样的框架，本书将没有任何实质性意义。

这种划分种类的方法可以是类型学（typology），也可以是分类法（taxonomy）。① 很明显，如果适用类型学，将会产生理想化类型。这种理想化类型广泛运用于现今的刑事诉讼法学术探讨。例如，米尔建·达马斯卡对刑事诉讼法“阶层模式”和“同位模式”的二元划分就是一种类型学划分。② 同样，每种法系的划分也可以视为类型学运用，因为从现实的角度来看，每组法律制度都是混合的。类型学强调了某些典型特征，而忽视了另一些非典型特征。但是很明显，我们在经验世界中难以找到纯粹的类型。因此，我们运用类型学来加以分类，有极化类别的风险。

这里我们应当使用分类法，③因为正如前文所阐释的那样，刑事诉讼行为在经验世界里是可以观测和衡量的。④ 分类法在民事法律行为中广为应用。例如，民事法律行为的要素（主体资格和意

---

① See KD Bailey, Typologies and Taxonomies: An Introduction to Classification Techniques (Quantitative Applications in the Social Sciences, Sage, California 1994) v.

② See M Damaška, 'Structures of Authority and Comparative Criminal Procedure' (1975) 84 YLJ 480 - 544.

③ 作为一个学术术语，分类法（taxonomy）可以指过程，也可以指结果。See KD Bailey, Typologies and Taxonomies: An Introduction to Classification Techniques (Quantitative Applications in the Social Sciences, Sage, California 1994) 6.

④ 分类法原来只在自然科学中应用，它尤其可以用于有机体的分类。在法律科学发展历程中，分类法被引入法学理论中，用于分类科学（尤其是在植物学与动物学中的运用）与19世纪美国法律科学之间的关系的探讨，See Schweber, 'The "Science" of Legal Science: The Model of the Natural Sciences in Nineteeth - Century American Legal Education' (1999) 17 LHR 421. 分类法被法学家视为法律讨论的分母，因为它与科学理论一致，通过分类法，律师之间可以互相交流，探讨相似的问题，并提出原则性的解决方案。See Mattei, 'Three Patterns of Law: Taxonomy and Change in the World's Legal Systems' (1997) 45 AJCL 5.

思表示等）和民事违法行为的后果（无效、可撤销和有效等）已经在上文中提及。这两种分类可以作为两种创设统一理论的试验。

这样，创设刑事诉讼行为瑕疵及法律后果之间的单一公式的替代路径有两个。第一种替代路径是分析刑事诉讼行为的组成部分。根据这种路径，刑事诉讼行为瑕疵的类别可以识别出来。第二种替代路径是观测现有制度中规定和隐含的程序性后果，并根据制度的内部标准，将其划分为一些类别。即便这些努力没有成功，它们至少可以帮助我们更好地理解这一主题。因此，无论如何，这样的尝试对于该项研究都是有所助益的。

（一）从刑事诉讼行为要素中获得统一理论

民事法律行为的要素分析，尤其是意思表示的分析构成了民事法律行为理论的重要组成部分。在上一章我们已经分析了刑事诉讼行为的要素：主体资格、意思表示、地点、时间、内容和行为方式。相对于民事法律行为，刑事诉讼行为是普适性的概念。民事法律行为限定在具有欧陆法传统的法域，而刑事诉讼行为可以适用于任何一个法域。在前文中，笔者已经通过详尽地分析刑事诉讼行为的要素总结了各种刑事诉讼行为瑕疵，此处不再一一列举。

刑事诉讼行为瑕疵的分类来源于分析刑事诉讼行为的要素。然而，我们无法断定某个刑事诉讼行为瑕疵必然导致某个后果。即便某个要素（如意思表示）被用来做详细分析，许多次级问题也会产生。例如，在德国刑事诉讼程序中，私人非法获得的证据（如私主体偷窃的文件）在原则上是有效力的。[①] 警察或检察官所实施的同样的瑕疵行为可能会导致证据没有效力。这意味着非职权主体与职权主体所做的同样的瑕疵可能会导致不同的程序性后果。因此，要创设一个普适的理论，大量不同的救济需要列举。由于每个要素又必须继续划分，构建一个刑事诉讼行为瑕疵救济的完整框架

---

① 参见［德］克劳思·罗克信著：《刑事诉讼法》，吴丽琪译，法律出版社 2003 年版，第 224 页。

是极其困难的。在某种意义上讲，我们容易只见树木，不见森林。

不同法域的刑事诉讼规则都有自己独有的形成和演进路径。每个法域的刑事诉讼法都有很多应对刑事诉讼行为瑕疵裁量性的法律后果。德国刑事诉讼法已经非常具有理论性，即便如此，刑事诉讼行为瑕疵及其程序性后果仍然非常杂乱。[①] 如果参考这些要素来进行理论构建，我们无法获得对于何种瑕疵行为应当无效，何种应当有效的共同认识。笔者将使用地点瑕疵作为例证。根据德国刑事诉讼法第 338（4）、355 条规定，如果错误管辖的法院的判决被提起上诉，该判决应当撤销，案件应当移转给有管辖权的法院。然而，同样的瑕疵行为在我国刑事诉讼程序中可能不会用这样的方式处理，因为该瑕疵行为的后果并没有明确规定在我国刑事诉讼法中。

法律科学家观测民事法律行为的传统角度是静态的。这个角度可能并不适用于动态的、不稳定的刑事诉讼程序。某个刑事诉讼行为瑕疵的程序性后果可能会随着刑事诉讼进程的演进而变化。例如，如果在侦查阶段，处理案件的检察官发现警察有非法窃听行为，该检察官可能要求警察立刻停止非法窃听行为。然而，如果检察官没有发现该违法行为，并将非法窃听所得的证据向法庭出示，法庭可能会排除该非法获得的证据。当然，从另一个角度来看，它也有可能行使自由裁量权，接受该证据的效力。这种变换还可能取决于程序受害方是否向案件处理机关对非法窃听提出异议。我们将举另一个例子，如果被告人在法定期间内对裁判行为瑕疵提出上诉，该行为可能会被撤销。然而，如果上诉不是在法定期间内提起的，上诉法院可能就会矫正瑕疵，驳回该上诉。

基于上述分析，我们无法通过参考刑事诉讼行为的每个要素，创设违法程序性后果的固定公式，并将最终的理论框架适用于每个法域。总之，我们无法从分析刑事诉讼行为要素中得出普适性的理论。因此，笔者将运用上述提到的第二种替代路径，即对各种可能

① 参见德国刑事诉讼法的相关分析。

的刑事诉讼行为瑕疵的可能的程序性后果作出分类。

（二）从程序性后果分类和排序中获取统一理论

如果将各国刑事诉讼制度看成整体，我们可以轻易地发现七种不同的程序性后果。这些后果全部显示在绪论结尾的框架中。笔者将按由重到轻的顺序（这种顺序本身就是值得质疑的）介绍它们，从而检验这种分类是否合理，这些程序性后果是否有明显的规律，可以编排成一个统一、科学的整体。在第三章，通过参考英国、德国和我国刑事诉讼法，笔者已经证实各法域刑事诉讼法的程序性后果条理性的不足。但是，这里不可以将程序性后果的举例限定在代表三大法系的三个法域中，因为有时这些法域的救济措施不足以例证每种类别的程序性后果。当某个法域刑事诉讼程序没有相关的程序性后果，或者该法域的举例不具有代表性，笔者将偶尔使用一些同法系其他法域的例子。例如，在英国刑事诉讼法举例不足时，笔者可以采用美国的例子；德国刑事诉讼法举例不足，笔者可以采用法国的例子。

1. 终止整个诉讼

终止整个诉讼意味着犯罪嫌疑人或被告人不会从刑事诉讼程序中遭受任何实体刑罚。尽管这与无罪释放（acquittal）并不一样，通常犯罪嫌疑人或被告人即使实际有罪也会被释放。用来描绘终止整个诉讼的术语选择取决于案件处理机关。如果案件处理机关是侦查机关，它可能称为撤销案件（dismissal of the case）；如果案件处理机关是公诉机关，它可能叫不起诉决定（decision not to prosecute）。在不同的法域，终止整个诉讼的术语名称可能也会有不同。[1] 终止诉讼可以用来回应刑事诉讼行为瑕疵。然而，在很多情况下，终止诉讼是由事实原因所引起的。这些事实上的原因包括证

---

① 例如，在英国这项制度被称为司法终止。然而，在美国，它通常被称为“驳回起诉”（dismissal of the indictment）或者“驳回本案，不得上诉”（dismissal with prejudice）。See, e. g., Barker v Wingo 407 US 514, 533 (1972); US v Marison 404 US 307 (1971).

据不足和犯罪轻微等。诉讼行为瑕疵可能只是影响整个案件终止的一个因素。①

尽管这种程序性后果通常依裁量作出，它在很大程度上原则化了，在程序滥用出现时自动予以实施。诚然，终止整个诉讼是一种极端的程序性制裁，它应当作为一种例外的措施很少运用。② 它在英美法系比较常见，当然相关的普通法理论并没有健全。③ 笔者将主要探讨英国的相关措施，然后简要地介绍德国的立法。由于这种救济方式在我国并不存在，故此处不讨论我国的情况。

（1）英国。

在英国刑事诉讼程序中，法院可以在审前阶段终止诉讼，④ 以制裁程序滥用。⑤ 这项权力是从造成程序不公平的瑕疵大量相关判例中衍生出来的。⑥ 在最为典型的判例女王诉豪斯伐瑞路治安法院，第三人为班尼特案（R v Horseferry Road Magistrates' Court, ex

---

① 例如，在英格兰，根据《2010 年皇家检察官守则》（Code for Crown Prosecutors 2010），决定是否起诉需要经历两个阶段的检测，即证据审查阶段和公共利益评估阶段，前者更为重要一些。在证据审查中，收集证据的合法性是一个重要的程序因素。See Code for Crown Prosecutors 2010, s. 4.7 (a).

② 布菲德（Beofeld）法官指出："司法终止的职权应当谨慎地行使，它必须在非常必要的情况下才可能实施。" See D Corker and D Young, Abuse of Process and Fairness in Criminal Proceedings (Butterworths, London, Edinburgh, Dublin 2000) 57.

③ See ALT Choo, Abuse of Process and Judicial Stays of Criminal Proceedings (OUP, Oxford, New York 1993) preface.

④ 这意味着案件不可能进行到审判阶段。

⑤ 程序滥用不可以从字面上理解。根据《布莱克法律词典》，程序滥用是指"使用某个法律程序以实现预期效果以外的目的"。在刑事诉讼程序中，程序滥用应当被理解为"不适当地、含混地使用合法的法庭程序去实现不合法的或者超出程序功能的结果"。See BA Garner (ed), Black's Law Dictionary (8th edn Thomson West, St Paul 2004) 11.

⑥ 法庭终止诉讼的权力起源于 1964 年上议院对于康纳利诉刑事检控专员案（Connelly v. DPP）的裁决，随后在刑事检控专员诉汉弗莱斯案（DPP v. Humphrys）中确立为惯例。See, e. g. ,康纳利诉刑事检控专员案(Connelly v DPP [1964] AC 1254),刑事检控专员诉汉弗莱斯案(DPP v. Humphrys [1977] AC 1).

parte Bennett）中，格里夫斯大法官（Lord Griffiths）较为清楚地阐明了该项原则。① 然而，这项原则的外延仍然不够清晰。② 下列程序瑕疵都可以视为程序滥用：A. 违反禁止双重危险原则；③ B. 规避法定的起诉时效；④ C. 重复移交程序（committal proceedings）；⑤ D. 审前程序迟延；⑥ E. 非法引渡；⑦ F. 背弃承诺；⑧ G. 审前公开；⑨ H. 检控方丢失或者损毁相关资料；⑩ I. 检控方操纵或滥用程序；⑪ J. 检控方没有开示证据等。⑫ 根据上诉法院的自由裁量权，当程序滥用被发现时，有罪判决将被撤销，或者如果案件最终的裁决还没有作出，程序将停止。从技术上来看，终止的诉讼并不是不

① See R v Horseferry Road Magistrates' Court, ex parte Bennett [1994] 1 AC 42.

② See A Ashworth and M Redmayne, The Criminal Process (3rd edn OUP, New York 2005) 255.

③ See, e. g., Connelly v DPP [1964] AC 1254; R (Smith) v Birch and Harrington [1983] Crim. LR 193; R v Griffiths [1990] Crim. LR 181; R v Forest of Dean Justices, ex p Farley [1990] RTR 228. 从某种意义上讲，程序滥用原则是禁止答辩（pleas in bar）的一项补充。See ALT Choo, Abuse of Process and Judicial Stays of Criminal Proceedings (OUP, Oxford, New York 1993) 41.

④ See, e. g., R v Brentford JJ, ex p. Wong (1980) 73 Cr App R 67.

⑤ See, e. g., R v Horsham JJ, ex p. Reeves (1980) 75 Cr App R 236.

⑥ 程序滥用是应对不合理迟延的主要措施。See ALT Choo, Abuse of Process and Judicial Stays of Criminal Proceedings (OUP, Oxford, New York 1993) 47; See, e. g., Attorney-General's Reference (No. 1 of 1990) [1992] 3 WLR 9; R v Buzalek and Schiffer [1991] Crim. LR 115. R v Bow Street Stipendiary Magistrate, ex p. DPP and Cherry (1989) 91 Cr App R 9; R v Telford Justices, ex p. Badhan [1991] 2 WLR 866.

⑦ See, e. g., R v Horseferry Magistrates' Court, ex p. Bennett [1994] AC 42; R v Sang (1979) 69 Cr App R 282.

⑧ 这种承诺包含不起诉被告人和不出示证据。第一种情况，see e. g., R v Croydon Justices ex p. Dean (1993) 98 Cr App R 76; R v. Liverpool Magistrates' Court, ex p. Slade [1998] 1 WLR 531. 第二种情况，see e. g., R v Bloomfield [1997] 1 Cr App R 135.

⑨ See, e. g., Horseferry Magistrates' Court (n 104).

⑩ See, e. g., R v Birmingham [1992] Crim. LR 117.

⑪ See, e. g., R v Milton Keynes Magistrates, ex p. Roberts [1995] Crim. LR 224.

⑫ See, e. g., R v Birmingham [1992] Crim. LR 117.

可恢复。然而，由于在没有法院批准的情况下，重新被终止的指控将构成另一个程序滥用，[①]终止就意味着再次审判被彻底地禁止。换言之，程序滥用造成了程序绝对无效，无法从头再来。

在英国，检察官也可以实施这项程序性后果。在皇室检察官决定阶段，如果启动或继续指控被认为是压制性的或者不公平的，以至于构成程序滥用，检察官不应允许这种行为。[②] 一般说来，如果指控终止，案件将不可以从头再来。[③]

（2）德国。

在德国刑事诉讼程序中，有时通过终止整个诉讼来应对刑事诉讼行为瑕疵。例如，终止整个诉讼可以用来应对刑事诉讼程序过度迟延。这个后果并没有直接规定在德国刑事诉讼法中，而是只出现在相关判例中。它可以根据德国刑事诉讼法第153、153a条成立不起诉犯罪，根据第154、154a条成立限制起诉或者免予刑罚。[④]

2. 撤销裁定/判决

在审判或者上诉中，如果受害方对原裁定和/或判决提起异议或者其他形式的请求，[⑤] 而且法院认为该裁定/判决严重违反了刑事诉讼程序，它可以撤销该裁定/判决。在任何法系，这都是一种正常的裁判行为瑕疵后果。然而，撤销裁定/判决后的措施可能在英美法系和大陆法系/社会主义法系之间有所不同。笔者将分别讨论英国、德国和我国的相关规定。

---

① See R Pattenden, 'Abuse of Process in Criminal Litigation' (1989) 53 Journal of Criminal Law 353.

② See Code for Crown Prosecutors 2010, s 3.5.

③ See Code for Crown Prosecutors 2010, s 12.1.

④ See Kaemena and Thöneböhn v. Germany (App no. 45749/06 and no. 51115/06) ECHR 22 January 2009, p 16 citing Sprotte v. Germany (dec.) (no. 72438/01) 17 November 2005.

⑤ 考虑到在不同法域使用的一系列术语，笔者将互换使用裁定和判决，以描述具有裁决性质的行为。

（1）英国。

与德国和我国的刑事上诉相比，英国的刑事上诉受的限制较多。在德国和我国，一旦刑事上诉被提起，下面的审查程序将自动开始。上诉审法院在审判前对上诉要件的审查是形式性的。在英国刑事诉讼程序中，上诉程序是相当例外的。一开始，上诉人需要申请许可（leave），以使上诉法院受理该案件。假如审判法官授予上诉人本案可以上诉的证书，可以不需要许可。① 然而，这个证书通常需要出具有说服力的上诉理由，表明上诉具有成功的实质可能性。② 在被告人认罪答辩的情况下，上诉法院不应批准受理案件的许可。③ 还有一种限制检控方上诉的情况，即如果检察官上诉没有成功，还有无罪释放被告人的潜在风险。④

正当程序上诉是一项制裁刑事诉讼行为瑕疵的重要机制。在审判没有遵守正当程序的情况下，⑤ 被告人有权申请撤销有罪判决。他还可以对法律上错误的判决向法庭上诉，陈述判决要点。这些法律上的错误包含违反刑事诉讼规则和/或越权管辖。⑥ 在这些上诉理由中，程序违法通常被视为“不安全”（unsafe）审判的主要原因。⑦除此以外，还有一种上诉后制度：如果刑事案件复查委员会（Criminal Cases Review Commission）认为存在审判不当（miscarriage of justice），它可以将案件移交给上诉法院（Court of Appeal），

① See Criminal Appeal Act 1968, s 1(2) a.

② See Practice Direction (Crown Court: Bail Pending Appeal) [1983] 1 WLR 1293, para 4.

③ See Justice Avory's comment in R v Forde (Arthur Michael) [1923] 2 KB 403.

④ See Criminal Justice Act 2003, ss 58, 62. 具体的分析，see A Ashworth and M Redmayne, The Criminal Process (3rd edn OUP, New York 2005) 340.

⑤ 尽管这与前文所探讨的程序滥用在标准上都不够清晰，但是它们是两种不同的程序性后果。笔者将以检察官违法为例，将两者加以区分。程序滥用只有在检察官违法远重于违反正当程序的情况下才可能适用。See I Dennis, 'Fair Trials and Safe Convictions' (2003) 56 CLP 211, 223.

⑥ See, e.g., Magistrates' Courts Act 1980, s 111(1).

⑦ 给予上诉许可的标准是程序不安全或不令人满意的（unsatisfactory）。

然后上诉法院可以撤销有罪判决。① 在大多数案件中，撤销有罪判决通常终结整个案件，上诉人将被无罪释放。在案件被撤销后，不太可能允许重新审判。换言之，瑕疵行为通常不会被补救。

诚然，如果审判利益需要的话，上诉法院可以根据自由裁量权指令重新审理案件。②这意味着“如果上诉成功，上诉人并不能完全免去参与本案件追加刑事诉讼程序的可能性。”③ 换言之，当终结案件以外的目的占优时，应当允许一些例外，使得重新审判成为可能。例如，如果由于程序瑕疵或新的证据出现，有罪判决存疑，检控方有权申请重新审理案件。这种重新审理维护了判决的完整性和陪审团裁判的权威性。④ 审判利益通常与程序法定更为相关。例如，如果无罪判决受“妨碍或恐吓陪审员或证人（或者潜在的证人）的行为”所损害，当事人可以向上诉法院申请撤销裁判，指令重新审理案件。⑤ 此外，当程序不规则造成了刑事法院的重大误审，上诉法院有权撤销案件，发布重审令（order of venire de novo）。⑥

（2）德国。

事实上，在德国刑事诉讼程序中，上诉申请也要经过形式性的审查。这种审查牵涉到上诉是否符合期间的规定，上诉理由是否明显不能成立。⑦ 然而，上诉人在二审阶段的上诉实质上是“第二次

---

① See, e. g., R v Criminal Cases Review Commission, ex p. Pearson [2000] 1 Cr App R 150.

② See Criminal Appeal Act 1968, s 7.

③ See J Sprack, Emmins on Criminal Procedure (9th edn OUP, New York 2002) 428.

④ See A Ashworth and M Redmayne, The Criminal Process (3rd edn OUP, New York 2005) 346.

⑤ See Criminal Procedure and Investigating Act 1996, s 54.

⑥ See R v Rose Respondent [1982] 3 WLR 192; R v Newland [1988] 2 WLR 382.

⑦ 参见德国刑事诉讼法第313、314、316、317、319、322（1）条。

第一审”。[①] 如果将第一审和第二审程序视为一个整体，在对于程序错误的审查上，第三审上诉和对于已结案件的重新审理就类似于英国的上诉制度。[②]

法律理由的上诉包括在审判中违反程序规则。[③] 从理论上来说，在程序违法与损害被告人权益的判决之间必须存有一定的因果关系。[④] 当然，这种因果关系不是绝对确定的，而是一种可能性，因为程序错误对于判决的影响不能够完全证实和精确衡量。[⑤] 此外，八种类别的程序违法被认为必然造成错误判决，因此构成绝对的上诉理由。[⑥] 如果证实了绝对上诉理由之一，被上诉的判决以及判决的依据将被撤销。[⑦] 从原则上来说，撤销后案件将发回原审或者移交另一个与原审同级的法院。[⑧] 在某些情况下，上诉法院可以直接作出裁决，不需要将案件移交任何其他法院。这些情况包括：如果不需要调查事实，法庭可以直接宣告被告人无罪，或者如果在检控方申请的情况下，法院认为法定的最低刑罚或者免予刑罚可以对被告人适用。[⑨]

在德国刑事诉讼程序中，对于已结案件的重新审理是一种例外

---

① 参见［德］克劳思·罗克信著：《刑事诉讼法》，吴丽琪译，法律出版社 2003 年版，第 505、512 页。

② 诚然，在法国刑事诉讼程序中，当事人还可以对预审法官和羁押法官裁决提起上诉。这些裁决也具备裁判行为的一般特征。参见法国刑事诉讼法第 81、82、82－1、175－1、185、186、186－1、186－3 条。

③ 参见德国刑事诉讼法第 344（2）条。

④ See BGH NStZ 85，135，转引自［德］克劳思·罗克信著：《刑事诉讼法》，吴丽琪译，法律出版社 2003 年版，第 521 页。

⑤ 参见［德］克劳思·罗克信著：《刑事诉讼法》，吴丽琪译，法律出版社 2003 年版，第 521 页。

⑥ 参见德国刑事诉讼法第 338 条。

⑦ 参见德国刑事诉讼法第 353 条。

⑧ 参见德国刑事诉讼法第 354 条；［德］克劳思·罗克信著：《刑事诉讼法》，吴丽琪译，法律出版社 2003 年版，第 530 页。

⑨ 参见德国刑事诉讼法第 354（1）条；［德］克劳思·罗克信著：《刑事诉讼法》，吴丽琪译，法律出版社 2003 年版，第 531 页。

的救济。诚然，类似的措施在英国刑事诉讼程序中也存在。例如，在普通的上诉救济耗尽之后，刑事案件复查委员会有可能将案件移交给合适的法院重新审理案件。然而，在德国刑事诉讼程序中，这种重新审理的可能性远胜于英国刑事诉讼程序。对于案件的重新审理意味着案件的终结有时需要与程序法定和实体真实相妥协。在各种重新审理的理由中，法官未能履行法定职责是一种程序瑕疵，①而其他理由往往都与事实相关。一旦某种理由成立，法院需要指令对案件重新进行审理。②

（3）中国。

在我国刑事诉讼程序中，对于程序瑕疵的上诉与德国的规定有些不同。在我国，上诉是通过第二审来实施的。刑事诉讼法第191条用以处理刑事司法机关的程序违法。这些违法包括违反审判公开的规定，不遵守回避制度，剥夺或不合理地限制当事人的程序权利，审判组织组成不合法和其他可能损害审判公正的程序违法。假如二审法院发现上述几种重大瑕疵之一，它有权撤销原判，将案件发回重新审理。

在我国刑事诉讼程序中，再审通过审判监督规则开启。如果当事人、他的代理人或者近亲属提出下列申诉理由，法院可以对案件进行再审：（1）原判决或者裁定适用法律确有错误；（2）审判人员在审理该案件的时候有贪污受贿、徇私舞弊、枉法裁判行为。③ 再者，如果各级人民法院院长对本院已经发生法律效力的判决和裁定发现在适用法律上确有错误，必须提交审判委员会处理。④ 最高人民法院对各级人民法院已经发生法律效力的判决和裁定，上级人民法院对下级人民法院已经发生法律效力的判决和裁定，如果发现确

① 参见德国刑事诉讼法第359（3）、362（3）条。

② 参见德国刑事诉讼法第370（2）条。

③ 参见我国刑事诉讼法第204条第（三）、（四）项。

④ 参见我国刑事诉讼法第205条。

有错误，有权提审或者指令下级人民法院再审。[①] 这种方法也适用于人民检察院提起的监督程序。[②]

3．非法证据/供述排除

如果证据/供述是以非法或者不正当的方式获取的，或者收集方式侵犯了某些权利或触犯了基本的法治原则，证据/供述有可能被排除。这是一项在几乎所有法域都适用的一项程序性后果。“排除”意味着事实裁判者没有任何机会接触证据或者他们在判定某个案件时不应当依据该证据。笔者将分别探讨英国、德国和我国的相关规定。在英美法系法域，美国的证据排除方法有些不同于英国，所以笔者在讨论完英国的相关规定后简要地谈及美国的证据排除方法。

（1）英国。

在英国刑事诉讼程序中，枢密院（Privy Council）首先确定了非法证据排除的程序性后果：如果被告人遭受不公平对待，法院可以根据自由裁量权排除非法获得的证据。[③] 判例的发展最终累计形成了《1984 年警察和刑事证据法案》（Police and Criminal Evidence Act 1984）第 78 条。[④] 根据该条规定，如果证据造成刑事诉讼不公平，它可能被排除。这种排除并不是自动的，而是依据违法是否是“重大的和实质性的”（significant and substantial）。[⑤] 这种标准也可以适用于软法，如调整警察确认犯罪嫌疑人的《实施细则 D》

---

① 参见我国刑事诉讼法第 205 条。

② 参见我国刑事诉讼法第 205 条。

③ See, e. g. , Kuruma v. R [1955] AC 197.

④ See R v. Chalkley and Another [1998] QB 848. 对于第 78 条的相似观点，see e. g. , R v. Cooke [1995] 1 Cr App R 318.

⑤ 例如，对于第 58 条规定的法律咨询权的侵犯一般可以认为是重大的和实质性的。

(Code D)。① 一项对于《实施细则 D》“重大的和实质性的”违反可能会造成证据被排除。当然，许多因素都需要考虑，如警察是否是恶意违反法律，由于该项瑕疵被告人是否处于非常不利的地位。② 还有一些法律规定了非法获得的证据自动排除的情况。例如，《1984 年警察和刑事证据法案》第 76（2）（a）条规定了使用胁迫手段获得的自白自动排除。在此处胁迫手段包含了“拷问、残忍的或有辱人格的对待、使用暴力或威胁使用暴力”。③ 除了这些一般的规定，还有一些与非法证据排除相关的特殊规定。例如，如果在案件已经移送给刑事法院之前，证据仍然没有依法披露，该证据在审判中不应采纳。④

诚然，英国的情况无法完全代表所有英美法系法域的证据排除规则的状况。在美国，非法证据排除已经上升为宪法性原则的调整对象。例如，在联邦和各州刑事诉讼程序中，违反第四修正案获得的证据应当自动不予采纳。⑤

（2）德国。

在德国刑事诉讼法中，关于程序瑕疵的排除规则只在第 136a

---

① 诚然，有时该实施细则需要严格解释。例如，在女王诉福布斯案（安东尼·勒罗伊）(R v Forbes (Anthony Leroy) [2001] 1 AC 473）中，上议院将《实施细则 D》描述成一套强制性的规则。警察除了清楚界定的情况，不得违反该项规则。

② 对于相关判例的回顾，see I Dennis, The Law of Evidence (2nd edn Sweet & Maxwell, London 2002) 230 - 233; M Zander, The Police and Criminal Evidence Act 1984 (4th edn Sweet & Maxwell, London 2003) 338 - 340.

③ See Police and Criminal Evidence Act 1984, s 76(8).

④ 《1996 年刑事程序与侦查法案》(Criminal Procedure and Investigating Act 1996) 及其实施细则明确说明了检控方如何开示证据，以及检验某些材料是否应当开示。See A Ashworth and M Redmayne, The Criminal Process (3rd edn OUP, New York 2005) 239.

⑤ 在 1914 年，美国最高法院在威克斯诉美国案（Weeks v US, 232 US 383 (1914)）中确立了这项规则。在 1961 年，该法院又在马普诉俄亥俄州案（Mapp v Ohio 367 US 643 (1961)）中将该规则引入到州法院。

条有明确规定。[①] 根据这项规则禁止的收集证据方式包括虐待、疲劳战术、伤害身体、服用药物、折磨、欺诈、催眠或者其他有损被指控人记忆力、理解力的措施等。[②] 如果通过这些手段获取被告人的供述，即使被告人同意，供述也将自动不予准许使用。[③] 此外，许多判例拓宽了德国刑事诉讼法所规定的证据排除规则的范围。例如，如果在审查证据前，有权作证的被告人亲属没有被告知第 52 条规定的该项权利，他们的证言不得采纳。[④] 此外，如果被告人没有被告知第 135 条所规定的咨询辩护律师的权利或者被剥夺了第 137（1）条规定的委托辩护人的权利，所获得的证据不应使用。[⑤]

需要指出的是，私主体（如被害人）非法获得的证据原则上应当允许使用。但是在非常严重的情况下，证据也有可能被排除。例如，私主体通过拷问获得的被告人的供述有可能被排除。[⑥] 诚然，在大多数违反程序法的情况下，排除都不是必须的。排除证据应当考虑的因素包括"犯罪的严重程度、证据对于判决的重要性和程序违法的严重程度等。"[⑦]

（3）中国。

我国刑事诉讼法并没有明确规定证据排除规则。只有第 43 条规定了"严禁刑讯逼供和以威胁、引诱、欺骗以及其他非法的方

---

① See CM Bradley, 'The Exclusionary Rule in Germany'（1983）96 Harv. L. Rev. 1032 - 1034.

② 参见德国刑事诉讼法第 136a（1）、（2）条。

③ 参见德国刑事诉讼法第 136a（3）条。

④ 参见 BGHSt 11, 216，转引自［德］克劳思·罗克信著：《刑事诉讼法》，吴丽琪译，法律出版社 2003 年版，第 216 页。

⑤ 参见 BGHSt 38, 372，转引自［德］克劳思·罗克信著：《刑事诉讼法》，吴丽琪译，法律出版社 2003 年版，第 221 页。

⑥ 参见［德］克劳思·罗克信著：《刑事诉讼法》，吴丽琪译，法律出版社 2003 年版，第 224 页。

⑦ See RS Frase and T Weigend, German Criminal Justice as a Guide to American Law Reform: Similar Problems, Better Solutions?（1995）18 B. C. Int'l & Comp. L. Rev. 336.

法收集证据。”[①] 最高人民法院《关于执行〈中华人民共和国刑事诉讼法〉若干问题的解释》第 61 条和《人民检察院刑事诉讼规则》第 265 条确立了证据排除规则。根据这些规定。凡经查证属于采用刑讯逼供或者威胁、引诱、欺骗等方法取得的证人证言、被害人陈述、被告人供述不能作为定案的根据。

2010 年发布的《非法证据排除规定》和《办理死刑案件证据规定》系统地规定了证据排除规则。《非法证据排除规定》第 2 条重申了“经依法确认的非法言词证据，应当予以排除，不能作为定案的根据。”[②] 该规定第 3 条规定，人民检察院在审查批准逮捕、审查起诉中，对于非法言词证据应当依法予以排除，不能作为批准逮捕、提起公诉的根据。[③] 该规定第 14 条规定，物证、书证的取得明显违反法律规定，可能影响公正审判的，应当予以补正或者作出合理解释，否则，该物证、书证不能作为定案的根据。在《办理死刑案件证据规定》中，有着对于死刑案件更为详细的证据排除规则。证据可以划分为物证，书证[④]，证人证言[⑤]，被害人陈述[⑥]，被告人供述和辩解[⑦]，鉴定意见[⑧]，勘验、检查笔录[⑨]，视听资料[⑩]和其他证据。[⑪] 每种类型的证据都有着认定非法是否应当排除的条件。例如，如果鉴定文书缺少签名、盖章的，鉴定意见不能

---

① 参见我国刑事诉讼法第 43 条。

② 参见《非法证据排除规定》第 2 条。

③ 参见《非法证据排除规定》第 3 条。这意味着非法证据并不一定由法院予以排除。

④ 参见《办理死刑案件证据规定》第 6 ~ 9 条。

⑤ 参见《办理死刑案件证据规定》第 11 ~ 16 条。

⑥ 参见《办理死刑案件证据规定》第 17 条。

⑦ 参见《办理死刑案件证据规定》第 18 ~ 22 条。

⑧ 参见《办理死刑案件证据规定》第 23 ~ 24 条。

⑨ 参见《办理死刑案件证据规定》第 25 ~ 26 条。

⑩ 参见《办理死刑案件证据规定》第 27 ~ 28 条。

⑪ 参见《办理死刑案件证据规定》第 29 ~ 31 条。

作为定案的根据。[①]

4. 减轻量刑

减轻量刑是指在没有宣告瑕疵行为无效的情况下，对被告人施加低于实体刑法所规定的刑罚。这里需要讨论该类措施是否是刑事诉讼行为瑕疵的程序性后果。这种措施不是实体法制裁，因为它并不是针对犯错者。它用来制裁诉讼不规则（procedural irregularity），即在刑事诉讼中发生的瑕疵行为。由于程序步骤顺利推进，减轻量刑并没有完全使不规则诉讼行为的目的落空，它只是部分地阻碍了诉讼行为的预期效果。减轻量刑发生在刑事诉讼进程中，而不是在这之外。总之，它与任何实体法制裁（民事赔偿和刑罚）不同，它植根于刑事诉讼制度。因此，减轻量刑是一种特别的程序性后果。减轻量刑在实体真实和程序法定之间作出了有效的平衡，它避免了排除证据可能造成的真相查找的扭曲和终止整个诉讼的极端。由于在英国和我国没有这项程序性后果，笔者仅介绍德国的相关规定。

在德国刑事诉讼程序中，联邦法院有时使用减轻量刑来制裁职权诉讼行为违法。作为对于程序错误的一项补偿，减轻量刑意味着程序的部分预期效果无法实现。[②] 尽管该项程序错误的救济为欧洲人权法院所批评，[③] 它仍然在传统上被作为一项有效的救济手段。例如，在德国联邦上诉法院较早的一项判决中，法院通过减少被告人的刑期来制裁违反公平审判原则的诱捕行为。[④]减轻量刑也可以

---

① 参见《办理死刑案件证据规定》第24条第（八）项。

② 托马斯·魏根特教授的回信，2009年9月29日。

③ See Kaemena and Thöneböhn v. Germany (App no. 45749/06 and no. 51115/06) ECHR 22 January 2009, p.6., citing Kaemena and Thöneböhn v Federal Court of Justice 2 BvR 750/06 and 2 BvR 752/06.

④ See BGHSt 32, 345.

适用于刑事诉讼程序不合理的拖延，如当迅速审判原则被违反，[①]或者审前超期羁押。[②] 补偿的刑期通常根据拖延的时间和具体情况而定。[③] 令人遗憾的是，在英国和我国刑事诉讼程序中，没有对于刑事诉讼行为瑕疵减轻量刑的制裁，[④] 然而这并不意味着该项措施不应当规定。

5. 手续无效

手续无效是指某些手续性的诉讼行为被宣告无效，之后原行为人可以在某些指令下或者自行重新开始程序（或者其中适当的部分），除非某些原则（如禁止双重危险原则）阻止这种重复，或者禁止重复是必要的。一旦某个手续被宣告无效，随后依赖该手续的行为都会失去预期的法律效力，这些程序可能相应地从新开始。换言之，从宣告无效的手续开始的程序可能会退回到这个初始的阶段，即程序假定没有发生的阶段。[⑤]

笔者将分别讨论英国、德国和我国的相关规定。由于该项措施并没有在德国系统化，而法国规定了应对刑事诉讼行为违法的系统的无效制度，笔者将在介绍德国的相关规定后简要地描述法国的规定。

---

① See BGHSt 32, 345; See Kaemena and Thöneböhn v. Germany (App no. 45749/06 and no. 51115/06) ECHR 22 January 2009, p. 6 citing Kaemena and Thöneböhn v Federal Court of Justice 2 BvR 750/06 and 2 BvR 752/06; p 16 citing Jansen v Germany (dec.) (no. 44186/98) 12 October 2000 and Dželili v Germany (no. 65745/01) § § 100 – 104, 10 November 2005.

② See Chraidi v Germany 47 ECHR 2 § § 24 – 25, 26 October 2006.

③ See Kaemena and Thöneböhn v. Germany (App no. 45749/06 and no. 51115/06) ECHR 22 January 2009, p. 8 citing Kaemena and Thöneböhn v Federal Court of Justice 2 BvR 750/06 and 2 BvR 752/06.

④ 有学者援引盖因（Gane）教授中英审前程序讨论会的文章，认为英国有减轻量刑的规定。事实上，在英国没有相关的规定。参见陈永生：《刑事诉讼的程序性制裁》，载《现代法学》2004 年第 1 期，第 87 页。

⑤ 参见陈瑞华：《大陆法中的诉讼行为无效制度——三个法律文本的考察》，载《政法论坛》2003 年第 5 期，第 113 页。

（1）英国。

在英国刑事诉讼程序中，手续无效可以用来制裁非法强制措施。例如，治安警官在警察局以外的任何地点，在没有有效逮捕令或者合理理由的情况下逮捕某人，被逮捕人应当释放。[①] 为了使逮捕合法，警察有必要按照正常的程序申请逮捕令。手续无效还有其他的规定。例如，如果警察错误地启动诉讼程序，皇家检控署有必要停止诉讼。[②] 由于刑事司法机构相对去中心化的结构，该项程序性后果没有排除非法证据那样经常使用。

（2）德国。

在德国刑事诉讼程序中，一些瑕疵的程序性后果具有手续无效的特征。释放被非法羁押者可以视为羁押无效。例如，如果逮捕令已经被撤销或者羁押的人不是逮捕令上指明的人，该羁押应当被宣告无效，被羁押者应当释放。[③]同样，如果不作为可以视为一种诉讼行为，强制懈怠的行为者履行法定义务也可以视为手续无效。例如，根据德国刑事诉讼法第51条规定，如果证人不依法出庭作证，这种不作为不应被允许，他应被强制带到法庭。[④] 除此以外，还有很多其他程序性后果都可以视为手续无效。[⑤] 由于它们在第三章中已经有所总结，故笔者将不再详细地探讨它们。

为了建立一套统一的理论，故笔者将简要谈谈法国非常有特色的相关规定。在法国刑事诉讼程序中，[⑥] 手续无效可以划分为法定无效（nullité textuelle）和实质无效（nullité substqntielle）。法定无

---

① See Police and Criminal Evidence Act 1984, s 30; Criminal Justice Act 2003, s 4(4).

② See Prosecution of Offences Act 1985, s10.

③ 参见德国刑事诉讼法第115（3）条。

④ 参见德国刑事诉讼法第51条。

⑤ 参见德国刑事诉讼法第70、95（2）、116、120、176条。

⑥ 在法国刑事诉讼程序中，从广义上来看，无效制度包含了各种程序性制裁措施，如非法证据/供述排除和撤销裁定/判决。然而，通过功能性原理，笔者在此处将不讨论手续无效以外的措施。

效是指那些相关条文中明确规定的无效。① 实质无效是指那些法律没有规定，但是由于侵犯相关当事人利益的无效。② 除了法律禁止的情况以外，被宣告无效的行为可以重新作出。③

（3）中国。

我国刑事诉讼法松散地规定了手续无效，尤其是那些强制措施的无效。如果非法实施了对于某一犯罪嫌疑人的强制措施（如逮捕或拘留），被强制措施人应当被释放。④ 同样的情况适用于被扣押的物品、文件、邮件、电报和冻结的存款。如果这些措施是不合法的，物品应当退还给原来的所有者。⑤ 在大多数情况下，由于在这些否定性的活动之后没有任何进一步的规定，强制措施在有必要的情况下还可以重复。在有些情况下，有明确的规定允许重新作出行为。例如，根据我国刑事诉讼法第 179 条规定，如果案件不适宜用简易程序审理，法院应当根据普通程序重新审理案件。⑥

6. 瑕疵矫正

在各法域，应对瑕疵的明确规定的救济措施多为否定性的。换言之，原来的行为在它们的预期法律效果上，部分或者全部无效。瑕疵程序性后果的典型例子就是非法证据排除。尽管一些行为在宣告无效之后可以重复（如违反审判公开的相关规定可能会导致有罪判决被撤销，随后很可能还要重新审理案件），这些步骤（如重新审判）可能会给瑕疵的作为者以及其他行为主体造成很大的不

---

① 法国刑事诉讼法中规定的这些无效包含了搜查和扣押（第 56、56－1、57、59 条）、预审（第 76、78－3 条）、司法审查（第 80－1 条）、窃听通信（第 100－5、100－7 条）等。

② 法国刑事诉讼法第 171 条规定：“违反本法典或其他刑事诉讼条款所规定的实质性手续，已经危害到与诉讼有关的当事人的利益时，即产生无效。”

③ See AV Sheehan, Criminal Procedure in Scotland and France (Her Majesty's Statutory Office, Edinburgh 1975) 64.

④ 参见我国刑事诉讼法第 130、133、134 条。

⑤ 参见我国刑事诉讼法第 118 条。

⑥ 参见我国刑事诉讼法第 179 条。

便，因为程序的重复增加了行为主体的成本。然而，与消极的制裁相反，似乎还应当有一些积极的措施，根据这些措施，瑕疵行为被治愈并获得了预期的程序效果。换言之，瑕疵刑事诉讼行为并没有被宣告无效，而是被矫正了。

尽管很多法律并没有规定矫正，它可以从不完全的程序性制裁中推导出来。例如，如果以非法或者不适当的方式获取的证据没有被排除，根据推论，它有可能被矫正而生效。作为一项与程序性制裁相反的程序性后果，瑕疵矫正可以比喻为“创伤的愈合”。笔者将分别介绍英国、德国和我国的规定。由于德国刑事诉讼法并没有明确地规定瑕疵矫正，故笔者也会使用法国的一个例子。

（1）英国。

在英国刑事诉讼程序中，瑕疵的矫正偶尔发生。例如，当被告人的答辩模棱两可，治安法官应当向其解释相关法律，然后指示书记官对其重新指控。然而，如果答辩仍然模棱两可，法庭将认为被告人作出无罪答辩，从而矫正他的不可识别的行为。① 再者，如果矫正行为没有作出，当事人提起了上诉，刑事法院可以将案件移交给某个法院，要求以无罪答辩进行听证程序，② 这也相当于瑕疵的矫正。同样，如果申请宣告无效的权利期间已经耗尽，瑕疵可能被矫正。例如，如果自有罪判决之日起 28 日内，当事人没有申请上诉法院许可，审判中的任何程序错误都可能矫正。③ 由于英国刑事诉讼程序具有很多对抗模式的特征，如果一个不可采纳的供述或证据没有被提起异议，它可能被矫正。再者，如果警察的不当行为被提出异议，法院认为这种违法行为不是“重大的和实质性的”，通过该瑕疵行为获得的证据是有效的。④

① See J Sprack, Emmins on Criminal Procedure (9th edn OUP, New York 2002) 455.

② See J Sprack, Emmins on Criminal Procedure (9th edn OUP, New York 2002) 455.

③ See Criminal Appeal Act 1968, s 1 (2) (b).

④ See, e.g., R v Keenan [1989] 3 All ER 599.

（2）德国。

在德国刑事诉讼程序中，有一些规定体现了瑕疵矫正的特征。在一些情况下，如果当事人没有在一定期限内提出异议或者程序已经进入了某个阶段，瑕疵就会矫正。例如，根据德国刑事诉讼法第25条的规定，如果当事人没有对审理的法官提请回避或者在被告人的最后陈述之后才提出申请，则法官的不称职可以被矫正。①这也适用于对于辩护人的排除。根据第138a（3）条的规定，如果排除辩护人的事由没有产生，辩护人的不合格就将矫正。② 同样，期限是矫正诉讼行为瑕疵的潜在理由。例如，根据德国刑事诉讼法第341（1）条规定，如果当事人没有在宣告判决后一周内向作出原判决的法院提起上诉，瑕疵裁判就可能被矫正。③

与德国的措施相比，在法国刑事诉讼程序中有一些其他的矫正措施。例如，根据法国刑事诉讼法第171－2条规定，如果在律师在场或者按规定传唤律师使之有机会在场的情况下，有异议权人明确放弃对可撤销行为提出异议，行为瑕疵将获得矫正。④

（3）中国。

在我国刑事诉讼法程序中，也偶然有关于诉讼行为瑕疵矫正的规定。在刑事诉讼法中，只有一种情况相当于诉讼行为瑕疵矫正：如果当事人由于不能抗拒的原因或者其他正当理由而耽误期限的，在障碍消除后5日以内，可以申请继续进行应当在期满以前完成的诉讼活动。⑤ 这意味着即使判决已经作出，当事人也可以申请回复原状。如果法院批准该申请，这就是典型的回复上诉权。此外，《非法证据排除规定》第14条规定，如果非法获取的物证、书证

① 参见德国刑事诉讼法第25（2）条。
② 参见德国刑事诉讼法第138a（3）条。
③ 参见德国刑事诉讼法第341（1）条。
④ 参见法国刑事诉讼法第171－2条。
⑤ 参见我国刑事诉讼法第80条。

可以被补正或合理地解释。在这项措施实施后，瑕疵证据就可以采纳。[①] 许多相似的瑕疵矫正规定在《办理死刑案件证据规定》中。[②] 例如，根据第30条的规定，如果主持辨认的侦查人员少于2人的，有关办案人员可以补正或者作出合理解释以矫正违法辨认。[③]

7. 无效诉讼行为转换

刑事诉讼法中偶尔有无效行为转换的规定。在民事法律行为理论中，“如果某个无效的行为符合某个不同的有效行为的要件，我们可以假定替代的行为也可以接受”。[④] 同样，如果某个无效诉讼行为与另一个有效诉讼行为有着同样的要件，无效行为可能被有效行为代替。一方面，行为表面的含义并非总是决定性的。[⑤] 行为的表达应当体现行为主体的真实意思，而不是字面上的意思。另一方面，为了避免不便，节省时间/成本，无效行为应当可以转换为具有同样要件结构的有效行为。笔者无法查找到英国和我国刑事诉讼程序中的例子。在德国，该项救济既没有系统的规定，也没有在刑事诉讼理论中深刻的讨论。在此，笔者仅仅参考德国的法律实践来例证该项程序性后果。

在德国刑事诉讼程序中，如果法院应对附属事项作出裁定，却错误地使用最终判决形式，此时该判决应当视为裁定。[⑥] 这种后果可以理解为将某个无效行为转换为有效行为。因此，对于上诉情

---

① 参见《非法证据排除规定》第14条。

② 参见《办理死刑案件证据规定》第9条（物证和书证）、第14条（证人证言）、第22条（被告人供述和辩解）、第26条（勘验、检查笔录）和第30条（辨认结果）。

③ 参见《办理死刑案件证据规定》第30条。

④ See CS Lobingier, ‘Juristic Acts in the Civil Law’ (1949) 24 Tul. L. Rev. 188.

⑤ See M Ferson, ‘The Nature of Legal Transactions and Juristic Acts: Analysis of Common Factors and Variations’ (1945) 31 Cornell Law Quarterly 131.

⑥ See BGHSt 8, 384; 25, 242, 转引自［德］克劳思·罗克信著：《刑事诉讼法》，吴丽琪译，法律出版社2003年版，第488页。

况，合法的法律救济形式是抗告，而不是上诉。① 笔者将援引第二个例子。正常的上诉顺序是：首先对“事实和法律”问题上诉（由第二审法院审核和裁判）；这种上诉审是对第一审的全面性的审查。然后才可以对“法律”问题上诉（由第三审法院审核和裁判）；这种上诉审是在案件事实已经确定之后对法律问题进行审查。然而，当事人有时没有遵循这个顺序。例如，如果当事人绕开对于第一审的全面审查，直接提起了对“法律”问题的上诉，他们必须在寻求对事实审查上诉救济的期间届满后一个月内说明理由。如果当事人不能在这个期限内提供明确的理由，对“法律”问题的上诉将转换为对“事实和法律”问题的上诉。② 同样，如果法院没有履行将这两种上诉的不同向当事人解释的义务，该当事人错误地提起对于“法律”问题的上诉，应当允许将无效的对于“法律”问题的上诉转换为有效的对于“事实和法律”问题的上诉。③

8. 以合理秩序排列的程序性后果

在上节中，笔者似乎已经通过分类法成功汇编了程序性后果的“百科全书”。这种分类是通往程序性后果整体化、统一化的必要步骤。很明显，根据前文列举的所有可能的程序性后果，每个法域具有的刑事诉讼行为瑕疵的应对措施都不全面。④ 如果这些瑕疵程序性后果没有在功能和语义上划分为某些种类，我们不可能开始评估和整合，程序性后果的编排仍然处于模糊不科学的状态。再者，这些程序性后果很明显还不够完整，有些可以从规则中推断的救济

---

① See BGHSt 82, 61, 转引自［德］克劳思·罗克信著：《刑事诉讼法》，吴丽琪译，法律出版社 2003 年版，第 488 页。

② See BGHSt 13, 388, 转引自［德］克劳思·罗克信著：《刑事诉讼法》，吴丽琪译，法律出版社 2003 年版，第 502 ~ 503 页。

③ See Köln NStZ 92, 204, 转引自［德］克劳思·罗克信著：《刑事诉讼法》，吴丽琪译，法律出版社 2003 年版，第 503 页。

④ 笔者已经在第三章中证明了三个代表法域的刑事诉讼法的程序性后果都是散乱的。

措施没有包含在这些分类中。例如，笔者将在下一章中提出的自动省略瑕疵和单纯宣告违法等没有在这些显见的程序性后果类别里出现。

一般说来，学者们倾向于列举和描述刑事诉讼行为瑕疵的程序性后果，而并不关注它们之间在功能上的逻辑关系。[①] 这些程序性后果的存在并不意味着每个法域刑事诉讼法都必须整体借鉴它们。换言之，这些程序性后果的完整性和可移植性无论如何都无法从它们的简单分类中推导出来。很明显，这离创设一个真正的科学理论距离尚远，因为我们并没有从中发现不同类别的程序性后果之间的科学关系。如果本书如此结束，这至多成立有限价值的描述性比较。从这些刑事诉讼行为瑕疵的程序性后果的表面上来看，我们是否可以发现它们之间的明显的科学规律，从而将它们编排成统一的整体呢？

在第三章笔者简要提及了我国学者关于程序性后果的观点。王敏远教授将程序性违法划分为严重的违法和较轻的违法，这种基于违法严重程度的排序似乎与随后列举的程序性后果的轻重相适应。然而，这种方法很明显不是绝对科学的，因为不同程序性后果的严厉程度很难衡量和比较，它们的适用情况和具体效果非常复杂多样。例如，没有证据表明非法证据排除就一定比减轻量刑严厉，反之亦然。排除掉一些关键的证据有时意味着指控无法成立，实际有罪的被告人可能被无罪释放。在这种情况下，非法证据排除明显比减轻量刑更加严厉。然而，有时非法证据排除对于案件判决的结果并没有任何实质影响，因为其他补强的证据可以用来证明同样的事项。在这种情况下，非法证据排除明显比减轻量刑更加温和。

另一种似乎可行的编排程序性后果的方法是根据瑕疵行为是否在广义上可以恢复。在此处，“可以恢复”包括两种情况：第一，

---

① 陈永生：《刑事诉讼的程序性制裁》，载《现代法学》2004 年第 1 期，第 87 ~ 96 页。

瑕疵刑事诉讼行为虽然被宣告无效，但是行为人可以重新作出另一个同类别的行为；第二，瑕疵刑事诉讼行为在刑事诉讼进程中被矫正。这里我们将探讨如何解释“恢复”的问题：根据赫拉克利特（Heraclitus）提出的唯物主义原理，即“人不可以两次踏入同一条河流”，重新实施的行为和被宣告无效的行为是否应当视为两个不同的行为？然而，如果整个刑事诉讼程序被看做一个处理刑事纠纷的连续体系，我们有必要假设两个行为归为同一行为。不仅如此，将这两者视为同一行为可以减轻我们计算的压力。

可恢复的程序性后果包括撤销决定/判决、手续无效、减轻量刑和瑕疵矫正。那些通常不会恢复的程序性成果包括整个刑事诉讼终止、非法证据/供述排除和无效诉讼行为转换。尽管这些分类似乎很合理，但不同程序性后果之间的逻辑关系并没有完全厘清。

这些分析仅仅为创设潜在的理论提供了一些零碎的线索。然而，这种进一步的分类离最终的程序性后果的系统整体并不遥远。如果同一组类别中不同程序性后果的逻辑关系能够确定，理论就会产生。这个连接彼此的关系应该是客观的而不是主观的。例如，程序性后果的轻重排列需要诉诸很多主观判断。这些主观判断难以科学地计算和评估，它们随着具体情况的变化而变化。

刑事诉讼法是一种程序法。在动态、连续的刑事诉讼进程中，将瑕疵的程序性后果结构化并不容易。例如，刑事诉讼行为所处的阶段等动态因素不应成为将要构建的理论框架的坐标。很明显，它们与上面总结的程序性后果并不是完全匹配的。因此，我们需要确定某些静态的因素，将它们作为揭示瑕疵及其程序性后果关系的理论框架的横轴和纵轴。静态因素之一必须与瑕疵刑事诉讼行为的法律后果（有效、无效和可撤销）有关，因为它们与上述程序性后果相匹配。笔者认为另一个静态因素应当与刑事诉讼行为自身有关，因为它是刑事诉讼程序的原子。在每个法域的刑事诉讼程序中，刑事诉讼行为都是最基本、客观的成分。但是，该轴应当是刑事诉讼行为的内在特性划分，而不是刑事诉讼行为的要素，原因如下：

通过静态的观察，在这个框架中影响具体程序性后果的因素可能包括：刑事诉讼行为的特殊品质（即属于何种刑事诉讼行为）和刑事诉讼行为瑕疵的状态（即刑事诉讼行为的哪种组成要素是有缺陷的）。后者在本章的开始已经被证明不适合用来构设理论。如果将刑事诉讼行为瑕疵的状态和法律后果视为横纵坐标，本书的讨论将会非常烦琐，并且充满了过多的主观判断。刑事诉讼行为的具体要素的分析非常复杂，我们不可能找到可数的程序性后果与某个诉讼行为的某个要件的瑕疵相匹配。我们无法查找固定的原则，以解释为什么某个要素的瑕疵必然与某个后果相匹配。相反，关于刑事诉讼行为的特殊品质，一些基本的分类可以从德国法律科学家的作品中查找，也可以从笔者前文的分析中获得。

三、分类法的两个突破点

为了在上述总结的程序性后果分类基础上创设一个统一的理论框架，我们有必要对刑事诉讼行为作进一步分类。这些分类必须是客观、可靠的。通过结合这些分类，我们可以在这个完整的框架中发现不同刑事诉讼行为瑕疵及其程序性后果之间交织的关系。[①] 实体形成行为（如当事人在庭审中出示证据）、程序形成行为（如法庭传唤被告人）、裁判行为（如法官对案件的判决）的分类是一个突破点，因为该分类确实体现了不同类型刑事诉讼行为的独特性。刑事诉讼程序由国家机构主体与私主体组成，他们之间的关系体现了分配正义。对于这两类主体有着不同程度的法律控制。因此，职权行为（如警察讯问被告人）和非职权行为（如被害人对检察院不起诉表示不服）的分类是建构该理论的第二个突破点。只有适

---

① 用以将刑事诉讼行为瑕疵及其程序性后果理论化的分类比其他的分类法更加科学。通过该分类法所得出的结论必须足够抽象并成立一个理论，而同时它又必须能够囊括足够的变量。See U Mattei，'Three Patterns of Law：Taxonomy and Change in the World's Legal Systems'（1997）45 AJCL 8.

当地运用这两种分类法，科学的理论才可能最终确立。

（一）实体形成行为、程序形成行为和裁判行为

1．实体形成行为

实体形成行为又称为心证形成行为，是指影响案件处理机关内心判断和处分性决定（dispositive decision）的刑事诉讼行为。例如，当事人在庭审中出示证据是为了影响法官对于案件的内心推理和最终的裁判。全部的实体形成行为必须由案件处理者的内心客观地评价，并且在因果关系的基础上重新组织，形成对于该事项的一般认识。实体形成行为的程序性后果与刑事诉讼法三项目的之一的实体真实息息相关。因此，实体形成行为并没有民事法律行为那样的形式性和自愿性的特征。民事法律行为一般用以产生某种法律交易形式，然而实体形成行为是用来影响案件处理者的决定。

值得注意的是，并不是所有的处分性决定都由法院作出。例如，检察官可以在收到警察移送审查起诉报告后决定不予以起诉。那些影响案件处理重要事项决定的行为也可以视为实体形成行为。因此，这些其他的实体形成行为可以提请侦查人员、检察官或法官回避的理由书、申请上诉期间回复原状的理由书等为例。对于这些事项的证明标准将可能低于给被告人定罪所需要的“超出合理怀疑”或者同等的确定标准。对这些事项的具体证明标准需要由各国刑事证据法具体规定。

2．程序形成行为

程序形成行为是通过引导下一个诉讼主体的具体行为来推动刑事诉讼进程的行为。例如，作为一个程序形成行为，有权机关（如检察院或法院）签发逮捕令可以引导法律执行人员（如警察）逮捕犯罪嫌疑人。程序形成行为非常具有形式性。例如，法官签发的逮捕令必须要注明被逮捕人涉嫌的罪名，在该逮捕令上还应当有该负责法官的署名。程序法定是对程序形成行为的主要支配目的。相应地，程序形成行为的效力与行为是否符合法律规定密切相关。因此，程序形成行为具有民事法律行为的一些特征。实体形成行为

（如被告人向法庭的最后陈述）用来影响案件的最终处理，然而程序形成行为起不到这样的作用。最为典型的程序形成行为之一是检察官向法庭提起公诉。它并没有直接影响法官的心证，而只是形成一种推动程序向判决前进的程序关系。再者，与实体形成行为相反，程序形成行为的形式性特征必须与具体情况的妥当性相协调，因为在通往结案的进程中，程序形成行为体现了连续性特征。具体情况的妥当性主要服务于法律和谐的目的。它意味着有时严格的手续性必须适当地牺牲，以满足终结案件的需要。

当然，程序形成行为和实体形成行为通常相互联系。例如，侦查机关搜查证据是程序形成行为，而检察官在法庭上出示该项证据是实体形成行为。如果程序形成行为有缺陷甚至无效，它将可能对下面的实体形成行为的法律效力造成影响。例如，如果证据搜集程序严重违法，证据可能被排除，不能作为定案的依据。同样，如果实体形成行为有缺陷甚至无效，它将可能对后来的程序形成行为造成影响。例如，如果警察出示的非法证据被检察官采纳，随后的指控很可能是可撤销的。

一些诉讼行为兼具实体形成行为和程序形成行为的特征。例如，被害人的陈述既包含了证据性质的展示，又包含了个人诉求。例如，要求被指控的被告人给予附带民事赔偿。因此，实体形成行为和程序形成行为并不是没有任何交叉重叠部分的。

3. 裁判行为

裁判行为（如法官对案件的判决）是一种特殊的刑事诉讼行为。它不仅起到确认案件实体事实的作用，而且在很多情况下终结了整个案件。这种对于案件的终结效果对于裁判行为是非常重要的。由于这个特征，它有别于某些兼具实体形成行为和程序形成行为特征的行为，如被告人对于指控的答辩。程序合法和实体真实对于裁判行为同样重要。因此，我们有必要将其单列为一种刑事诉讼行为。

我们有必要重点考察某些沟通性行为，这些行为看起来很难分类。例如，在英美法系刑事诉讼制度中，法官有时需要向陪审团界定犯罪的要件，告诉他们确定的答辩方的证据，并且给他们关于证明责任和/或标准的足够指导。当然，将法官和陪审团简单地视为一体的裁判主体是不妥当的。他们两者的功能非常不同，甚至在很多情况下彼此互相排斥。我们需要基于行为的外在特征识别这两个主体间行为的类别。有时它是实体形成行为，而有时它又是程序形成行为。如果法官对陪审团进行事实上的指导，如提醒陪审团注意令人怀疑的证据，这就是实体形成行为。如果这种指导是关于审判实践和程序的，如陪审员的宣誓，这就是程序形成行为。

（二）职权行为和非职权行为

民事诉讼纠纷是平等主体之间的对抗，然而刑事诉讼通常假定为强大的国家机构和弱小的个人之间的对抗。刑事诉讼理论一直围绕着如何保障刑事诉讼中私主体（尤其是被告人）的权利，如何阻止职权机关滥用权力，如何使得对抗双方武器平等而展开。① 刑事诉讼法是宪法的测震仪。职权刑事诉讼行为容易干预被告人的基本/根本权利，所有刑事诉讼法总是确立一些有利于被告人的原则，如存疑有利于被告人原则（in dubio pro reo）、无罪推定原则（presumption of innocence）和人权保护原则。② 在法学界普遍接受的一种观点是“错误的有罪判决比错误的无罪判决更加严重”。③ 因此，刑事诉讼行为主体应当包括两类：(1) 以公共强制力为后盾的国家职权主体，包括警察、检察官和法官等；④ (2) 毫无抵抗力的非职权主体，尤其是犯罪嫌疑人/被告人。如果职权行为与非职权行为

---

① 参见陈瑞华：《大陆法中的诉讼行为无效制度——三个法律文本的考察》，载《政法论坛》2003 年第 5 期，第 105 页。

② See HH Jescheck, ‘Principles of German Criminal Procedure in Comparison with American Law’ (1970) 56 Va. L. Rev. 247.

③ See A Ashworth and M Redmayne, The Criminal Process (3rd edn OUP, New York 2005) 361.

④ 安德鲁·阿什沃思甚至认为“国家在所有方面都是强大的。” See A Ashworth and M Redmayne, The Criminal Process (3rd edn OUP, New York 2005) 365.

以同样的方式对待，这将加剧两种主体之间的不平等性，使得刑事诉讼法趋于不合理。

根据社会分工，绝大多数职权主体是查找犯罪事实、追究犯罪责任的专业人员。他们重复实施的活动是由国家赋予的强制力为保障的。程序的公平性在很大程度上依赖于刑事司法人员权力的正确行使。职权主体行为影响着被告人和其他私主体的程序权利保护。所有这些因素决定了职权行为相对于非职权行为的特殊性。相反地，非职权主体没有足够的专业知识，当国家机关人员侵害其权利时，他们往往只有有限的抵抗能力。大多数职权主体尤其是被告人和证人，是偶然陷入刑事诉讼程序的主体。很明显，法律规定职权诉讼主体必须在权限内实施行为，这种规定并不适用于被告人或证人等非职权主体。

因此，当程序错误发生时，职权诉讼行为应当比非职权诉讼行为遭受更为严格的程序性后果。① 在理论上，职权瑕疵行为绝对无效的可能性要比非职权瑕疵行为要大。相反地，刑事司法机关应当承担一定的照顾和指导外行的义务。② 这意味着一些非职权瑕疵应当被适度容忍。

笔者将通过对比检控方和被告人来进一步证实上述论证。很多相关的事实可以表明这种差异。例如，在英国，检控方上诉比被告人上诉受到更多限制，检控方的上诉权也比被告人少。在德国，仅对法律上诉或终局判决的再审程序可以用以救济审判中的程序瑕疵。然而，在这两类救济中，上诉不加重（prohibition of reformatio in peius）都是一项原则。③ 在我国，证据规则主要用来限制控诉方

---

① See A Ashworth and M Redmayne, The Criminal Process (3rd edn OUP, New York 2005) 338.

② 在民事诉讼程序中，法院的这项义务没有刑事诉讼程序中重，因为民事诉讼程序与分配正义联系较少。

③ 参见德国刑事诉讼法第358（2）、373（2）条。

而不是被告人。[1] 很明显，法律赋予了被告人更多的保护措施。相反，在很多情况下，检控方有义务对被告人适当照顾。

根据上述划分，裁判行为只能被纳入职权行为，因为非职权主体不可能承担裁判者的角色。然而由于对法律安全性和手续确定性的强调，对于裁判行为瑕疵，有必要比其他职权行为瑕疵更加严格地解释。基于上述分析，职权行为和非职权行为的界分是建构统一理论的一个重要突破口。

刑事诉讼行为的两组界分非常科学。他们可以使得诉讼行为瑕疵变动的程序性后果相对原则化。此外，他们易于操作，可以用来减轻我们涉及法律细节的压力。为了创设统一的理论，我们需要参考这两组刑事诉讼行为分类，将现有的诉讼行为瑕疵的程序性后果进行分类，并将他们相互匹配起来。例如，正如下文所述，非法证据排除可以与实体形成行为匹配。职权行为瑕疵的排除范围比非职权行为瑕疵更宽。

在本章中，笔者尝试全面地移植民事法律行为理论，用以将刑事诉讼行为理论化。由于民事法律行为和刑事诉讼行为的内在差异，笔者无法确立与民事法律行为理论采纳的类似的单一公式，以调整瑕疵与后果之间的关系。因此，笔者采用分类法以创设统一理论。通过这种方法，笔者试图根据前人努力的方向，归纳刑事诉讼行为的要素，划分刑事诉讼行为瑕疵的程序性后果。然而，我们无法从这些分类中立即获得一个完整的理论。随后，笔者确立了继续分类的两个突破点：（1）区分实体形成行为、程序形成行为和裁判行为；（2）区分职权行为和非职权行为。

---

① See M Damaška, 'Evidentiary Barriers to Conviction and Two Models of Criminal Procedure: A Comparative Study' (1973) 121 U. Pa. L. Rev. 506. See the Evidence Exclusion Rules; the Death Penalty Evidence Rules.

第六章　统一、科学的理论：框架及其附属程序机制的分析

在上一章中，民事法律行为理论为我们提供了三种进路，用以建构统一、科学的行为瑕疵及其程序性后果的理论。这些努力尽管未能直接产生相关理论，但是至少可以让我们发现似乎有用的程序性后果分类。这些程序性后果包括终结整个刑事诉讼程序、撤销决定/判决、排除非法证据/供认、手续无效、瑕疵矫正和无效诉讼行为转换。

通过两组刑事诉讼行为分类，我们可以将上述这些程序性后果重新排列在一个全新的、完整的框架中。第一组行为分类是实体形成行为、程序形成行为和裁判行为；第二组分类是职权行为和非职权行为。该理论框架囊括了所有可能的应对程序瑕疵的程序性后果。这些后果超出了上一章中显见的后果分类。对于复杂的理论构建而言，分类学是必要的手段。但是，单纯地运用分类学不足以将该领域科学化、理论化。为了使该框架体系具有科学指导意义，我们有必要从系统、完整的程序性后果中发现创新之处。①

首先，笔者将通过逻辑分类法，将刑事诉讼规则、诉讼行为瑕疵和程序性后果层层揭示并举例说明，最终建构一套解释所有诉讼

① 根据科学哲学原理，一项科学的理论必须符合两个要件：首先，它需要一定程度的自洽性；其次，它应当至少有一些创新之处。理论的表述总是简洁、抽象的，而又同时是有机建构的。在一项完整的理论中，不同的核心概念和原理必须相互联系、合理排序，使得原理内部具有规律性。See AF Chalmers, What is this Thing Called Science? An Assessment of the Nature and Status of Science and its Methods (2nd edn The Open University Press, Milton Keynes 1982) 84.

行为瑕疵及其程序性后果的完整、和谐的法理框架。许多用以阐释该理论的例子来源于前面的章节。然而，由于这是一个囊括所有瑕疵及其后果的框架结构，我们将援引一些超出前述章节的例子。这也同时印证了第三章所论证的结论，即在每个法域的刑事诉讼制度中，刑事诉讼行为瑕疵的程序性后果都是不全面或不完整的。

然后，笔者将尝试初步地归纳各法域刑事诉讼规则中瑕疵救济的程序机制的共同之处。笔者将从下列两个方面探讨这个附属的程序事项：机构设置（即法定的对于瑕疵提出异议及其处理的权利/权力分配）和结构控制（即程序主体用以确保彼此遵守规则的机制）。

一、统一的理论框架：具体的分层

（一）刑事诉讼规则：宣示性规则和效力性规则

根据行为违反规则是否造成“不利的程序性后果”（或程序制裁），刑事诉讼规则可以分为宣示性规则与效力性规则。只有违反效力性规则的刑事诉讼行为才有可能在程序上被认定为无效。宣示性规则只有程序模式规定，而没有包含相应的程序性后果。行为违反宣示性规则时往往成立无害瑕疵（harmless error）或技术性瑕疵（technical error 或 error in vacuo）。案件处理机关有时需要单纯宣告这种瑕疵违法，该后果对于整个刑事诉讼进程没有任何实质影响，因而不能被视为程序性制裁。在其他情况下，案件处理机关不需要对这种瑕疵作出任何程序上的回应。

1. 宣示性规则

并非所有的刑事诉讼规则都属于效力性规则。有些刑事诉讼规则与劝导性的指导章程相似，违反该类规则不会造成负面的法律后果。例如，在德国与刑事诉讼程序相关的判例中，如果诉讼主体违反“不完全的秩序法条”（imperfekte Ordnungsvorschrif－ten），这种违法不会产生任何不利的法律后果。[①] 一些规则附有实体法上的制裁（如罚款），但没有附着程序法上的制裁。违反这些规则并不会中断或终止刑事诉讼流程，违法刑事诉讼行为在推进流程方面始终有效。例如，根据德国刑事诉讼法第 77（1）条规定，如果有义务当庭出具意见的鉴定人应传不到庭或者拒绝作鉴定，法院应对其科处强制性的罚款。如果该鉴定人仍然不服从命令，法院还应再次对其科处罚款。然而，该项规则并没有列明该瑕疵具体的程序性后果。

宣示性规则并不等同于指令性规则（directive rules）。大多数刑事诉讼规则没有明确列明程序性后果。然而，这并不意味着这些规则必然是宣示性规则。如果对指令性的程序规则加以目的性解释，受害人有权对许多严重违反规则的瑕疵提出上诉或者其他形式的异议。这种救济可能使得诉讼程序最终无效，因此该类规则有别于宣示性规则。强制性规则（mandatory rules）和指令性规则（directive rules）的界分值得质疑，[②] 因为规则可能既是强制性的，又是指令性的。[③] 这组二元界分回避了一个重要的问题：违反规则的行为是否有效。[④] 学界对于这组界分仍然有很多争论，此处对其讨论，目的仅在于澄清宣示性规则和效力性规则的定义。

由于不利程序性后果的缺失，宣示性规则（尤其是与裁判相关的规则）的范围应当被严格限定。[⑤]刑事诉讼法应当具有可执行性，如果某部刑事诉讼法含有大量的宣示性规则，整个刑事诉讼制

---

① 参见［德］克劳思·罗克信著：《刑事诉讼法》，吴丽琪译，法律出版社 2003 年版，第 521 页。

② See Project Blue Sky Inc v Australian Broadcasting Authority（1998）194 CLR 355；Attorney – General's Reference（No. 3 of 1999）［2000］UKHL 63.

③ See HWR Wade and CF Forsyth（eds），Administrative Law（8th edn OUP，2000）228.

④ See Project Blue Sky Inc v Australian Broadcasting Authority（1998）194 CLR 355.

⑤ 参见［德］克劳思·罗克信著：《刑事诉讼法》，吴丽琪译，法律出版社 2003 年版，第 521 ~522 页。

度就会流于形式。当然，为了使刑事诉讼法与所处的社会环境变化同步，某些宣示性的规定应当保留，并相应增加一些宣示性规定。这些弹性的规则可能使刑事诉讼制度在应对个案时更加灵活。

考虑到法律的权威性和简洁性，违反宣示性规则行为的程序性后果往往没有直接规定。我们往往需要在了解整个刑事诉讼规则之后才可能识别宣示性规则。这里笔者将首先介绍特殊情况（明确规定的宣示性规则），然后再探讨一般情况（隐含的宣示性规则）。

（1）明确规定的宣示性规则。

在极少数情况下，刑事诉讼法中有明确规定的宣示性规则。例如，根据法国刑事诉讼法第 308 条规定，重罪法庭进行听证程序时音响录制方法的规定“不受程序无效的约束”。除此之外，一些法律教义也载明了宣示性的规则。例如，在法国刑事诉讼程序中，如果重罪法院要对违法无罪判决加以制裁，唯一的可能是“谴责错误判决，但是仍然维持该判决的效力。”①

（2）隐含的宣示性规则。

绝大多数宣示性规则并没有明显地规定在法律中。例如，根据德国刑事诉讼法第 145a 条规定，如果法院将上诉或抗告的裁判送达给辩护律师或者被告人的一方，也应当同时通知另一方。然而，违反该项规定不仅不会阻止期间的计算，也不能使期间回复原状。② 另外，如果程序性后果难以从刑事诉讼规则推导出来，该项规则是否是宣示性的需要诉诸目的性解释。例如，根据《英国刑事法庭指南》（Crown Court Manual）第 13.9.1 条规定，法庭书记员必须“在起诉书的最后一个罪项的正下方签名并记明日期。”签名的目的是证实起诉书的制作者。然而，签名“在起诉书的最后一个罪项的正下方”便是宣示性的。如果签名出现在起诉书的开

---

① See V Dervieux, ‘The French system’ in M Delmas - Marty and JR Spencer (eds) European Criminal Procedures (CUP, Cambridge 2002) 232.

② See BGH NJW 77, 640; Hamburg NJW 65, 1614，转引自［德］克劳思·罗克信著：《刑事诉讼法》，吴丽琪译，法律出版社 2003 年版，第 494 页。

始，起诉书并不会因此而无效。[①]

由于没有行为无效的可能性，这些技术性的瑕疵可以自动省略（即没有否定其效力）。例如，如果被告人在法庭辩论中违反法律规定重复论述某一问题，法庭可以保持沉默，自动省略这种技术性瑕疵。有时即使案件处理机关通过相关的裁定或决定谴责某个违法行为，该瑕疵行为及其后续行为仍然是有效的。例如，如果侦查机关在调查搜集证据时实施了某些技术性瑕疵，法院可能会公开谴责该类错误违法，但是证据本身仍然有效。欧洲人权法院已经将这种单纯的宣告违法作为诉讼行为瑕疵的一般性的救济手段。[②] 这种救济不同于瑕疵的矫正（即可宣告无效的行为治愈），因为这种可矫正的瑕疵也可能被宣告无效。这种单纯的宣告在程序后果的评价上并无实际意义，因为规则本身是宣示性的，受该规则指导的诉讼行为无论如何都是有效的。然而，在有些情况下，即便诉讼行为只是轻微违法，案件的处理机关也有必要以裁定或决定将其鉴别，并加以否定。这种额外的裁定或决定具有谴责违法的象征性功能。案件处理机关通过这种方式表明，瑕疵行为不为现有的法律秩序所支持。

在处理宣示性规则违法时，我们有必要参考两组二元界分：职权行为（如警察讯问被告人）和非职权行为（如被告人向警察供述犯罪事实）；实体形成行为（如公诉人向法庭出示指控所依据的证据）、程序形成行为（如警察向法院申请搜查令）和裁判行为（如法官对于刑事案件的判决）。一般说来，职权行为可以视为公共服务，因此较非职权行为更加正式和严肃。同样，程序形成行为一般需要较实体形成行为满足更多的程序要件。程序形成行为用来引导下一个程序，然而实体形成行为用以影响案件处理人员的内心

---

① See R v Laming (1989) 90 Cr. App. R 450.

② See B Emmerson and A Ashworth, Human Rights and Criminal Justice (Sweet & Maxwell, London 2001) 17 – 33; A Ashworth and M Redmayne, The Criminal Process (3rd edn OUP, New York 2005) 357.

判断。

单纯宣告违法可用以处理职权性的程序形成行为的技术性瑕疵和裁判行为的技术性瑕疵。也就是说，在处理这两类行为技术性瑕疵时，单纯宣告违法可以替代瑕疵的自动省略。单纯宣告违法可以在一定程度上威慑职权违法，训诫相关具有公权力的人员。[①] 单纯宣告违法可以看成是对于职权主体名誉上的制裁，因为它具有明显的象征性的否定效果。[②] 当某一无害的行为瑕疵被案件处理机关宣告违法时，刑事司法工作人员可能会因遭遇谴责而感到尴尬。而且，“违法”往往不只是对相关当事人的交代，是向公众宣告的，因此更可能会“引起违法者的羞耻感”。[③]

对于实体形成行为的技术性瑕疵，案件处理机关往往没有必要宣告违法。实体形成行为的目的在于影响案件处理主体的判断。所有的实体形成行为必须要在随后由裁判者根据经验法则、逻辑规则和自己的理性良心进行全面的内心评估，即使严重不合法也可以由裁判者在心证中予以排除。单纯谴责某项实体形成行为技术性错误违法并不经济。以当事人向法庭出示证据的技术性瑕疵为例，宣告行为违法可能会中断当事人证据出示的连续性，对当事人正常地出示其他证据造成不利，并可能影响案件最终的判决。

2. 效力性规则

那些一旦违反便可能或者必然导致行为无效的规则是效力性规则。绝大多数刑事诉讼规则都是效力性规则，否则整个刑事诉讼制度就会退化为一系列的行为指南，因为宣示性的救济对于程序进程

---

① 此处，处理宣示性职权刑事诉讼行为瑕疵所采用的措施，与我国行政诉讼中处理被诉具体行政行为违法，但不具有可撤销内容的情况极为相似。参见马怀德主编：《行政诉讼原理》，法律出版社2003年版，第422页。

② 基于这种原因，伊恩·丹尼斯（Ian Dennis）也建议，在英国刑事诉讼法中引入单纯宣告违法这一惩戒机制，以应对诉讼行为瑕疵。See I Dennis，‘Fair Trials and Safe Convictions’（2003）56 CLP 211，223.

③ See CS Steiker，‘Punishment and Procedure：Punishment Theory and the Criminal－Civil Divide’（1997）85 Geo. L. J 807.

通常是没有改变效应的。[①] 例如，根据英国 1933 年裁判管理（各类规定）法（Administration of Justice（Miscellaneous Provisions）Act 1933）第 2（1）条规定，起诉书必须由合格的法庭办事员签名，否则起诉书以及对该起诉的判决是无效的。[②] 再如根据德国刑事诉讼法第 275（2）条规定，判决书必须由审判法官签名，否则将成立第 338（7）条规定的绝对上诉理由，一旦当事人对该瑕疵提起上诉，上诉法院必然撤销该瑕疵判决。[③] 上诉理由所援引的规则都是效力性的。如果欠缺签名的起诉书或判决书是绝对有效的，这将侵害相关当事人的利益，有违程序法定的宗旨。

我们往往将效力性规则与行为无效联系在一起，然而并不是所有的瑕疵诉讼行为都会被宣告无效，因为程序法定不是刑事诉讼法的唯一目的。当其他两项目的（实体真实与法律和谐）的分量超过程序法定时，案件的处理机关可以使用自由裁量权矫正刑事诉讼行为瑕疵。

（二）违反效力性规则的诉讼行为：绝对无效行为和相对无效行为

违反效力性规则的刑事诉讼行为可能或必须被宣告无效。然而，为了确保连续的刑事诉讼程序整体有效，绝大多数违反效力性规则的诉讼行为是有效的，而无效往往是例外。[④] 这意味着矫正比宣告无效更多地用以应对刑事诉讼行为瑕疵。因此，研究刑事诉讼

---

① See SB Starr, ‘Sentence Reduction as a Remedy for Prosecutorial Misconduct’ (2009) 97 Geo. L. J 1536.

② See, e. g., R. v Morais (Carlton) (1988) 87 Cr. App. R. 9.

③ See BGHSt 26, 247, 转引自［德］克劳思·罗克信著：《刑事诉讼法》，吴丽琪译，法律出版社 2003 年版，第 463 页。

④ 例如，在澳门等很多大陆法系法域，瑕疵刑事诉讼行为的无效遵循着“法定性原则”(pricipio da legalidade)。这意味着只有法律明确规定无效的情况下，违法刑事诉讼行为才可能被宣告无效。参见澳门刑事诉讼法典第 105（1）条。

行为的程序上的效力，应当从行为无效入手。①

从理论上来看，违反效力性规则的瑕疵刑事诉讼行为可以划分为绝对无效行为和相对无效行为。② 日本学者富井政章以人体为例，区分了这两种瑕疵：绝对无效行为好比死尸，无论如何治疗都不可能救活，而相对无效行为就好比病人，仍然有恢复健康的可能性。③ 绝大多数瑕疵行为属于相对无效，绝对无效是例外。

1. 绝对无效行为

绝对无效行为又称为不可矫正的无效行为，它是指违法程度严重，在任何情况下，都可以被自动视为无效或不予考虑的行为。例如，如果不具备诉讼主体资格的人申请法官回避，则该回避申请绝对无效。再如，如果法官在没有审查任何相关证据，不了解任何案件事实的情况下，便径直作出有罪判决，则该判决很可能绝对无效。与民事法律行为理论所采纳的方法相似，如果某一刑事诉讼行为瑕疵触犯了强行性法律或基本刑事诉讼秩序，它将绝对无效。例

① 参见曹鸿兰：《刑事诉讼行为之基础理论Ⅰ：刑事诉讼行为之效力》，载陈朴生编：《刑事诉讼法论文选辑》，台北五南图书出版公司 1984 年版，第 80 页。

② 从最广义的角度来看，无效的相对性包括对事相对性和对人相对性。对事相对性可以分为静态的相对性、动态的相对性和转换的相对性。静态相对性是指某个行为的效力可以从不同的方向观测。例如，检察官超出管辖权提起公诉，法院不得对超出管辖权的公诉做实体性判决，然而该提起公诉仍然具有停止追诉期限计算的效力。动态相对性与诉讼的阶段性以及发展性相关，即某个诉讼行为可能在某个阶段或某段时间有效，而在另一个阶段或另一段时间无效。例如，被告人对一审判决依法提起有效上诉，然而后来他撤回了该项上诉，以前有效的上诉可能变成无效。转换的相对性特指无效诉讼行为转换，即某个无效行为转换为另一个具备相似要件的有效行为。对人的相对性是指行为只对某些主体无效，而对另一些主体则未必无效。例如，对于共同被告人的证据调查行为可能对于某个被告人无效，而对其他共同被告人未必无效。参见曹鸿兰：《刑事诉讼行为之基础理论Ⅰ：刑事诉讼行为之效力》，载陈朴生编：《刑事诉讼法论文选辑》，台北五南图书出版公司 1984 年版，第 99 ~ 103 页。为了减少本书的复杂性，除了无效诉讼行为转换，其他方面的无效相对性将不予考察。某个诉讼行为对于整个刑事诉讼程序的构建将被认定为判断它是否在程序上有效的主要标准。

③ 参见［日］富井政章著：《民法原论（第一卷）》，陈海瀛、陈海超译，中国政法大学出版社 2003 年版，第 312 ~ 313 页。

如，如果某个行为违反了“禁止双重危险”或“一事不再理”原则，它可能绝对无效。再如，如果法庭在公开审理案件之前，秘密地判处被告人有罪，那么该判决违反了基本的刑事诉讼秩序，因而绝对无效。

对于绝对无效行为的宣告仅具有确认无效的功能，因为行为自始无效，并且不可治愈。尽管这种无效宣告是象征性的，它仍然可以用来威慑有职权的办案人员（如警察、检察官和法官等）的绝对无效行为；这尤其适用于重要的裁判行为（如法官对案件的判决）和职权程序形成行为（如检察官提起公诉）。无效的宣告可以应相关当事人的申请作出，也可以在未经当事人申请的情况下仅由案件处理机关自行作出。对于实体形成行为的绝对无效没有必要宣告，因为这种无效可以连同其他实体形成行为，在程序的下一阶段由案件处理机关进行内心评估。

2. 相对无效行为

相对无效行为是指违法程度相对轻缓，在刑事诉讼程序的某一阶段或法定时限内，可以依职权或依申请宣告无效的行为。如果行为没有被宣告无效，它将被矫正。例如，根据我国《非法证据排除规定》第 14 条规定，物证、书证的取得明显违反法律规定，可能影响公正审判的，可能会被宣告无效。如果经过补正或者作出合理解释，瑕疵物证、书证仍然可以作为定案的证据。排除法有时也可以用来确定相对无效行为的范围，即绝对无效行为以外的所有违反效力性规则的行为都是相对无效行为。

与对于绝对无效宣告的确认性功能不同，对于相对无效的宣告具有创设性功能，因为相对无效行为通常在正式宣告无效之前被视为有效，即在撤销前推定为有效。例如，在英国刑事诉讼程序中，违反正当程序（due process）的刑事诉讼行为可能会直到判决由上诉法院撤销时才可能无效。根据是否依申请宣告无效，相对无效行为可以划分为有撤销必要性的无效行为和有撤销可能性的无效行为。[①]

(1) 有撤销必要性的无效行为。

有撤销必要性的无效行为受职权主义支配，应当由案件处理人员（如审判法官）直接宣告无效。这种无效宣告对于案件处理人员来说不仅是权力，也是义务。例如，如果公诉欠缺必需的程序要件，法庭应当根据法律依职权将案件驳回。

(2) 有撤销可能性的无效行为。

有撤销可能性的无效行为受当事人主义支配，绝大多数必须由受瑕疵行为影响的当事人提起后方可宣告无效。该当事人必须有权提起撤销申请，即具有第一次评价行为的权利。如果无效的处罚是用于保护某个诉讼主体，该诉讼主体必须在这个目的内提起无效申请。相反地，如果某个瑕疵行为对该诉讼主体有利，他不应当允许向案件处理机关申请宣告该瑕疵行为无效。这个申请可以是投诉、上诉或者其他形式等。例如，在英国刑事审判中，当违反正当程序的行为发生时，被告人有权申请批准（leave），以使案件由上诉法院审判。一般说来，无效申请者对于整个刑事诉讼以及该瑕疵行为均有利益。[②] 相关当事人需要在自己的利益范围内申请无效宣告。超出这个范围，申请权一般不应存在。有时这个申请并不由遭到瑕疵行为侵害的当事人提出，而是由对于无效有间接利益或者有责任保护被侵害当事人的主体提出。例如，对于侦查机关非法扣押律师办公室里的文件，律师公会会长或代表可能可以对此提出异议。[③]

① 这里笔者将区分撤销（rescission）与撤回（revocation）。撤销是案件处理机关以存在瑕疵为理由，否定行为效力；通过撤销行为使之无效，整个刑事诉讼可能会退回到无效程序没有发生的阶段。相反地，撤回通常是由行为人否定自己以前的行为，它不以行为存在瑕疵为理由。

② 法国刑事诉讼法第五章所规定的“实质无效”可以用以例证该等“利益”。实质无效的认定以行为侵犯当事人的利益为前提。

③ 参见法国刑事诉讼法第56－1条。

依据相关当事人的无效申请，案件处理机关决定瑕疵刑事诉讼行为是否应当宣告无效，即具有第二次评价行为的权利。案件处理机关可以是第一审法院、上诉法院，也可以是有权分流刑事诉讼的检察机关等。再以英国刑事审判中的正当程序违反为例，上诉法院可以宣告无效并驳回有罪判决。同样，由于当事人主义的支配，在宣告行为无效之前，往往需要行为的异议者和作出者之间进行对质。

（三）相对无效诉讼行为的程序性处理：宣告无效和瑕疵矫正

从逻辑上来看，瑕疵行为在程序上可能无效（void），也可能有效（valid）。因此，相对无效诉讼行为的程序性处理可能是宣告无效（nullification），也可能是瑕疵矫正（regularisation）。这两者对应了法律后果评价的二元界分：否定评价和肯定评价。宣告无效意味着瑕疵行为不会起到参与整体程序建构的作用。瑕疵矫正意味着非法程序实现了预期的程序上的效果。例如，根据我国刑事诉讼法第59条规定，公安机关违反法定程序，逮捕犯罪嫌疑人，有可能被人民检察院宣告无效，即不予以批准逮捕，也有可能被矫正，即批准逮捕。

即使有一些折中的方案，诉讼行为都必然被有效/无效所评价。以上一例为证，如果公安机关对检察院不予批准逮捕的决定不服，认为有错误时，它可以启动复议程序。[①] 如果意见不被接受，公安机关还可以向上一级人民检察院提请复核。上级人民检察院应当立即复核，作出是否变更的决定，通知下级人民检察院和公安机关执行。[②] 然而，最终的程序结果是批准逮捕或者不批准逮捕，不可能有其他的选择。一旦某个行为被宣告无效，将会产生被宣告无效的程序段（或者适当的部分）是否应当重做的问题。

在绝大多数情况下，相对无效行为在经历了很多程序步骤和时

① 参见我国刑事诉讼法第70条。

② 参见我国刑事诉讼法第70条。

间之后才会被发现。例如，侦查人员采用威胁手段询问证人，这个错误可能不会立即被相关当事人发现和提出异议。证人证言因而被收集，并且可能由公诉机关在庭审中予以出示。在上诉程序中，包括该证人证言在内的所有证据仍然可能被使用。案件处理机关通常不太可能或者难以衡量程序瑕疵对于整个刑事诉讼进程的不利影响。在这种情况下，我们如何在不同的刑事诉讼阶段对该瑕疵作出相对合理的处理呢?

在作出这项裁定或决定之前，案件处理机关必须考虑三项相互竞争的刑事诉讼目的：实体真实、程序法定和法律和谐。任何片面的、迎合某一目的的选择都可能造成刑事诉讼程序的不合理。例如，如果过于强调程序法定，这就使得案件处理机关容易僵硬地解释诉讼规则。任何微小的瑕疵都可能造成行为无效并且需要重新实施该行为。很明显，片面地牺牲实体真实和法律和谐是不合理的。试想这样一种场景：相关当事人试图在刑事诉讼程序中寻找所有行为瑕疵，每一个细微的程序错误都会造成相关的程序重做。在这种情况下，一个案件可能需要很多年才能审结。如果每个瑕疵行为都需要被宣告无效，重新作出，这必然削足适履，整个刑事诉讼体系难以正常地运转。

三项目的（实体真实、程序法定和法律和谐）必须要在整体刑事诉讼程序的背景下权衡。不考虑诉讼行为所处的阶段，死板地将个别解决方案普遍适用于某类相对无效行为是荒谬的。一般来说，某个相对无效行为在一定时限内或某个阶段可以被宣告无效。在这个时限或阶段，程序法定目的占优。然而，随着时间的流逝和诉讼的发展，某个行为的无效会使随后的行为以及整个诉讼不经济，并且（在最坏的情况下）使整个诉讼进程终止。在这种情况下，实体真实和法律和谐应当比程序法定更值得考虑。以上述询问证人程序违法为例，它可能直到一审判决时才被发觉。这在德国刑事审判中，当事人需要根据德国刑事诉讼法第 341（1）条规定，在判决宣告后一个星期内，对该违法判决提起上诉。然而，当事人没有在法定期间内提起上诉，行为瑕疵将可能被矫正。总之，该瑕疵行为被宣告无效或矫正与整个程序的进展息息相关。

除了使用刑事诉讼法的三项目的来判定瑕疵行为是否应宣告无效或矫正之外，我们还可以采用一个更为微观的“利益权衡法”解释这种选择。事实上，不同诉讼主体的多元利益的合法化必须以这三种目的为依据。相反地，不同利益的整体都应该用以实现这三种目的。尽管平衡利益的方法很难精确使用，它却可用以在整体刑事诉讼程序的背景下理解宣告无效和瑕疵矫正的区别。这种方法也可用以分析选择某种程序性后果的原因，并且成为自由裁量权必然存在的理由。

由于整个刑事诉讼程序中充满了多元的利益，相对无效行为并不必然在效力上被否定。只有当无效的利益绝对超出有效的利益，瑕疵行为才可能无效。鉴于判决事实有罪和终结程序的公共利益，在很多情况下，瑕疵行为有可能被矫正而持久生效。形象地说，在有效利益超出无效利益的瞬间，案件处理机关有必要改变主意，将瑕疵行为确认为有效。这种利益比较无法精确化，只能模糊理解。刑事诉讼程序是由动态、连续、发展的行为所组成的。在利益方面，整体刑事诉讼程序的利益往往超出某个个体行为的利益。因此，相对无效行为的最终结果一般来说有效，只有在极其少数的情况下是无效的。

（四）传统宣告无效的方式：撤销裁判行为、实体形成行为排除和程序形成行为无效

结合上一章程序性后果的分类和第一组刑事诉讼行为分类，我们可以惊奇地发现，三种刑事诉讼行为瑕疵与三种程序性后果相匹配：裁判行为瑕疵对应撤销决定/判决；实体形成行为瑕疵对应非法证据/供认排除；程序形成行为瑕疵对应手续无效。为了使宣告无效的方式涵盖的范围更加完整，我们有必要用裁判行为、实体形成行为和程序形成行为分别代替决定/判决、证据/供认和手续。很明显，决定/判决、证据/供认和手续无法耗尽可能的宣告无效的对

象，而裁判行为、实体形成行为和程序形成行为是刑事诉讼行为的完整分类。

1. 撤销裁判行为

上述所列的映射关系并不是偶然的，而是由三种行为的天然属性所决定的。裁判行为既是程序形成行为的终点站，又是实体形成行为的结果。因此，它承担着确保实体法和程序法适用的安全性功能。裁判行为是植根于刑事诉讼利益的核心部位。①一个最为典型的情况出现在英美法系刑事诉讼程序中，一旦无罪判决出现，整个案件都会因该判决而终结。因此，裁判行为必须较其他行为受到更加严格的解释。裁判行为不能随意地宣告无效，因为它是所有行为中最注重形式的确定性。因此，裁判瑕疵往往需要单独地通过上诉制度救济。

与其他的法律救济不同，上诉救济同时具有移转效果和中止效果。② 移转意味着救济由较高审级的法院作出。中止效果意味着被上诉的裁判的执行将被延缓。③ 在大陆法系和社会主义法系，通常在二审中是强制中止执行原判决。例如，根据德国刑事诉讼法第343（1）条规定，在当事人及时提起上诉的情况下，原判决的被要求撤销、变更的部分不发生法律效力。同理，根据我国刑事诉讼法第208条第（一）项规定，上诉会导致判决的执行力中止。在英国刑事诉讼程序中，在中间上诉（interlocutory appeal）的情况下，诉讼程序可能暂停。④

① 当然这并不是说，我们需要超出诉讼的整体利益和三项基本目的，抽象地、个别地看待裁判行为理论。

② 参见［德］克劳思·罗克信著：《刑事诉讼法》，吴丽琪译，法律出版社2003年版，第488页。

③ 参见［德］克劳思·罗克信著：《刑事诉讼法》，吴丽琪译，法律出版社2003年版，第488页。

④ 在上诉时，被告人有时会因保释而暂时从监狱中被释放出来，这往往预示着上诉会成功。然而，这并没有正式的法律规定，仅仅是司法实践中的一般操作。See A Ashworth and M Redmayne, The Criminal Process (3rd edn OUP, New York 2005) 362 -363.

在现代刑事诉讼规则中，绝大多数瑕疵裁判都被界定为有撤销可能性的无效行为。[①] 如果当事人没有对瑕疵提出质疑，案件处理机关可能不会撤销瑕疵决定/判决，而仅仅让案件自然终结，这是由于裁判行为与整个案件的安全性息息相关。例如，根据德国刑事诉讼法第341（1）、346（1）条的规定，如果当事人没有在判决宣告后一周内对裁判瑕疵提起上诉，该判决将生效，案件也随之终结。如果裁判行为的安全性得不到保障，当事人的法律地位就会不安定。基于该项判决的其他案件或者其他相关的法律关系就会难以判定。基于同样的理由，如果裁判行为瑕疵需要以撤销的形式宣告无效，顺次递进、前后衔接的刑事诉讼程序将可能退回到一个合理的阶段，如第一审。英美法系与大陆法系/社会主义法系刑事诉讼法对于第一审的假定不同，因此在撤销裁判行为后，往往有两种不同的程序性后果。这两种后果将在下一节中予以讨论。

在很多情况下，如果某个作为前提的程序形成行为违法，并且在通向裁判的进程中没有得到及时更正，或者某个对于裁判具有决定性或者巨大影响的瑕疵实体形成行为没有被排除，裁判行为很可能也会违法。例如，根据德国刑事诉讼法第338（5）条的规定，如果违反了审判公开原则，基于该口头听证的判决违法。还有一种可能的情况：由于程序形成行为违法，在此基础上的实体形成行为违法，继而造成最终裁判行为违法。这种情况既可以用来例证上述两种情况，也可以视为一种特殊的、更为复杂的情况。在英国刑事诉讼程序中，警察“秘密监控”（covert surveillance）[②] 是一种瑕疵程序形成行为。然而，皇家检控署在法庭上出示秘密监控所得的证据是一种瑕疵实体形成行为。如果法官违反1984年警察和刑事证

① 当然，也有一些例外情况。例如，根据我国刑事诉讼法第191条规定，如果二审法院发现五种法定程序瑕疵之一，它可以撤销原判，将案件发回重审。在此处，相关当事人对于程序违法的上诉并不是宣告瑕疵裁判行为无效的前提。

② See Regulation of Investigatory Powers Act（RIPA）2000, Part II; Code of Practice on Covert Surveillance 2002.

据法（Police and Criminal Evidence Act 1984）第78条，错误地采纳了该等非法取得证据，这可能构成了瑕疵裁判行为。这种裁判瑕疵行为吸纳或取代了警察的程序形成行为瑕疵。[①] 从某种意义上来看，程序瑕疵可以比作传染性疾病，它可以感染随后的行为，包括裁判行为。治疗该疾病的最终症状（即裁判行为）意味着需要从整体上治疗一系列的作为基础的瑕疵行为。例如，在对依据非法取得证据的裁判的上诉中，上诉法院可以撤销有罪判决，授权下级法院重新审理该案件，同时非法取得的证据不能作为定案的依据。

与裁判行为相比，非裁判行为较少地强调案件的安全性。一些其他的利益导向被更多地关注。为了理解实体形成行为和程序形成行为所体现的具体利益，我们有必要考察它们各自的运行机制，即它们各自与裁判行为之间的关系。程序形成行为（如法官传唤被告人到庭）可以看成是通往裁判的某个手续步骤，而实体形成行为（如证人向法庭出示证言）可以看成是影响裁判的某个因素。

2. 实体形成行为排除

实体形成行为尤其体现实体真实目的。违法实体形成行为可能被排除，因为全部的实体形成行为需要由案件裁决者内心评估，形成作为裁决根据的一般性理解，或者重复某个实体形成行为不切实际。笔者将分别例证这两种情况。

关于第一种情况，我们需要牢记，判决/决定由案件处理主体根据一系列具有劝说性的实体形成行为作出。[②] 在英美法系陪审团审判中，陪审员无法接触到被排除的证据。其他所有的情况都是裁判者在内心中将瑕疵实体形成行为假定排除在判决/决定理由之

① See, e.g., R. v. Mason [1988] 1 WLR 139.

② See RS Frase and T Weigend, 'German Criminal Justice as a Guide to American Law Reform: Similar Problems, Better Solutions?' (1995) 18 B. C. Int'l & Comp. L. Rev. 344. citing BGHSt 29, 18, 19 -20.

外。[①] 例如，根据我国《非法证据排除规定》第 2 条规定，经依法确认的非法言词证据，应当予以排除，不能作为定案的根据。然而，一旦裁判者的心证形成，即便没有瑕疵的实体形成行为重新作出，也很难被改变。裁判者对于事情的整体理解和态度是建立在对全部实体形成行为的因果推理和归纳总结基础之上的。一般说来，评价实体形成行为的标准是预先确定的。对于有罪判决的证明，往往需要"超出合理怀疑"（beyond a reasonable doubt）或者相似的确定性。对于其他事项的证明，尤其是程序性决定，标准往往是"极有可能"（overwhelmingly possible）。即使某些证据被污染了，这也不影响整个案件或者某个具体事项的真实查找，因为补强证据或者其他相关证据可能足以证明同样的事实。例如，在非法逼取证人证言的情况下，该证言的不可采纳并不排除使用其他证人的证言来判处被告人有罪。这种情况也适用于上诉程序。例如，如果非法获得的证据被一审法院采纳了，因而当事人提起上诉，上诉法院可以认定是否采纳该证据对于裁判行为（如法院的判决）没有什么影响，因为有足够的其他证据证明裁判事实。

关于第二种情况，我们需要认识到，证据往往不可能再次合法搜集。例如，审判法院明显不可能将非法搜查的谋杀凶器归还给被告人。如果被告人有些常识的话，警察也不太可能再次合法地获取该物证。在英美法系刑事诉讼法中，非法证据往往需要经由职业法官单独排除，避免认定案件事实的陪审团接触这些非法证据。通常认为，将判决推迟到再次合法搜集证据之后对于陪审团来说不太妥当，因此案件需要在没有该排除的证据下重新审理。

有时违法实体形成行为的排除似乎更体现了程序合法的目的，需要更为严格的解释和应对。然而，在这些情况下，违法实体形成行为往往已经被裁判行为瑕疵所吸纳或替代。例如，如果侦查机关

① 这些排除情况在英美法系刑事诉讼程序中也广泛存在，即非法证据被假定排除出法官的考察范围。See, e. g. , Rigby v. Woodward [1957] 1 WLR 250.

非法获得的证据被一审法院错误地作为定案的依据，这便构成了裁判行为瑕疵，上诉法院可能会撤销原来的有罪判决并要求下级法院重新审判，并排除该非法获得的证据。

非法获得的证据/供认（尤其是后者）排除可能会造成对被告人的指控无法成立。很多实务界人士对于这种证据/供认排除的后果表示不满。然而，这种排除在语义和功能上有别于本书所谈到的终止整个刑事诉讼程序，因为宣告无效的对象是证据而不是整个诉讼程序。相反地，作为一项独立的程序性后果，诉讼终止是指整个诉讼进程被直接、彻底地宣告无效。例如，如果上诉法院指令重新审理某一案件，并在重新审理时排除非法获取的证据，公诉机关就必须决定有足够的证据进行重审或放弃对案件的追诉。在这种情况下，可能有（或可能没有）足够的证据用以指控被告人。

3. 程序形成行为无效

相反地，程序形成行为尤其体现程序法定的目的。因此，程序形成行为表现出更多形式化的特征。违法的程序形成行为需要运用相对形式化的程序制裁来应对。这意味着案件处理机关在发现严重的程序形成行为瑕疵时不应保持沉默。案件处理机关应当在选择合适的程序性后果应对瑕疵时，还应充分考虑程序形成行为的连续性特征。由于程序形成行为在诉讼发展过程中是顺次连接的，一个程序形成行为通常是下一个行为的前提。例如，根据我国刑事诉讼法第133条规定，对犯罪嫌疑人合法的拘留是人民检察院对其合法讯问的前提。因此，“排除”并不是宣告瑕疵程序形成行为无效的恰当措辞。手续“无效”更加符合前文所总结的程序形成行为的特征。通过该项程序性后果，瑕疵程序形成行为被视为自始无效(void ab initio)。

由于同样的特征，合法地重复被宣告无效的程序部分（或者其中合理的部分）应当允许。例如，在英国刑事诉讼程序中，如果警察没有有效的逮捕状而逮捕某人，被逮捕人应当立即释放。[1]为了合法地逮捕犯罪嫌疑人，警察必须随后申请到有效的逮捕状。

有时程序形成行为的形式化特征必须与具体情况的妥当性相协调。在一些情况下，尤其是可能导致明显的不公平和不合理时，重新作出某个行为不应当允许。例如，如果强制措施应当是拘留而不是逮捕，而犯罪嫌疑人已经被逮捕并羁押超出了法定的拘留时间，在宣告逮捕无效后，重新拘留犯罪嫌疑人则不应允许。

排除或无效的范围与诉讼主体的因素紧密相关。在非职权诉讼行为瑕疵的情况下，排除或无效的范围应当严格限制。非职权主体大多是外行，也没有足够的能力对抗代表国家行使权力的刑事司法机关。因此，尽管最终的法理框架没有体现出职权行为与非职权行为瑕疵在程序性后果上的差异，我们应当了解，前者比后者排除或无效的范围更大。例如，在德国刑事诉讼程序中，排除规则基本适用于国家刑事司法机关非法获取的证据，对于私主体非法取得的证据的适用是极其例外的。[2]

（五）撤销违法裁判行为之后：终结和再议

尽管英美法系和大陆法系/社会主义法系刑事诉讼程序在法律确定性上具有相当程度的一致，我们不应忽视两类程序一些明显的技术上的不同。英美法系的上诉是一种例外措施，而大陆法系/社会主义法系的上诉是一种全面审查案件的常态制度。这种差异植根于长期历史演进所形成的两种不同的政治架构。

在英美法系，单层权力被认为是最为理想的刑事司法架构。[3]

---

① See Police and Criminal Evidence Act 1984, s 30; Criminal Justice Act 2003, s 4 (4).

② See CM Bradley, 'The Exclusionary Rule in Germany' (1983) 96 Harv. L. Rev. 1032 - 1034；[德] 克劳思·罗克信著：《刑事诉讼法》，吴丽琪译，法律出版社 2003 年版，第 224 页。

③ See M Damaška, 'Structures of Authority and Comparative Criminal Procedure' (1975) 84 YLJ 509.

在刑事诉讼制度形成初期，刑事案件由中央授权给地方的士绅处理。[①] 这种传统激发了地方司法独立自治的热情。单层司法的假设在相当程度上阻碍上诉成为正常刑事诉讼程序的一部分。直到 20 世纪，上诉才逐渐确立并制度化。[②] 同时，由于这种单层司法的传统，上诉审程序不是一审程序的延续。它不是由陪审团或业余地方法官主持。它也不是一旦上诉提起就自动启动，它的开始还需要法庭的许可。尽管在英格兰 1964 年以后，苏格兰 1980 年以后，存在上诉判决后再审的可能性，但是如果上诉法院判决被告人无罪，往往没有再审的可能。

相反地，在包括大陆法系和社会主义法系，中央政府为了削弱地方保护主义，通过自上而下的方式统一法律制度，创设一种全面的上诉审查制度。[③] 在除了某些特殊上诉救济的大多数情况下，法律赋予控辩双方无条件的上诉权。一旦上诉提起，程序的终结将被推延，整个案件就需要再议。[④] 这并不意味着上诉法院可以用自己的裁决完全替代一审法院的裁决。如果上诉合法提出，两级审判（一审和上诉审）一起构成了完整的审判程序。当事人上诉申请的理由是当出现法定的程序瑕疵时，为了确保整个审判的公正性和妥当性，上诉法院可以撤销原判，将案件发回原审法院重新审理。例如，根据德国刑事诉讼法第 354（2）、（3）条规定，一旦绝对上诉理由（主要是严重的裁判行为瑕疵）在上诉审理中被证实，案件将发回原审法院重新审理。再如，根据我国刑事诉讼法第 191 条规定，一些裁判行为瑕疵一旦被提起上诉，将会导致整个案件发回

---

① See M Damaška, ‘Structures of Authority and Comparative Criminal Procedure’ (1975) 84 YLJ 514.

② 在苏格兰，这个混合了英美法系和大陆法系传统的法域，上诉制度直到 1926 年才得以确立。

③ See M Damaška, ‘Structures of Authority and Comparative Criminal Procedure’ (1975) 84 YLJ 489.

④ See M Damaška, ‘Structures of Authority and Comparative Criminal Procedure’ (1975) 84 YLJ 490.

原审法院重新审判。

1. 程序终结

在这里，我们不详细探讨不同法系刑事诉讼制度历史发展的差异，[①] 而是分析撤销瑕疵裁判行为后程序性后果的逻辑界分。很明显，在部分或全部原审判决/决定被宣告无效后，程序性后果或者是程序终结，或者是无效部分再议。程序终结是指判决被告人无罪，直接更改判决/决定，或者其他任何可以直接终结案件的措施。例如，在英国刑事诉讼程序中，被告人的成功上诉往往意味着他被无罪释放。在有些情况下，程序性后果可能是上诉法院直接修改部分被上诉的裁决。[②] 这些后果都具有终结程序的功能，因为它并没有产生新的审判程序，并且结束了整个案件。同样，根据德国刑事诉讼法第328（1）条规定，如果二审法院认为事实和法律（包括程序违法的情况）的上诉理由充分，可以撤销原判，自行作出判决。这种程序性后果改变了原判，终结了诉讼程序。

2. 无效部分再议

在此处我们使用“无效部分再议”（reconsideration of the nullified part）替代“重新审判”（retrial），因为后者往往意味着重新经历整个审判程序。无论是在英美法系，还是在大陆法系/社会主义法系的刑事诉讼程序中，完整的重新审判都不是获得新判决的唯一方案。因此，我们应当运用外延更广或更具有弹性的术语来涵盖更多的情况。例如，在英国刑事诉讼程序中，高等法院在处理上诉案件时，可以“将审理的案件连同高等法院处理该案件的意见，转交给原审法院”。[③] 该程序性后果具体包括：[④] “如果事实清楚地表明原审判决是正确的，将案件连同有罪判决的指示发回”，“如果

① 对于英美法系和大陆法系刑事诉讼制度的演进史，see M Damaška，‘Structures of Authority and Comparative Criminal Procedure’（1975）84 YLJ 480 – 544.

② See Supreme Court Act 1981，s 48(2) a.

③ See Supreme Court Act 1981，s 48(2) b.

④ See J Sprack，Emmins on Criminal Procedure（9th edn OUP，New York 2002）464.

原审法院在指控方提供证据之后错误地维持了无辩可答，并作出无罪判决，应撤销无罪判决，指示地方法官继续听证程序。”

很明显，转交（remitting）或重新听证（rehearing）不等同于重新审判（retrial）。[①]“无效部分再议”的外延足够宽泛，可以涵盖这两种情况。

这里并不是要探讨英美法系和大陆法系/社会主义法系上诉制度的差异，或者揭示这种差异在逐渐地消失。然而，在撤销判决/决定后，下半部分程序性后果或者是程序终结，或者是无效部分再议。这两种可能的结果在逻辑上是相互独立、排斥的。

（六）瑕疵矫正的方式：除去瑕疵和忽视瑕疵

瑕疵矫正是处理相对无效行为的一个必要的程序性后果选项。罗森伯格形象地将矫正瑕疵的方式划分为：除去瑕疵（disposal of flaw）与忽视瑕疵（overlooking of flaw）。[②] 除去瑕疵是积极矫正瑕疵的方式，而忽视瑕疵是消极矫正瑕疵的方式。从某种意义上来说，除去瑕疵就好比用医疗手段治愈疾病，而忽视瑕疵就好比人体自愈。相应地，除去瑕疵主要依靠违法者和案件处理机关。相反地，忽视瑕疵通常由受害方作出。尽管这仅仅是理论上的区分，但是非常具有逻辑性。

刑事诉讼程序的发展性、连续性与计划性、阶段性共存。因此，除去瑕疵和忽视瑕疵都或多或少与期限或阶段相关。换言之，瑕疵需要在一定的法定期间或阶段内矫正。下面笔者将分别讨论除去瑕疵和忽视瑕疵。

1. 除去瑕疵

根据治疗的方法，除去瑕疵可以划分为“追补”（supplementation）和“改正”（rectification）。

---

① See Rigby v Woodward [1957] 1 WLR 250.

② See L Rosenberg, Lehrbuch des Deutschen Zivilprozessrechts (Beck, München 1956) 227.

（1）追补。

绝大多数刑事诉讼行为都必须要在法定的阶段内依照法定的秩序实施。如果某个诉讼行为迟于法定的阶段作出，或者迟延从而在所有的行为中违反了原先设定的秩序，便产生了能否追补的问题。例如，检察官提起了某个告诉乃论之罪。然而，起诉书中并没有列明受害人或其亲属的控告或举报。在审判开始之前，追补控告或举报可能允许。如果控告或举报是在审判开始之后，则该起诉无效。这意味着经过一定时间后，刑事诉讼由于瑕疵的存在而浮动的状态稳定下来，相对无效行为永久地、无法挽回地转变为绝对无效行为。

（2）改正。

追补的理由是在法定的阶段和秩序，缺失某个必要的刑事诉讼行为。相反地，如果某个诉讼行为符合法定时间和秩序，其他行为要件上存有错误，则能否改正的问题便产生了。追补和改正就好比不同的药品。追补是使用营养药品对营养缺乏的身体补充维他命和其他元素。相反地，改正是使用化学药品中和或者杀死有害病菌。那些需要改正的瑕疵，行为要件充足，但是某个要件很可能不规则。例如，起诉书中某个罪项模糊不清，检察官可以改正它使之清晰。① 如果可改正的瑕疵没有被矫正，起诉将可能被法院驳回。②

这里还有一种特别的改正方式。如果瑕疵行为是为了实现某个功能，但这个功能已经通过其他行为实现，则瑕疵被改正。例如，法院把给被告人的传票发送到了错误的地址。然而，随后法院还可能通知被告人的所在单位代为通知他出庭应诉。法院对于单位的请求很可能会矫正原先违法的传唤。在这里采取起到同样功能的行为就好比采用综合疗法来治疗疾病。

---

① 参见［日］田口守一著：《刑事诉讼法》，刘迪、张凌、穆津译，法律出版社2000年版，第132页。

② 参见［日］田口守一著：《刑事诉讼法》，刘迪、张凌、穆津译，法律出版社2000年版，第132页。

这两种除去瑕疵的方案体现了刑事诉讼的形式性与具体情况的妥当性的平衡。它们满足了整体刑事诉讼程序的形式性要求，同时避免了毫无意义的重复。某个程序的状态不能总是可以变动。在一段时期或者一个阶段后，由于刑事诉讼的形式性特征，除去瑕疵就不应当允许。[1] 换言之，追补和改正的弹性必须要限定在合理的范围之内。

2. 忽视瑕疵

与通过追补或改正除去瑕疵对比，忽视瑕疵的适用更为普遍。忽视瑕疵可以划分为默示忽视和明示忽视。我们将使用比喻澄清两者之间的差异。正如上文所述，忽视瑕疵可以视为人体的自我康复。然而，自我康复也有两种不同的方式。明示忽视瑕疵像是通过诸如瑜伽等积极的体育锻炼活动修复创伤。默示忽视瑕疵像是不用做任何活动，让人体自然康复。笔者将首先讨论默示忽视瑕疵，因为这是矫正行为瑕疵最为普遍的一种方式。

（1）默示忽视瑕疵。

默示忽视瑕疵是指在有撤销可能性的瑕疵行为的情况下，相关当事人以不作为的方式放弃追究瑕疵的权利。在程序发展过程中，如果没有行为无效的请求，无效的利益将会逐渐减少，有效利益将会逐渐增多，撤销的可能性会逐渐减少，瑕疵最终得以矫正。例如，在每个法域都会发生这样一种情况，如果当事人没有对可撤销的瑕疵判决在法定期间内提起上诉，判决将具有形式确定性，作为判决基础的瑕疵诉讼行为将得到矫正。

（2）明示忽视瑕疵。

明示忽视瑕疵是指有权对瑕疵行为提出异议的当事人明确地放弃提出异议，甚至根据法律接受行为的效力。例如，如果检察官没有告知被告人应当享有的程序权利，但是被告人明确地表明自己通

---

① 曹鸿兰：《刑事诉讼行为之基础理论 II：判决以外之诉讼行为之效力》，载陈朴生编：《刑事诉讼法论文选辑》，台北五南图书出版公司1984年版，第137页。

过其他渠道知悉相关的权利，并且放弃追究程序违法责任，则瑕疵行为将被矫正。明示忽视在表达上可以是口头的，也可以是书面的。有时诸如具体作为等也可以视为是明示表达的形式。例如，如果告知相关当事人到达指定场所的通知未能合法送达，然而该当事人自行按时到达指定的地点，这就相当于该受害人以作为的方式，明确地放弃对行为瑕疵提出异议的权利。在诉讼主体明示忽视瑕疵时，某些手续可能是必要的。例如，根据法国刑事诉讼法第 171－2 条规定，相关当事人必须在代理律师在场或者以正当形式通知代理律师因而后者有机会在场的情况下明确地放弃异议权。

然而，由于空间有限，对于矫正的界分并没有在下述法理框架中列明。上述论述并未表明某种行为与某种矫正方式存在对应关系。然而，每种相对无效的行为都可能会通过两种矫正方式之一救济，即除去瑕疵（包括追补和改正）和忽视瑕疵（包括明示忽视和默示忽视）。我们有必要了解一下这些可能的矫正方式，以全面地认识行为瑕疵的程序性后果。

矫正的范围也没有体现在法理框架中。同理，绝大多数非专业人士的非职权主体（如被告人）应当较专业的职权主体（如检察官）受到更多的保护。非职权行为瑕疵（如被告人非法逼取证人证言）的矫正可能性一般来说较职权行为瑕疵（如检察官非法逼取证人证言）更大。

（七）刑罚权折损的程序性后果：减轻量刑和终止诉讼

刑事诉讼程序对于实体刑法的适用有着重要的影响。规则的刑事诉讼程序通常产生对被告人相对合理的定罪和量刑。诉讼主体违反某些重要的诉讼规则可能会扭曲定罪和量刑。例如，公诉方没有依法在庭审前向被告人开示某些证据，可能导致无辜的被告人被判处有罪。因此，至少部分刑事诉讼规则是否合法地实施与被告人可能遭受的刑罚轻重有着间接的联系。

在某些情况下，刑事诉讼程序与被告人的实际遭遇存在直接关系。例如，审前羁押在很大程度上与自由刑相似，因为它们都限制了犯罪嫌疑人/被告人的自由，在判决前羁押的时间需要从最终的刑期中扣除。刑事诉讼的过程充满了很多不确定因素。迅速、规则的刑事诉讼程序可以减轻犯罪嫌疑人/被告人的焦虑。相反地，如果刑事司法机关不合法地拖延程序或者行为瑕疵造成了对于犯罪嫌疑人/被告人在自由上的其他不合理的限制，这种效果在事实上与增加对被告人的刑罚相似。

因此，大多数刑事诉讼规则具有类似于实体法上的效果。[①] 自由被认为是“刑法的通货”（the currency of the criminal law），[②] 刑事诉讼行为瑕疵的法律后果也可以用对犯罪嫌疑人/被告人的自由限制程度来评价。尽管第五章简单介绍了减轻量刑和终止诉讼，我们仍然要从理论的角度分析这两种程序性后果的合理性。

1. 减轻量刑

正如上文所分析的那样，瑕疵诉讼行为的最终程序性后果是有效或者无效。这意味着两种不同的程序性处理方案：宣告无效和矫正瑕疵。诉讼行为瑕疵的矫正意味着行为在参与建构整个刑事诉讼锁链方面不再是可撤销的。然而，如果实体性后果，即诉讼行为完结后对被告人的定罪和量刑，也被纳入考察的范围，有效行为可以划分为完全有效的行为和具有完全程序效力但没有完全实体效力的行为。很明显，完全有效的行为往往意味着正常的定罪和量刑。

具有完全程序效力但没有完全实体效力的行为往往需要通过减刑处理或者至少可以作为减轻量刑的情节。作为一种程序性后果，减轻量刑并没有破坏从立案到判决的整个刑事诉讼流程的完整性。由于这种瑕疵行为损害了正常程序规则所造成的实体性效果，被告人应该承担少于严格依照实体刑法的刑罚。例如，在德国刑事诉讼

---

① 参见徐静村著：《刑事诉讼法》，法律出版社2004年版，第97页。

② See SB Starr, ‘Sentence Reduction as a Remedy for Prosecutorial Misconduct’ (2009) 97 Geo. L. J. 1541.

程序中，如果迅速审判规则被违反，法院可以减刑以制裁这种瑕疵。①

2. 终止诉讼

相应地，无效可以划分为程序和实体效力均无效的行为与没有程序效力但不影响最终实体效力的行为。后者可以程序瑕疵所引起的重新审判为例。根据我国刑事诉讼法第 191 条第（一）项规定，如果一审法院违反了公开审判的规定，上诉法院可以撤销案件，发回一审法院重新审判。尽管原来的一审无效，这种无效行为与对被告人的定罪和量刑并没有什么关系。如果第二次一审程序没有瑕疵，法院仍然要依照法律规定对被告人定罪量刑。换言之，被告人很可能得到同样的定罪量刑，或者从理论上来说，如果第二次一审法官较第一次一审法官更为严格的话，被告人有可能得到更重的惩罚。

笔者将首先讨论第一种情况，即程序和实体均无效力的瑕疵行为。这种瑕疵应当通过终止诉讼来制裁。我们必须认识到存在一种不仅要在程序建构方面停止，还应当全面否定实体效力的诉讼行为瑕疵。例如，在英国刑事诉讼程序中，如果有非法引渡或者其他程序滥用（abuses of process）的情况，② 不可能对被告人公平审判，被告人可能因此入狱。如果非法引渡或者其他程序滥用即使被发现了，仍然认为有效，被告人的人身自由将被严重侵犯。因此，在很多情况下，终止诉讼是制裁该类行为瑕疵的一种合理的程序性后果。尽管在实践中，这种制裁与无罪释放被告人的效果相当，但它

① See BGHSt 52, 124; Kaemena and Thöneböhn v. Germany (App no. 45749/06 and no. 51115/06) ECHR 22 January 2009, p 6, citing Kaemena and Thöneböhn v Federal Court of Justice 2 BvR 750/06 and 2 BvR 752/06; p 16 citing Jansen v Germany (dec.) (no. 44186/98) 12 October 2000 and Dželili v Germany (no. 65745/01) § § 100 - 104, 10 November 2005.

② See, e. g., R v Horseferry Magistrates' Court, ex p. Bennett [1994] AC 42; R v Sang (1979) 69 Cr App R 282. 其他程序滥用, see ALT Choo, Abuse of Process and Judicial Stays of Criminal Proceedings (OUP, Oxford, New York 1993).

并不等同于无罪释放被告人。[①] 例如，在英国刑事诉讼程序中，在整个程序司法终止（judicial stay of the process）之后，未经法庭批准而恢复被终止的指控将构成另一个程序滥用，因此在实践中并不允许。[②]

由于上述解释过于抽象，以下将从常识的角度证明两种程序性后果（减轻量刑和终止诉讼）的合理性。很明显，从程序步骤上来看，这两种措施比其他程序性制裁更为经济、便捷。例如，程序形成行为无效之后可能需要重复被宣告无效的程序部分（或者其中合理的部分）。然而，无论是终止整个程序还是减轻量刑，都不需要另外的步骤。使用"自由"来量化程序错误就好比用赔偿来量化损失一样，[③] 这两种程序性后果都符合矫正正义的要求。因此，将它们列为应对刑事诉讼行为违法的程序性后果是合理、必要的。

诚然，作为一项极端的、最具否定性的程序评价，终止整个诉讼程序只能在非常例外的情况下使用。[④] 在适用该项程序性后果时，某个犯了重罪的被告人很可能不会受到实质性的审判。由于事实犯罪人可以逃脱法律的制裁，这种后果可能引起公愤。除非瑕疵行为严重偏离了实体真实和程序法定这两种刑事诉讼目的，否则终止诉讼的程序性后果不应使用。例如，在英国刑事诉讼程序中，如果在审判程序前，警察或检察官的迟延造成了不可能对被告人公平审理和合理判决，刑事诉讼程序不应当继续，整个案件应当终止。[⑤]

---

① See R. v. Griffiths (1980) 72 Cr App R 307.

② See, e. g. , R Pattenden, 'Abuse of Process in Criminal Litigation' (1989) 53 Journal of Criminal Law 353.

③ See SB Starr, 'Sentence Reduction as a Remedy for Prosecutorial Misconduct' (2009) 97 Geo. L. J. 1541.

④ See ALT Choo, Abuse of Process and Judicial Stays of Criminal Proceedings (OUP, Oxford, New York 1993) 54, 183.

⑤ See, e. g. , Attorney - General's Reference (No. 1 of 1990) [1992] 3 WLR 9.

相对于极端的终止诉讼，减轻量刑在很多情况下足以制裁刑事诉讼行为瑕疵。[①] 终止诉讼有着让被告人在传统的罪刑相适应原则前侥幸逃脱刑事制裁的风险，减轻量刑则可以避免这种窘境。[②] 减轻量刑不是全有全无的（all – or – nothing）刚性程序性后果，它可以作为一种有效的中间救济方式。量刑的减轻程度可以根据诉讼行为违法程度灵活地调动。[③] 例如，在德国刑事诉讼程序中，法院可以通过减轻量刑制裁检察官审前对被告人的超期羁押。[④] 根据“检察官违法的过错”和“对被告人造成的损害”，量刑减轻的幅度可以从“名义上减少刑期到完全地减去基本刑期”。[⑤] 此外，这种程序性后果节约了重新审理案件所需要的时间和花费，因而比撤销原判，发回重审可能更具有吸引力。[⑥]

终止诉讼和减轻量刑可以用于制裁职权刑事诉讼行为瑕疵（如法院违反迅速审判原则）。然而，与终止诉讼相反，在无辜的被告人严重违反刑事诉讼规则（如被告人伪造证据）时，法院是否可以直接在正在进行的刑事诉讼进程中对被告人科以刑罚？或者与减轻量刑相反，在被告人犯下程序性错误（如被告人威胁证人）时，法院是否可以增加对被告人的量刑或者从重量刑呢？笔者认为，这些设想的后果不应用于制裁非职权刑事诉讼行为瑕疵。

除了在刑事诉讼程序中保护外行的一般理由之外，案件处理机

---

① See ALT Choo, Abuse of Process and Judicial Stays of Criminal Proceedings (OUP, Oxford, New York 1993) 183.

② Sec SB Starr, 'Sentence Reduction as a Remedy for Prosecutorial Misconduct' (2009) 97 Geo. L. J. 1509, 1513.

③ See SB Starr, 'Sentence Reduction as a Remedy for Prosecutorial Misconduct' (2009) 97 Geo. L. J. 1509.

④ See Chraidi v Germany 47 ECHR 2 § § 24 – 25, 26 October 2006.

⑤ See SB Starr, 'Sentence Reduction as a Remedy for Prosecutorial Misconduct' (2009) 97 Geo. L. J. 1539.

⑥ See SB Starr, 'Sentence Reduction as a Remedy for Prosecutorial Misconduct' (2009) 97 Geo. L. J. 1520.

关有义务阻止非职权瑕疵行为或命令非职权行为主体自行纠正瑕疵。例如，如果被告人忘记在供述笔录上签名，侦查人员应当提醒他该程序错误。即使案件处理机关没有及时发现非职权瑕疵，仍然有足够的其他制裁手段应对该类程序错误。例如，法院可以在审判时排除被告人伪造的证据，不将其作为定案的依据。伪证本身也可以作为一项实体性犯罪，检察官可以依法在本案结束后对该伪证人提起公诉。① 即使法院没有在生效判决前发现严重的伪证，因而导致被告人被无罪释放，仍然可以通过审判监督程序对案件重新审判。随后，管辖案件的法院可以撤销无罪判决，在再审中处理该行为瑕疵。

因此，在任何情况下，现代刑事诉讼法都不应当规定，在本案中直接对违反刑事诉讼规则的被告人施加刑罚或增加量刑。在任何法域的刑事诉讼制度中，这两种反推的程序性后果，即对无罪被告人施加刑罚和增加对被告人的量刑，都不应当成为程序性后果。

（八）一种特殊的程序性后果：无效诉讼行为转换

无效诉讼行为转换是指某个无效的诉讼行为满足了另一个诉讼行为的生效要件时，这个无效的诉讼行为可以转换为另一个有效的诉讼行为。这种应对瑕疵的救济方式起源于罗马法。② 无效行为被称为第一行为或原行为，而由原行为转换成的有效行为被称为第二行为或替代行为。简言之，该行为作为甲行为无效，而作为乙行为有效。

诚然，转换可能是全部的，也可能是部分的。全部转换是指某个无效行为毫无保留地全部转换成另一个有效行为。例如，如果被告人对产生既判力的生效判决或裁定提起上诉，上诉无效但可以转换为一般的申诉。这种转换可以被视为对误称的纠正。同样，对裁

① 苏格兰最近发生的谢里丹（Sheridan）伪证案。

② 参见张川华：《无效法律行为转换探析——兼评〈中华人民共和国民法（草案）〉第67条》，载《河北法学》2004年第8期，第114页；周枏：《罗马法》，群众出版社1983年版，第211～212页。

判中错误计算、拼写或者其他与手续相关的微小错误提起的上诉无效，但是可以转换成申请纠正错误。部分转换是指无效行为的一部分可以转换为有效行为。例如，在很多大陆法系/社会主义法系法域，上诉人可以同时提起对于刑事诉讼和附带民事诉讼判决的上诉。[①] 整个上诉实质上是刑事上诉，因为它的主要目的在于救济一审刑事判决错误或违法。如果刑事部分上诉无效，整个上诉应当被认为无效。然而，在这个无效上诉中，附带民事部分上诉可以转换为独立的民事诉讼或上诉。

无效行为转换不同于除去瑕疵，这体现在下列两个方面：（1）除去的对象是相对无效行为（可撤销行为），而转换的对象是绝对无效行为；（2）除去瑕疵是通过追补或改正的方式积极地治愈瑕疵，而无效行为转换是案件处理机关根据法律或法律解释自动实施的。在无效诉讼行为转换中，不应当仅仅根据字面解释行为的构成。行为目的等其他相关因素都应当在解释中被考虑，以有利于转换某个无效行为。

无效行为转换是一种特殊的程序性后果。一方面，如果该行为拘泥于字面含义严格解释，它必然是无效的；另一方面，它并没有造成程序无效，因为无效行为可以自动转换成另一个有效的行为，成为整个诉讼进程的一个有效组成部分。再者，这种转换并不意味着一旦新行为成立，原来的行为自动消失。实际发生的情况是对于原有行为的成立性和有效性彻底重新评估。因此，我们有必要考虑将转换视为一个独立的应对诉讼行为瑕疵的程序性后果。

这种程序性后果不应适用于职权行为瑕疵（如检察官对于产生既判力的最终判决提起上诉）。检察官等职业人员对于相关的程序相当熟悉，每天都在执行这些手续，因此他们的无效行为不应转换为有效行为。这种程序性后果只适用于非职权行为瑕疵。非职权

① 对于民事部分的上诉被称为附带民事上诉。在英美法系刑事诉讼程序中，一般不存在对于犯罪造成的民事损害赔偿附带提起上诉的情况。

诉讼主体（如被告人）往往没有任何法律职业技能，只有有限的法律理解能力。因此，在合适的情况下，刑事诉讼程序应当对其适当照顾。从某种意义上来说，转换可以用以保护非职权主体的正当利益。① 这种后果体现了程序法定与法律和谐的目的。首先，它可以用来确保诉讼程序的确定性和稳定性。其次，它节省了案件处理机关的时间和成本，帮助它们迅速、有效地推进程序。

相反地，如果没有无效行为转换这种程序性后果，将可能产生下列问题：(1) 如果案件处理机关僵硬地将非职权行为解释为无效，同时又不愿意给非职权主体提供任何指导和纠正错误的机会，这相当于隐秘地侵犯非职权主体的权利。例如，如果被害人提起的自诉轻微地违反了法定程序，法院不应一味地直接将其驳回。在有些情况下，这种自诉可以转换为一般的申诉；(2) 当事人可以在确认该瑕疵行为无效后重新实施该行为。然而，与无效诉讼行为转换相比，这种程序性后果仍然给当事人以及案件处理机关造成了不必要的程序成本。例如，在德国刑事诉讼程序中，有时可以将无效的第三审上诉（法律审）转换为有效的第二审上诉（事实和法律审），这就避免了法院驳回原有的上诉，由当事人提起新的上诉。②

（九）理论框架图及其补充说明

在上文中，通过运用现有的科学条件，我们探讨了刑事诉讼规则/诉讼行为瑕疵/程序性后果。现在，我们将通过重新编排刑事诉讼程序中的这三项重要参数，设计出最优化的理论框架图，以进一步澄清它们之间的科学关系：

① 参见曹鸿兰：《刑事诉讼行为之基础理论 I：刑事诉讼行为之效力》，载陈朴生编：《刑事诉讼法论文选辑》，台北五南图书出版公司 1984 年版，第 101 页。

② See Köln NStZ 92, 204，转引自［德］克劳思·罗克信著：《刑事诉讼法》，吴丽琪译，法律出版社 2003 年版，第 503 页。

<table>
<tr><td rowspan="2"></td><td rowspan="2"></td><td rowspan="2">违反宣示性规则的程序性后果</td><td colspan="6">违反效力性规则的程序性后果</td></tr>
<tr><td>绝对无效行为</td><td colspan="5">相对无效行为</td></tr>
<tr><td rowspan="4">职权行为</td><td rowspan="2">裁判行为</td><td rowspan="2">自动省略瑕疵或单纯宣告违法</td><td rowspan="2">自动无效或单纯宣告无效</td><td colspan="2">撤销裁判行为</td><td rowspan="2">减轻量刑</td><td rowspan="2">终止诉讼</td><td rowspan="2">瑕疵矫正</td></tr>
<tr><td>程序终结</td><td>无效部分再议</td></tr>
<tr><td>实体形成行为</td><td>自动省略瑕疵</td><td>自动无效</td><td colspan="2">实体形成行为排除</td><td>减轻量刑</td><td>终止诉讼</td><td>瑕疵矫正</td></tr>
<tr><td>程序形成行为</td><td>自动省略瑕疵或单纯宣告违法</td><td>自动无效或单纯宣告无效</td><td colspan="2">程序形成行为无效</td><td>减轻量刑</td><td>终止诉讼</td><td>瑕疵矫正</td></tr>
<tr><td rowspan="2">非职权行为</td><td>实体形成行为</td><td>自动省略瑕疵</td><td>自动无效</td><td colspan="2">实体形成行为排除</td><td colspan="2">无效行为转换</td><td>瑕疵矫正</td></tr>
<tr><td>程序形成行为</td><td>自动省略瑕疵</td><td>自动无效</td><td colspan="2">程序形成行为无效</td><td colspan="2">无效行为转换</td><td>瑕疵矫正</td></tr>
</table>

综上所述，根据刑事诉讼行为违法是否产生不利的程序性后果，刑事诉讼规则可以划分为宣示性规则和效力性规则。违反宣示性规则的行为瑕疵可以自动省略。如果它们属于职权程序形成行为或者裁判行为，可以被单纯宣告违法。然而，这种单纯宣告违法没有中断程序进程，只是一种象征性的宣告。违反效力性规则的瑕疵行为可以划分为绝对无效行为和相对无效行为。绝对无效行为可以自动无效，当它们是职权程序形成行为或裁判行为时，可以被单纯宣告无效。

从逻辑上来看，相对无效行为的最终程序性后果不是无效，就是有效。相应地，应对相对无效行为的措施是宣告无效或者瑕疵矫正。根据刑事诉讼行为的三分法，传统的宣告相对无效行为无效的方式包括撤销裁判行为、实体形成行为排除和程序形成行为无效。撤销裁判行为后，程序应当终结，或者应再议无效部分。程序形成行为被宣告无效后，行为人一般可以重新作出合法行为。然而，一旦某个实体形成行为被排除后，行为人就不可以再重复该行为。每个相对无效行为都可能被矫正，瑕疵矫正可以划分为除去瑕疵和省略瑕疵。对于瑕疵矫正的划分没有体现在这个法理框架中。

除此以外，如果将程序最终引起的实体法上的定罪量刑效果作为一个辅助的参考标准，将会产生两种新的程序性后果：终止诉讼和减轻量刑。终止诉讼意味着整个案件停止，犯罪嫌疑人/被告人无论是否有罪，均被释放。减轻量刑则意味着实体法效果与程序瑕疵之间可以通约。这两个后果可以适用于职权行为瑕疵。还有一种特殊的情况，即某个无效的行为可以被一个有着同样要件的有效行为直接代替。无效诉讼行为转换也只适用于非职权行为瑕疵。

第五章所总结的所有刑事诉讼行为瑕疵的程序性后果都可以有逻辑地重新编排在这个清晰而又完整的框架中。上述推理和举例对于该框架具有解释和补充作用。这个框架是建立在前几章所检验的理论基础和科学条件之上的，旨在创设完整、合理的刑事诉讼行为瑕疵的程序性救济机制。很明显，诉讼行为（Prozeßhandlungen）理论对于建构系统的行为瑕疵及其程序性后果的理论是有所助益的。系统注释和整合的方法都被运用到建构上述法理框架中来。

二、附属程序机制的初步调和

在建构这个框架理论之后，笔者将讨论适用瑕疵后果的程序性机制。比起程序性后果的实体规定，这些机制明显是补充性的。考虑到程序相对于实体具有独立的功能，救济的程序性机制是非常重要的。只有当具有足够的机构设置和结构控制的情况下，程序性后果才可以正常地适用。我们需要在下列两个方面探讨程序性机制。这两个方面可能在某些方面有些重合。然而，与瑕疵最后的程序性后果相比，程序性机制只能初步整合。原因很简单，程序性机制高程度的统一需要所有法域刑事诉讼制度具有相似的机构设置和结构控制。这很明显是不现实的。因此，为了建构科学的理论，我们需要了解整合的程度。

机构设置是指刑事诉讼法所规定的权力分配。它指明谁对瑕疵提出异议，谁有权处理该异议。在某种意义上，这也可以被纳入结构控制的范畴中来。然而，结构控制更注重实现刑事诉讼程序的目标，而不是权力如何分配。由于结构控制旨在妥当地处理程序瑕疵，它可以囊括程序性后果以外的一些弹性措施。这就说明结构控制可能比机构设置在对象范围方面更广。

（一）机构设置

一般说来，有两种程序救济的机构设置方式：“依申请宣告无效”和“依职权自行宣告无效”。[①] 笔者将提出与审问式/对抗式模式界分相关的初步整合。达马斯卡（Damaška）将审问式与对抗式的差异形象地描述为“官方审问”（official inquiry）和“当事人对抗”（party contest）的差异。[②] 在审问式制度中，案件处理机关主导着整个诉讼进程，而在对抗式制度中，当事人完全控制了整个案件的进展。如果对于不同的法域严格地对应这些模式之一，在一些法域，程序救济主要由案件处理机关自行作出，在其他的法域程序救济则依赖相关当事人的请求。

具体而言，如果这种法域与刑事诉讼模式的对应是正确的，两组法律制度将极大不同。在大陆法系/社会主义法系中，案件处理机关需要自行宣告瑕疵行为无效。在非常极端的情况下，案件处理机关决定瑕疵行为的后果时不需要相关当事人对抗。在英美法系，只有当利益相关人对瑕疵提出异议的情况下，程序违法才能被鉴别出来并且得以解决。当事人确定程序纠纷的界限，然后很可能由案件处理机关裁定解决。

然而，如果在现实中将两种选择极化是很不合理的。在很多法域，尤其是英美法系，上诉制度通常被视为对于程序瑕疵唯一的救济渠道，这是非常值得质疑的。作为一项消极启动的措施，上诉制

---

① 参见法国刑事诉讼法第 802 条。

② See, e. g., M Damaška, ‘Evidentiary Barriers to Conviction and Two Models of Criminal Procedure: A Comparative Study’ (1973) 121 U. Pa. L. Rev. 570; N Jörg, S Field and C Brants, ‘Are Inquisitorial and Adversarial Systems Converging?’ in P Fennell, C Harding, N Jörg and B Swart (eds), Criminal Justice in Europe: A Comparative Study, Clarendon Press (OUP, Oxford, New York 1995) 41 –56.

度不足以满足法治原则的要求。我们必须认识到，在任何法域，“依申请宣告无效”和“依职权自行宣告无效”都是混合存在的。为了证明两种措施的共存，我们需要确定，在大多数法域审问式成分/程序和对抗式成分/程序是共存的。

事实上，严格区分审问式和对抗式在第四章的讨论中就被否定了。随着阶层式/协同式的融合和去极化，审问式和对抗式程序也在各法域刑事诉讼制度中普遍存在。考虑到整个刑事诉讼程序的复杂性，我们不可能假定某些法域仅仅使用单一的程序结构以救济所有的刑事诉讼行为瑕疵。从经验主义的角度来看，作为一项历史事实，纯粹的纠问模式的刑事诉讼程序已经消失了。与此同时，对抗模式已经在全世界范围内得以应用。历史上，侦查和审判的界限并不是很清晰，而现在这两种功能已经明显区分开，由不同的机构承担。在文明的进程中，大多数法域的刑事诉讼程序都体现出某些共同特征。对于被告人定罪的证明必须是超出合理怀疑或者相似的确定标准。至少在审判阶段，控辩双方存在一定程度的对抗。

同样，即使在英美刑事诉讼程序中，纯粹的对抗模式也是不存在的。在审判阶段，如果程序瑕疵产生，这可能需要以对抗式程序处理。然而，在侦查阶段，对于犯罪嫌疑人的确定和犯罪细节的考察需要刑事司法机关极具效率，在这种情况下，机构设置显得更具有审问式的特征。[①] 在很多时候，刑事诉讼行为瑕疵的程序性后果都是由案件处理机关自行决定的。例如，检察官可以认定警察的侦查行为违法，因此获得的证据不能使用。再者，在审判阶段有一些对抗制原则的例外。例如，在英国刑事审判中，如果法院有足够的理由认定程序滥用，即使被告方没有提出异议，它也可以自行决定

① See N Jörg, S Field and C Brants, ‘Are Inquisitorial and Adversarial Systems Converging?’ in P Fennell, C Harding, N Jörg and B Swart (eds), Criminal Justice in Europe: A Comparative Study, Clarendon Press (OUP, Oxford, New York 1995) 48.

刑事诉讼程序是否应当终止。[①] 因此，如果在某些英美刑事诉讼程序中缺少积极的救济方式，应当提议设计该类“依职权自行宣告无效”。

从演进的角度来看，大陆法系和社会主义法系刑事诉讼程序越来越具有对抗式的特征，而英美法系在朝着相反的方向发展。例如，在德国刑事诉讼程序中，武器平等已经被确立为一项指导原则。[②] 德国警察和检察官“越来越扮演着对手的角色，而不是像欧陆法理所设想的中立调查者。”[③]我国刑事诉讼程序也逐渐摆脱了传统审问式制度，在1996年引入了半对抗制。[④] 在英国刑事诉讼程序中，有足够的迹象表明向着审问式的方向发展[⑤]（如对于沉默权的限制，确立了皇家检控署，信息开示规则的确立等）。由于刑事司法的架构日趋一致，不同的法律制度也逐渐融合，向着兼具对抗式和审问式元素的单一模式演进。[⑥]

正如上文所述，在两种情况下，无效应当由案件处理机关自行宣告。第一种情况是绝对无效的裁判行为和程序形成行为。例如，如果法官在调查辩解和证据之前直接判决被告人有罪，这种行为应

---

① See R. v. Liverpool Stipendiary Magistrate, ex p. Ellison [1990] RTR 220, 227 per Bingham LJ; Gillick v. West Norfolk AHA [1986] AC 112, 178 per Lord Scarman.

② See RS Frase and T Weigend, 'German Criminal Justice as a Guide to American Law Reform: Similar Problems, Better Solutions?' (1995) 18 B. C. Int'l & Comp. L. Rev. 352, footnote 358.

③ See RS Frase and T Weigend, 'German Criminal Justice as a Guide to American Law Reform: Similar Problems, Better Solutions?' (1995) 18 B. C. Int'l & Comp. L. Rev. 352, footnote 352.

④ See J Xia, 'New Developments in Chinese Criminal Procedure Law' (2001) 7 Ann. Sur. Int'l & Comp. L. 5.

⑤ See, e. g., GWO Reilly, 'England Limits the Right to Silence and Moves Towards an Inquisitorial System of Justice' (1994) 85 J. Crim. L. & Criminology 402 -452.

⑥ See RS Frase and T Weigend, 'German Criminal Justice as a Guide to American Law Reform: Similar Problems, Better Solutions?' (1995) 18 B. C. Int'l & Comp. L. Rev. 352, footnote 318.

当被直接宣告无效。第二种情况是有撤销必要性的瑕疵行为。例如，如果起诉书明显不合手续或者起诉理由明显不足，不管被告方是否提出异议，法官都应当毫不犹豫地宣告无效。

从另一个角度来看，至少在有撤销可能性的瑕疵行为时，宣告无效应当以提出异议或申请撤销为前提。例如，根据德国刑事诉讼法第124（1）、（2）条规定，如果被指控人逃避审查、自由刑及保安处分等，未发还的担保物应被收缴国库。只有当被指控人和他的担保人声明不服并立即提出抗告时，裁判收缴才可能被宣告无效。诚然，这种条件并不必然意味着当事人双方之间的对抗辩论，在一些情况下，并没有对质程序。然而，当瑕疵与案件的事实或者程序的公正性相关时，行为者与提出异议者之间有必要进行争辩。案件的事实有必要证明到超出合理怀疑，而程序的公正性往往只需要证明到极有可能即可。一般说来，证明行为瑕疵的责任应当多由职权机关担负，因为在大多数情况下，职权机关应当适度引导、照料非职权诉讼主体。对抗式程序可以用以确保刑事诉讼的公平性，因为它确保了重要程序的武器平等。

因此，从某种意义上来说，程序是否应当是审问式的，还是对抗式的取决于程序的具体目标。如果程序需要展现与终结案件相关的效率性，而且它对于整个诉讼不是那么重要，那么程序就趋向于审问式，即处理人可以自行处理瑕疵。相反地，如果实体真实和程序法定被强调，程序就会呈现对抗式，即由当事人对瑕疵提出异议，并往往需要通过对质来加以解决。

（二）结构控制

笔者将从另一个角度探讨适用程序性后果的程序机制，即结构控制。结构控制是指行为主体用以确保遵守刑事诉讼法的内部力量控制。因此，与机构设置相反，结构控制是一种有别于传统刑事诉讼模式的视角。传统模式假定刑事诉讼是国家与被告人/犯罪嫌疑人之间的对抗。在这种情况下，被告人有时应当延伸到所有的公民，[①]"因为受威胁的不仅仅是刑事被告人的权利，而是面对国家警察权力的所有人的权利"。[②]"国家/被告人"对峙模式是一种以欧美为中心的理解刑事诉讼程序的方式。具体而言，它假定在国家与被告人之间存在着紧张关系：国家的利益作为一个集体范畴，更多关注精确的事实查找和顺利的惩罚犯罪；被告人的权利作为一个个体范畴，主要用于阻止国家滥用权力，保障私主体的尊严与自由。

然而，这种单维度的分析仅仅狭窄地、抽象地理解刑事诉讼，而很多内部和外围的关系被粗略地概括或忽视。将刑事诉讼程序一味地简化为国家与被告人之间的关系是不妥当的。国家机构在很多情况下不是铁板一块的整体。换言之，所有的国家机构不能被看成具有同一思维模式的集体。他们也不应当被简单地视为国家利益的忠实代表。不同的机构先天就具有各自独立的利益取向。警察、检察官和法官的利益在很多情况下是互相竞争甚至冲突的。例如，警察往往乐于迅速地识别刑事犯罪嫌疑人，获取定罪的初步证据，而法官则倾向于公平地审理案件，作出精确、合理的判决。

我们不应拘泥于检验国家与被告人之间的一般关系，还应评估刑事诉讼规则在组织结构上是否足够有效。这种方法承认了职权主体有时偏离了刑事诉讼目的。这里并不从经验上去衡量现实和理想的差距。[③] 然而。为了确保组织结构上的有效性，并且科学地治理程序偏差，有必要考虑是否增加刑事诉讼的结构控制能力。

我们在机构设置方面已经提出了刚性措施治理刑事诉讼行为瑕

---

① See A Ashworth and M Redmayne, The Criminal Process (3rd edn OUP, New York 2005) 18.

② See EA Tomlinson, 'Nonadversarial Jusitce: The French Experience' (1983) 42 Md. L. Rev. 42,133. 在绝大多数法系，尤其是被害人的权利得到了极大的发展。

③ 参见 MM Feeley, 'Two Models of the Criminal Justice System: An Organizational Perspective' (1973) 7 L. & Soc'y Rev., 409.

疵。这种措施可以简化为谁对瑕疵提出异议，谁对瑕疵的效力作出评价，处理瑕疵的程序机制如何更加公平、迅速。这似乎是建立在“牛顿物理学和欧几里德几何学上的认识”。[①] 然而，救济的结构不应当仅仅是这种刚性模式。有些时候，我们不应根据法律直接诉诸程序性后果。诉讼主体的错误很可能是由于疏忽或者误解。而且，大多数程序违法不是公然的。法律应当在对程序瑕疵适用程序性后果之前为职权主体留有足够的交流空间。

通过这种交流/沟通机制，主体之间不必要的冲突、程序的重复等都被极大地避免了。即使该机制具有一定的弹性，显得松散，它仍然可以促进主体遵守刑事诉讼规则，限定无拘束的自由裁量权。很明显，如何继续限制不必要的自由裁量权，使得规则更加具有可预测性和公平性符合这一科学命题。

在这里，我国法律制度中的机构相互制约可以被认为是一种可行的模式加以检验。我国刑事诉讼法一开始就被起草者认为是调节刑事诉讼职权机构关系的规则，而不是调节国家与被告人之间的对抗的规则。[②] 这种对于刑事诉讼法替代的定义暗示了在不同刑事诉讼机构之间的竞争关系。相互制约是一种关系调节方法，通过这种方法不同机构之间的冲突可以用以促进遵守刑事诉讼规则。例如，根据我国刑事诉讼法第 76 条规定，如果检察院在审查批准逮捕工作中发现公安机关的侦查活动有违法的情况，应当通知公安机关予

---

① See W Ji, ‘Space of Choice and Judicial Discretion in China: A Perspective of Comparative Legal Culture’ (Center for Legal Synamics of Advanced Market Societies, Kobe University Discussion Paper 04/7E, 2004) 31 〈http://www. cdams. kobe - u. ac. jp/archive/dp04 - 7. pdf〉.

② See HM Tanner, Strike Hard! Anti - Crime Campaigns and Chinese Criminal Justice, 1979 - 1985 (Cornell University East Asia Program, Ithaca 1999) 21.

以改正。公安机关应该随后将纠正情况通知检察院。[①] 由于程序性后果并没有立即适用，这种措施是一种典型的柔性控制。作为一种富有想象力的执行措施，它利用了一种组织机制将程序瑕疵的自我更正的可能性最大化。同时，它调节了不同刑事司法机构之间的冲突，导致了在不同机构之间妥协与程序的顺利流转。当然，值得注意的是，机构的互相制约并不是用来否定明确的程序性后果，而是对于这种后果的补充。

总之，在很多情况下，柔性的交流机制应当作为适用程序性后果的前置机制。该项措施作为一项引导主体遵守法律的弹性机制，可以用来提高诉讼程序的科学性和合理性，控制程序滥用。该项措施的控制主要来自于同级机关而不是上级机关。因此，该项措施尤其适用于那些权力相对分散或非阶层式的法律制度。诚然，程序后果应当由案件处理机关作出。

在本章，笔者运用了刑事诉讼行为的分类，将所有的程序瑕疵和它们的程序性后果在一个统一的系统内整合起来。尽管我们认识到不同的法律制度是在它们各自的社会、经济和文化土壤中形成、演化的，但是通过这种方式，我们发觉刑事诉讼规则之间相互关联。不同法域的附属程序机制也被初步地整合起来。在民事法律行为理论中，我们可以找到处理违法的固定公式。尽管该理论的灵感来源于民事法律行为理论，但是我们并不能获得同样精确的公式化解决方案。通过归类和排序，我们创设了界限清楚而且逻辑严密的刑事诉讼行为、瑕疵及后果的类别，并将它们整合在一个协调的框架结构内，形成了一套系统、科学的瑕疵处理理论。

---

① 有时自我纠正的要求更加正式。例如，在德国刑事诉讼程序中，如果判决正文与宣读时告知的判决理由存在无法解决的矛盾时，审判法院必须要通过裁定对该判决加以更正。See BGHSt 5, 5，转引自［德］克劳思·罗克信著：《刑事诉讼法》，吴丽琪译，法律出版社 2003 年版，第 487 页。

第七章 该理论的功能和限度

在上一章中，通过援引刑事诉讼行为的分类，笔者将刑事诉讼行为瑕疵的程序性后果重新编排。这个新的排列形成了完整的理论框架，笔者层层展示了该理论框架。各类别的后果相互联系，形成统一的整体。然后笔者将附属于该理论框架的程序机制初步整合起来。通过这两个步骤，我们创设了一个崭新的刑事诉讼行为瑕疵的程序性后果法理。现在，在本章中，笔者将简要检验该理论的功能与限度。

一、该理论的功能

该框架并不是奇思妙想的结果，它是建立在现有的科学基础之上的。为了创设一个体系完整的理论，我们有必要理解它们在下列三个方面的功能：理论指导；法律制定；司法实践。

（一）理论指导

首先，在理论指导方面，该框架意义重大。通过法律命名法（legal nomenclature），我们创设了一套刑事诉讼行为瑕疵及其救济的统一法理。该理论的语义体系可以替代任何地方性的解释（localised explanation），当然附属的程序机制整合只是初步的。通过这一理论，律师不用再面对不同法域的程序救济是否可以通约的问题。例如，在英国刑事诉讼程序中，“诉讼终止”（judicial stay）可以用来制裁“程序滥用”（abuse of process）。安德鲁·周（Andrew Choo）认为，司法合法性原则（the principle of judicial legitimacy）可以用来解释这种程序救济。[1] 然而，这些术语很少在大陆法系/社会主义法系应用。甚至在英美法系的其他一些法域，使用了一些其他的术语。[2] 在这个框架中，“诉讼终止”、“驳回起诉”和其他类似的术语都可以归类为“终止整个诉讼”。因此，程序滥用是一种绝对无效的职权程序形成行为。

其次，在解释力方面，该理论较程序性制裁和其他程序救济理论更具有解释力。这个有序的理论框架提供了一个初步的但完整的救济范围。换言之，这个完整的框架详尽地列明了所有可能的刑事诉讼行为瑕疵的程序性后果。例如，瑕疵矫正（如检察官补正模糊的起诉书案由，使之明确）可以视为一种瑕疵的程序性后果，而不是程序性制裁措施。很明显，程序性制裁并不包括省略瑕疵。因此，该框架给我们提供了观察刑事诉讼行为瑕疵救济方案的最佳理论视角。

（二）法律制定

从法律制定上来看，这个框架给我们提供了有效、便捷的工具，以评价现有的法律制度。因为从逻辑上来看，框架中的程序性后果对于各法域的刑事诉讼制度都是必须的。由于不同的法律改革者之间的妥协，现有的刑事诉讼程序修改似乎仅仅是短期、权宜的增补或删减。没有可供检验的科学标准，改革的成效无法衡量。因此，即使大范围的法律改革不可能，一种检测现有法律制定的宏观视角是必须的。通过该理论，立法者可以摆脱法律制度地域性的枷锁，重新评估本法域解决瑕疵的方案。他们可以使用科学的、理论

---

① See ALT Choo, Abuse of Process and Judicial Stays of Criminal Proceedings (OUP, Oxford, New York 1993) 13, 182 – 187.

② 例如，在美国刑事诉讼程序中，“诉讼终止”被称为“驳回起诉”（dismissal of the indictment）或者驳回本案，不得上诉（dismissal with prejudice）。See, e. g., US v Marison 404 US 307 (1971); US v MacDonald 456 US 1(1982).

化的法律改革方案替代旧有价值导向的、非理论性的老套方案。①尤其是该理论中的分类方法可以节省时间，根据这种理论，我们很多时候不需要在大量细节性的规则中耗时地寻找救济方案。

该框架可以为某一制度所采纳，以填补法律空白，改进相关规则。如果规则被违反了，程序性后果可以自动从一系列的可选项中得出，这些选项之间的关系非常具有逻辑性。例如，如果被告人在没有满足相关形式要件的情况下提起上诉，根据该框架显示，可能的后果是上诉被宣告无效、自动无效、无效上诉转换为一般申诉和瑕疵矫正。具体而言，在绝大多数情况下，上诉都可以被法院宣告无效。如果瑕疵上诉是绝对无效的，程序性后果应该是自动无效。如果被告人对已经有既判力的终局裁判提出上诉，该上诉可能转换为一般的申诉。如果上诉被法庭允许并且裁决，瑕疵可能就被矫正了。总之，在参照了现有的理论后，刑事诉讼制度会变得更加理性、详尽。

更具有重要意义的是，考虑到现今法律全球化的趋势，该理论为不同法域间的刑事诉讼法的相互借鉴和融合提供了便利。这意味着盛宴上的所有佳肴都必须享用。但是，每个刑事诉讼制度应当借鉴本书所提出的程序性后果框架和附属程序机制的基本标准。这个简单但系统的理论比较容易理解和记忆。如果各法域刑事诉讼制度参照这样的系统，在瑕疵救济方面将趋向于融合。如果在该领域没有任何减少复杂性的努力，则更高层次的整合将是不现实的。

（三）司法实践

在司法实践中，由于程序性后果方案的网络已经形成，对于刑事诉讼行为瑕疵的救济就已经被限定。即使一些普通法律师不屑于法律科学化，他们也不应该否定可能的程序性后果的总数。这样，

---

① 例如，法学学者更偏向于使用道义上的理由来谴责程序瑕疵，如保护人权就是这样一种理由。这种论证并没有阐述有逻辑性的理由，从而系统地从全局的角度应对这些问题。

该理论有助于极大地控制刑事诉讼法中不受制约的自由裁量权。当没有明确的救济规定时，案件处理机关可以运用该理论选择和确定具体的救济。换言之，当没有相关法律规范指引或者相关规范不完整或不清晰时，法律实务工作者可以从该理论中寻求指导，运用这个系列的程序救济填补现有法律的空白。例如，在很多法域，刑事诉讼制度中并没有追补这一程序救济。如果检察院在一开始没有被害人和/或其亲属举报或控告的情况下，对告诉乃论之罪提起公诉。随后，举报或者控告才被提起并加入到案卷中，检察官可以根据自由裁量权允许这一追补行为。在这个理论框架中所援引的任何程序性后果都不是异想天开的。例如，本理论框架在法理上论证了减轻量刑用于制裁具有完全程序效果但不具有完全实体效果的行为。尽管这个后果在诸如英国等很多法域都不存在，但我们认为它可以应用于所有的刑事诉讼制度。

再者，这个理论体现了刑事诉讼法的内在秩序。法理框架的前提性条件（如刑事诉讼法的三项目的）也可以参考，用以判定具体的程序救济措施。我们再次援引追补的例子，在审判开始之前，将被告人或其亲属的举报/控诉材料追补在案卷中可能是允许的。[①]在这个时期，法律和谐的目的被优先强调。然而，一旦审判开始，程序法定的目的就可能超出法律和谐的目的，指控就会宣告无效。因此，案件处理机构的自由裁量权被进一步限定。适用该理论框架可能会使一些不可预测性和不确定性被进一步限缩。

二、该理论的限度

除了证明该理论的有用性，笔者还将展示它的限度。然后，笔者将简要地提出一些方案，以限制剩余的自由裁量权。

① 参见［日］田口守一著：《刑事诉讼法》，刘迪、张凌、穆津译，法律出版社2000年版，第132页。

（一）一种法律分析的工具还是概括一切的理论

本书并没有试图异想天开地倡导完全决定论。某些学者已经提出了“通过比较法研究方法，对某一领域法律进行世界性的整合”。[①] 然而，我们难以想象一个普适性的刑事诉讼法典完全规定了所有刑事诉讼行为瑕疵的救济措施。相反地，如果原则指导过于精确，从经验主义角度来看，该理论也就会容易证伪。[②] 不同的法域刑事诉讼法之间的细节存在实质性的巨大差异。正如达马斯卡（Damaška）认为，[③]“对于规范提议的精确性和完整性的需要造成了一个困难：对于广泛经验领域的精确指导之间容易相冲突。”从较低的期望来看，我们在确定具体的救济措施时，也不可以完全依赖分类法。分类形式主义（taxonomical formalism）可能会造成一种危险，即“不关注正当的理由以及最终的合法性来源”。[④] 认为分类法可以替代具体法律制定的观点是幼稚的，也是难以让人信服的。

这个框架和附属的程序机制可以视为一种法理分析工具或者粗略指引，而不是一种详细列明何种瑕疵产生何种后果的精确理论。很明显，这与欧陆形式主义方法不同，后者假定“如果类别是正确的，某个问题被正确分类，该问题就会得到正确解决”。[⑤] 尽管这个创新的理论整合了程序性救济的法理，如果要确定不同救济之

---

① 例如，里昂·利未（Leone Levi）是第一个这种类型的思想家，他曾经试图设计世界统一商法典。See P Cruz, Comparative Law in a Changing World (Cavendish, London 1995) 15.

② See AF Chalmers, What is this Thing Called Science? An Assessment of the Nature and Status of Science and its Methods (2nd edn The Open University Press, Milton Keynes 1982) 45.

③ See M Damaška, 'Structures of Authority and Comparative Criminal Procedure' (1975) 84 YLJ 485.

④ See MD Dubber, 'the Promise of German Criminal Law: A Science of Crime and Punishment' (2005) 6 German Law Journal 1069.

⑤ See MD Dubber, 'the Promise of German Criminal Law: A Science of Crime and Punishment' (2005) 6 German Law Journal 1067－1068.

间的界限，在很多时候仍然要诉诸自由裁量权。

在确定具体救济时，刑事诉讼法的三项目的（实体真实、程序法定和法律和谐）必须要调和。然而，下列自由裁量可能会产生。第一，刑事诉讼法的目的，尤其是实体真实和法律和谐，难以精确衡量。与民事法律行为理论中的后果相反，刑事诉讼行为瑕疵的程序性后果不可能完全由程序性理由决定。在很多情况下，救济必须建立在瑕疵对于真实查找的影响之上。但是，由于案件的处分性决定通常是在刑事诉讼的最后阶段作出，这种潜在的影响通常是由案件处理人员裁量性推断出来的。法律和谐的目的在某种程度上与案件是否重大有关。如果案件重大，程序瑕疵则需要谨慎对待。如果案件不重要，程序瑕疵则需要在很多情况下迅速处理或者矫正。但是，案件是否重大本身也往往由案件处理人员自行裁量决定。

第二，平衡三项目的的定量方法缺失。例如，在第七章中，如果当事人没有在法定期间内对判决提出上诉，则裁判瑕疵被矫正。我们通常假定，实质真实与法律和谐此时比程序法定更为重要。然而，计算这种平衡的标准并没有明确。我们还创设了一种平衡多元价值的方法，这些价值为三项刑事诉讼目的所支撑。当宣告程序无效的利益超过有效的利益时，程序可能会宣告无效。然而，这种比较并不精确，而应当以一种模糊的方式理解。再者，不同主体的相互竞争的利益在很多情况下不能精确地计算和通约。例如，检控机关在决定警察的瑕疵讯问宣告无效或矫正时，可能需要平衡公共利益和私人利益。警察在查找事实方面具有公共利益，而被拘留的犯罪嫌疑人有免于权力滥用威胁的私人权利。在这两种利益彼此冲突时，我们无法精确衡量和比较它们。因此，在评估两种利益并作出决定时，自由裁量权是难以避免的。[①] 这就意味着在决定何种瑕疵

① See ALT Choo, Abuse of Process and Judicial Stays of Criminal Proceedings (OUP, Oxford, New York 1993) 108.

造成何种救济时，价值判断是难以避免的。

如果要寻求包括一切的指引，这个理论的功能是有限的。在决定一个合适的救济时，自由裁量权通常是最后采取的手段。在本课题中，自由裁量权开始的地方就是分类法功能的尽头。然而，我们不可以认为，刑事诉讼法“仅仅是无数的刑事司法官员一系列裁量性决定的总和”① 或者自由裁量权是“刑事司法制度的根本”。② 我们需要在合理的限度内使法律精确到最大化，而不是不负责任地留有大量不受制约的自由裁量权。这些不受制约的自由裁量权所造成的武断的决定破坏了法治原则。即使在耗尽了该框架和程序机制共识后，纯粹的无拘束的自由裁量权也是不能成立的。如何继续限制恣意是我们下面需要讨论的问题。③

（二）控制剩余自由裁量权的方法

笔者将不再继续提出去个别化的法律整合。对于抽象理论的具体化，根据案件的具体情况具体分析是必要的。正如上文所述，比较法是发现所有文明法律制度共性的一门科学。④ 个案正义仍然需要符合一定程度的确定性。很明显，个案正义是一个广义概念，它需要从多方面分析。笔者将从较广的视角而不是从技术性细节上讨论这个问题。在确定不同救济的界限时，至少下列因素应当得到考虑：

---

① See S Walker, Taming the System: The Control of Discretion in Criminal Justice 1950 - 1990 (OUP, New York, Oxford 1993) 4.

② See McCleskey v. Kemp, 481 U.S. 279(1987).

③ 事实上，如何控制自由裁量权是刑事司法制度的永恒主题。例如，在美国，自从 19 世纪 50 年代之后，刑事司法领域研究、公共政策讨论和法律改革的主要课题就是如何控制自由裁量权。See S Walker, Taming the System: The Control of Discretion in Criminal Justice 1950 - 1990 (OUP, New York, Oxford 1993) preface.

④ See M van Hoecke and M Warrington, 'Legal Cultures, Legal Paradigms and Legal Doctrine: Towards a New Model for Comparative Law' (1998) 47 ICLQ 511; R Goff, 'The Wilberforce Lecture 1997 The Future of the Common Law' (1997) 46 ICLQ 748.

1. 具体的机构设置

在上文中，功能性原理用来排除法域的限制，调和各种国内制度的差异。然而，在决定具体的救济措施时，应当考虑某个法域的具体的机构设置。[①] 换言之，在这个理论大厦中，墙壁和门窗都已经具备，然而如何在每一楼层分配空间是一个区域性问题。某个刑事诉讼主体的权力/权利可能因法域而有所差异。谁提出异议，谁处理异议依赖具体的权力/权利分配。例如，在我国刑事诉讼程序中，当事人往往不允许向法院提出侦查违法，而是应当向检察院提出。这与大陆法系很多法域的情况存在巨大差异。此外，自由裁量权的范围通常依赖制度的特性。很明显，“大陆法系法律具有管理性特征，普通法系法律具有司法性特征。”[②] 大陆法系的很多刑事诉讼规则都是由立法预先确定的，比普通法更加严格。相反地，普通法法院在决定瑕疵的具体救济时有着较大的自由裁量权。

2. 瑕疵作为者的心理状态

违法的严重程度往往与瑕疵作为者的心理状态有着密切联系。在任何制度中，善意违法都应当比恶意违法得到更加宽缓的处理，疏忽大意可能停留在两者之间，处于中间状态。恶意动机更可能造成严重违反刑事诉讼规则的行为，而善意动机则不会造成这种情况。如果不同的心理状态不加以区分，程序性制裁就难以实现预期的效果。因此，在确定瑕疵的具体程序性后果时，行为人的心理状态应当考虑。例如，恶意地非法获取证据更可能造成证据被排除。在英国刑事诉讼程序中，警察是否恶意是判断是否应当排除非法证

① See T Weigend, ‘Criminal Law and Criminal Procedure’ in JM Smits (ed), Elgar Encyclopedia of Comparative Law (Edward Elgar Publishing, Cheltenham and Northampton 2006) 215.

② See PM Craig, ‘Structural Differences between Common and Civil Law’ (1951) 9 Seminar Jurist 53; R Pound, ‘A Comparison of Systems of Law’ (1948) 10 U. Pitt. L. Rev. 271.

据的重要参考因素。[①] 同样，在德国刑事诉讼程序中，只有当非法逮捕是恶意地用来逼取被告人供述时，该供述才可能被排除。[②]

在此处，需要考虑的因素并没有耗尽。如何评估和适用这些因素在本书的篇幅之外。笔者将提出用一些额外的方法来限制自由裁量权。在案件处理机关平衡相关因素时，自由裁量权必须要采用，但这必须以逻辑的推理明确地阐明如何自由裁量的过程。这需要案件处理机关解释自己的决定。再者，这个决定必须是适中的，前后决定必须尽可能保持一致。程序性后果的成本不应超出它所保护的利益。更为重要的是，这个救济必须与瑕疵的严重程度成比例。如果后果的强迫和干预程度超出了它所指向的程序违法，案件处理机关不应当适用该后果。形象地说，我们不应当用高射炮打蚊子。例如，在传唤通知中出现了拼写错误，永远也不可能采用终止整个诉讼来惩罚该错误。尽管比例性原则并不排除自由裁量权，它确实限制了主观评价中的恣意。

（三）自由裁量权的使用和“实质无效”

僵硬的规定很可能会阻碍法律的生长，对所有情况都提供足够精确的指导是不可能的。对于所有的法律规则而言，一定程度的自由裁量权是不可避免的，因为法律是个语言体，它需要人加以解释。完全排除自由裁量权是个不切实际的设想，或者甚至可以说是一种错误。刑事诉讼规则中自由裁量权比起其他部分法规则更加自然和必要。[③] 这意味着对于处理某个瑕疵的程序性后果的选择并没有完全中立的算法。

---

① See I Dennis, The Law of Evidence (2nd edn Sweet & Maxwell, London 2002) 230 - 3; M Zander, The Police and Criminal Evidence Act 1984 (4th edn Sweet & Maxwell, London 2003) 338 - 340.

② See RS Frase and T Weigend, 'German Criminal Justice as a Guide to American Law Reform: Similar Problems, Better Solutions?' (1995) 18 B. C. Int'l & Comp. L. Rev. 352, citing, e. g., BGHSt 34, 362, 363 - 364.

③ See M Damaška, 'Structures of Authority and Comparative Criminal Procedure' (1975) 84 YLJ 502.

有时导入自由裁量权不仅不是科学法律规则的障碍，它反而是一种解决方案。例如，第三章所提到的，程序性后果的适用可能构成了一个新的诉讼行为模式。换言之，如果诉讼行为模式 A 被违反，则程序性后果 B 应当适用。然而，如果程序性后果 B 没有依照法律正确实施，另一个后果 C 就可能需要适用，以应对 B 的违反。这个循环可能会继续下去。

法国实质无效（nullitiés substantielles）的方法为解决这种无止境的问题提供了有用的参考。[①] 如果行为严重违反了某些实质性的程式或者损害了其他当事人的利益，案件处理机关可以根据自由裁量权宣告违法行为无效。[②] 作为实质无效条件的“实质性的程式”和“当事人的利益”却没有明确的界定。然而，这种自由裁量权为法国最高法院的判例发展所逐渐限定。[③]

通过创设实质无效制度，那些在现有条件下不适宜立即立法的救济措施应当允许案件处理机关作出原则性的评估。如果制定法中没有明确规定某一无效，刑事诉讼违法便可能归入该类别。通过实质无效条款，法律循环的问题能够被轻易解决。同时，通过相关判例的发展，该条款的适用条件也会逐渐丰富起来。

在本章，上述论证在理论指导、立法和司法实践方面是有用的。在理论指导方面，该理论用一种共同的“话语”替代任何地方性的解释。在立法方面，这个理论框架是改进每个法域现有刑事诉讼法强大的、便利的工具。更具有意义的是，该理论还可以用于增强不同法域刑事诉讼法的相互借鉴与融合。在司法实践方面，该

---

① See V Dervieux, ‘The French system’ in M Delmas – Marty and JR Spencer (eds) European Criminal Procedures (CUP, Cambridge 2002) 269.

② 参见法国刑事诉讼法第 171、802 条；V Dervieux, ‘The French system’ in M Delmas – Marty and JR Spencer (eds) European Criminal Procedures (CUP, Cambridge 2002) 269 – 270.

③ 参见施鹏鹏：《法国刑事程序无效理论研究》，载《中国法学》2010 年第 3 期，第 111 ~ 123 页。

理论可以用来控制自由裁量权。当然，这个理论并没有对如何回应刑事诉讼行为瑕疵作出完全的指引。对于抽象理论的具体化，个案正义通常是必要的。包括具体机构设置和瑕疵作为者的心理状态等因素需要在裁量时考虑。“实质无效制度”可以作为处理刑事诉讼行为瑕疵的一个裁量性方法。

第八章 结 论

在法律世界主义（legal cosmopolitanism）的潮流中，比较刑事诉讼法仍然显得保守，在国内司法实践中，很少援引外国刑事诉讼法。大多数比较刑事诉讼法研究关注制度间的差异，而不是它们的共性。然而，在本书中，笔者创设了一个刑事诉讼程序瑕疵及其后果的统一、科学的理论。

在第二章，笔者讨论了比较刑事诉讼法的三个基本问题。第一，笔者回顾了全球刑事诉讼程序综合研究的有限文献。[①] 然而，这些宏大工程中的大多数都与极化的模式划分（如同位模式/阶层模式的划分）有关。它们的功能被限定在识别法域间刑事诉讼法的差异上。第二，笔者论证了我国刑事诉讼法属于一个独立的社会主义法系。因此，笔者可以选择三个法域（英国、德国和我国）的刑事诉讼法来代表三个广为认可的法系（英美法系、大陆法系和社会主义法系）。在本书有限的空间里，检验这三个法域的刑事诉讼法可以代替广泛研究。第三，笔者将确定“刑事诉讼法”与“criminal procedure”在语义和外延上的差异。然后，笔者将这两个带有文化烙印的术语粗略地统合起来。

在第三章，笔者论证刑事诉讼规则在结构上包括刑事诉讼行为模式和行为瑕疵的程序性后果，刑事诉讼行为瑕疵是对刑事诉讼行为模式的违反。基于这一分析公式，笔者将检验英国、德国和我国的刑事诉讼法，以检验每个法域是否对刑事诉讼行为瑕疵有完整的

① See, e. g., M Damaška, ‘Structures of Authority and Comparative Criminal Procedure’ (1975) 84 YLJ 480 - 544.

救济措施。笔者将探讨救济措施相辅相成的四个方面：(1) 支撑刑事诉讼行为瑕疵的程序性后果的基本原理或教义；(2) 与程序性后果相关的法律制定；(3) 程序性后果的实体规定；(4) 适用程序性后果的程序机制。从笔者的研究来看，三个法域的程序性救济都不够全面和系统。

在第四章，笔者试图为程序性后果的理论化铺设坚实的基础。这包括两个相对的步骤：(1) 清理三大法系潜在的理念障碍；(2) 发掘用以建构理论大厦的某些科学条件。笔者认为确定性是所有法律的天然特征，英美法系刑事诉讼法日趋理性。对于规则拟制的怀疑并不是不可逾越的障碍。我国刑事诉讼法作为社会主义法系的代表，在一定程度上已经去政治化，刑事诉讼法相对于实体法而言更具有技术性。然后，笔者将提出两个具有普遍性和可靠性的科学条件。它们包含：(1) 确定刑事诉讼法的三项目的：实体真实、程序法定和法律和谐；(2) 使用作为基本分析单元的刑事诉讼行为和确定刑事诉讼行为的二元代码：成立/不成立、合法/不合法、有效/无效。

在第五章，笔者试图将民事法律行为理论全面移植到刑事诉讼行为领域，以创设统一、科学的程序性后果理论。从民事法律行为理论中可以提炼出一些民事违法行为（某个要素的瑕疵，如意思表示瑕疵）和法律后果（有效、可撤销或无效）。然而，民事法律行为与刑事诉讼行为在下列四个方面存在重大差异：(1) 重要特征；(2) 根本理念；(3) 适用法域；(4) 法律渊源。因此，在刑事诉讼行为瑕疵与程序性后果之间无法创设单一的公式。然后，笔者将尝试使用民事法律行为中的两个不同的分类法。在第一项尝试中，笔者分析了刑事诉讼行为的要件、主体资格、意思表示、地点、时间和行为方式。在第二项尝试中，笔者将刑事诉讼行为瑕疵的程序性后果划分为七种类别：终止整个诉讼、撤销裁定/判决、非法证据/供述排除、减轻量刑、手续无效、瑕疵矫正和无效诉讼行为转换。尽管我们获得了统一的理论，笔者从这两种分类中获得了一些有益的意见，尤其是第二个。然后，笔者确定了两个继续分类的突破口：(1) 实体形成行为（如当事人向法庭出具证据）、程序形成行为（如法院传唤被告人）和裁判行为（如法院对案件作出判决）；(2) 职权行为（如法官审理案件）和非职权行为（如被害人陈述）。

在第六章中，笔者通过参考前面两个突破点，将前一章所总结的后果类别重新编排在一个新的设置里。刑事诉讼规则可以划分为宣示性规则（即没有任何不利程序性后果的指南）和效力性规则（即如果违反可能导致行为无效的规则）。违反宣示性规则的后果可以是自动省略瑕疵。在裁判行为和职权程序形成行为（如警察讯问被告人）的情况下，后果还可以是单纯宣告违法，因为它是对于职权违法的符号性否定。效力性规则的违反可以划分为绝对无效行为（如法院在公开审理前秘密地判决被告人有罪）和相对无效行为（如警察在没有合法的搜查证的情况下，搜查机动车辆上的刑事犯罪的相关证据）。自动无效可以用来处理绝对无效行为。在裁判行为和职权程序形成行为情况下，还可以用单纯宣告无效处理绝对无效行为。相对无效行为处理在逻辑上不是宣告无效，就是瑕疵矫正。

有意思的是，三种类别的后果可以与前章所划分的三种行为相匹配。因此，我们可以发现三种传统的无效宣告：(1) 撤销裁判行为（如撤销违反正当程序的有罪判决）；(2) 实体形成行为排除（如排除非法所得证据）；(3) 程序形成行为无效（如宣告手续违法的传唤无效）。在撤销裁判行为之后，随后的步骤在逻辑上不是程序终结，就是无效部分再议。瑕疵矫正可以划分为除去瑕疵（包括追补和改正）和忽视瑕疵（包括默示忽视和明示忽视）。如果刑事诉讼进程所产生的刑罚作为一项辅助参考因素，减轻量刑和终止诉讼也可以被认为是程序性后果。如果某个行为无效，而作为另一个行为有效，一种特殊的程序性后果产生，即无效诉讼行为转换。

在这个理论框架确立之后，笔者试图初步整合附属的程序机制。笔者将探讨两个方面：(1) 机构设置（确定何者具有对瑕疵提出异议的权利，何者具有处理瑕疵的权力）；(2) 结构控制（确保行为者遵守规则的控制力量）。关于机构设置，每个法域的职权机关都应有两种方式处理刑事诉讼行为瑕疵：依申请处理瑕疵和自行处理瑕疵。[①] 原因是审问模式因素和对抗模式因素同时存在于所有法域。关于结构控制，国家与被告人之间的冲突模式是一种典型的欧美式的方法，它对于分析刑事诉讼程序并不精确。我国刑事诉讼法中刑事司法机构之间的相互制约可以用以增强处理刑事诉讼瑕疵的效果。这意味着，在另一个机构指出某一违法时，本机构可以自行更正这个诉讼行为瑕疵。

在第七章中，笔者揭示了理论的功能及其限度。它在理论指导、法律制定和司法实践中都有相当大的适用。通过法律命名法，这个框架创设了解释刑事诉讼法的全新法理。它包括违法刑事诉讼行为的所有可能的程序性后果。所有的程序法研究者及实务界人士都可以从这个框架中寻求指导，附属的程序性机制也得到初步的整合。然而，这个理论并不是用来证明完全决定论的。这是概括所有可能的违反程序规则的程序性后果的理论工具，而不是确认何种刑事诉讼行为瑕疵推导出何种程序性后果的精确指导。为了将确定行为瑕疵的程序性后果的价值判断降到最低程度，下列因素也需要在这个原则化的自由裁量权中予以考虑：(1) 具体的机构设置；(2) 违法行为者的心理状态等。比例原则也可以用来减少案件处理者的自由裁量权。

在这个漫长的旅途后，我们可能会遗憾地感叹，因为法律全球化在保守的刑事诉讼法领域并未成为一种现实，这个领域往往被认为充满了不重要的技术性规定。本书可能是运用集体智慧科学地将刑事诉讼行为瑕疵及其程序性后果标准化的尝试。在遇到法域障碍

---

① 如法国刑事诉讼法第 802 条。

时，我们没有必要感叹我们学术奇思异想的不严谨。我们可以使用科学的武器武装自己，寻求真理，预测未来。如果一个统一的法律理论必须要从国际性的法律权威中获取效力，我们认为，科学是整个宇宙中最具有统治力的帝王。

参考文献

中文文献：

1. ［法］贝尔纳·布洛克著：《法国刑事诉讼法》，罗结珍译，北京：中国政法大学出版社 2009 年版。

2. 蔡辉龙著：《刑事诉讼法新论》，风云论坛出版有限公司 2002 年版。

3. 陈光中主编：《刑事诉讼法实施问题研究》，中国法制出版社 2000 年版。

4. 陈光中著：《陈光中法学文集》，中国法制出版社 2000 年版。

5. 陈光中主编：《刑事诉讼法》，北京大学出版社 2005 年版。

6. 陈光中主编：《刑事诉讼法》，高等教育出版社、北京大学出版社 2002 年版。

7. 陈朴生著：《刑事诉讼法实务》，海宇文化事业有限公司 1997 年版。

8. 陈瑞华著：《刑事审判原理论》，北京大学出版社 2003 年版。

9. 陈瑞华著：《程序性制裁理论》，中国法制出版社 2005 年版。

10. 陈卫东著：《程序正义之路》，法律出版社 2005 年版。

11. 储有德著：《比较法学基础》，上海社会科学出版社 1988 年版。

12. 邓云著：《刑事诉讼行为基础理论研究》，中国人民公安大学出版社 2004 年版。

13. 顾培东著：《社会冲突和诉讼机制》，法律出版社 2004 年版。

14. 黄茂荣著：《法学方法和现代民法》，中国政法大学出版社 2001 年版。

15. 胡开诚著：《刑事诉讼法论》，三民书局印行 1992 年版。

16. 季卫东著：《法治秩序的建构》，中国政法大学出版社 1999 年版。

17. 梁治平著：《寻求自然秩序中的和谐》，中国政法大学出版社 1997 年版。

18. 李交发著：《中国诉讼法史》，中国检察出版社 2002 年版。

19. 林钰雄著：《刑事诉讼法》（上册 · 总论编），中国人民大学出版社 2005 年版。

20. 马怀德主编：《行政诉讼原理》，法律出版社 2003 年版。

21. 毛泽东著：《实践论：论认识和实践的关系——知和行的关系》，人民出版社 1951 年版。

22. 倪正茂著：《比较法学探析》，中国法制出版社 2006 年版。

23. ［德］克劳思 · 罗克信著：《刑事诉讼法》，吴丽琪译，法律出版社 2003 年版。

24. 宋英辉著：《刑事诉讼原理》，法律出版社 2003 年版。

25. 宋英辉著：《刑事诉讼目的论》，中国人民公安大学出版社 1995 年版。

26. 宋英辉、孙长永、刘新魁等著：《外国刑事诉讼法》，法律出版社 2006 年版。

27. 孙笑侠著：《程序的法理》，商务印书馆 2005 年版。

28. ［日］田口守一著：《刑事诉讼法》，刘迪、张凌、穆津译，法律出版社 2000 年版。

29. ［日］富井政章著：《民法原论（第一卷）》，陈海瀛、陈海超译，中国政法大学出版社 2003 年版。

30. 王泽鉴著：《民法总论》，中国政法大学出版社 2001 年版。

31. 徐静村著：《刑事诉讼法》，法律出版社 2004 年版。

32. 徐金辉、程立福著：《澳门刑事诉讼法》，澳门：澳门基金会 1999 年版。

33. 张文显主编：《法理学》，高等教育出版社、北京大学出版社 2007 年版。

34. 周枏：《罗马法》，群众出版社 1983 年版。

35. 陈自强：《民法讲义Ⅰ：契约之成立与生效》，法律出版社 2000 年版。

36. 曹鸿兰：《刑事诉讼行为之基础理论 I：刑事诉讼行为之效力》，载陈朴生编：《刑事诉讼法论文选辑》，台北五南图书出版公司 1984 年版。

37. 曹鸿兰：《刑事诉讼行为之基础理论 II：判决以外之诉讼行为之效力》，载陈朴生编：《刑事诉讼法论文选辑》，台北五南图书出版公司 1984 年版。

38. 曹鸿兰：《刑事诉讼行为之基础理论 III：判决以外诉讼行为的无效之形态与其治愈》，载陈朴生编：《刑事诉讼法论文选辑》，台北五南图书出版公司 1984 年版。

39. 程味秋：《两大法系刑事诉讼模式之比较》，载《比较法研究》1997 年第 2 期。

40. 陈瑞华：《二十世纪中国之刑事诉讼法学》，载《中外法学》1997 年第 6 期。

41. 陈瑞华：《非法证据排除的中国模式》，载《中国法学》2010 年第 6 期。

42. 陈瑞华：《大陆法中的诉讼行为无效制度——三个法律文本的考察》，载《政法论坛》2003 年第 5 期。

43. 陈卫东、刘计划、周军：《21 世纪中国刑事诉讼法学前瞻》，载《中国人民大学学报》2001 年第 1 期。

44. 陈永生：《诉讼行为》，载樊崇义主编：《诉讼原理》，法律出版社 2003 年版。

45. 陈永生：《刑事诉讼的程序性制裁》，载《现代法学》2004 年第 1 期。

46. 崔敏：《评维辛斯基的诉讼证据理论》，载《中国法学》1989 年第 1 期。

47. 林劲松：《对抗制国家的无效辩护制度》，载《环球法律评论》2006 年第 4 期。

48. 刘方权、曹文：《程序法律责任论——以刑事诉讼程序为视角》，载樊崇义主编：《诉讼法学研究》（第六卷），中国检察出版社 2003 年版。

49. 刘荣军：《民事诉讼行为瑕疵及其处理》，载《中国法学》1999 年第 3 期。

50. 施鹏鹏：《法国刑事程序无效理论研究》，载《中国法学》2010 年第 3 期。

51. 石少侠、郭立新：《列宁的法律监督思想与中国检察制度》，载《法制与社会发展》第 3 期。

52. 王健：《晚清法学新词的创制及其与日本的关系》，载《南京大学学报》（哲学 · 人文科学 · 社会科学）2005 年第 6 期。

53. 王敏远：《论违反刑事诉讼程序的程序性后果》，载《中国法学》1994 年第 3 期。

54. 魏晓娜：《新刑事诉讼法回顾与定位》，载《法学论坛》2000 年第 6 期。

55. 谢佑平、万毅：《反思与祛魅：我国刑事诉讼法解释体制重构》，载《甘肃政法学院学报》2002 年第 3 期。

56. 熊秋红：《大陆刑事诉讼法——过去、现在与未来》，载汤德宗、王鹏翔主编：《两岸四地法律发展（下册）——民事诉讼与刑事诉讼》，新学林出版社 2006 年版。

57. 徐静村、潘金贵：《我国刑事强制措施改革的基本构想》，载《甘肃社会科学》2006 年第 2 期。

58. 许慎撰、段玉裁注：《说文解字注》，载 http://www.gg-art.com/imgbook/index.php? bookid=53。

59. 许志雄：《迅速裁判之原则》，载《法学丛刊》2000 年第 12 期。

60. 张川华：《无效法律行为转换探析——兼评〈中华人民共和国民法（草案）〉第 67 条》，载《河北法学》2004 年第 8 期。

外文文献：

1. Ajani, G., 'By Chance and Prestige: Legal Transplants in Russia and Eastern Europe' (1995) 43 AJCL 97.

2. Ashworth, A. and Redmayne M., The Criminal Process (3rd edn OUP, New York 2005) 8, 16-22, 34-35, 40, 71, 95, 161, 239, 255, 338-340, 345-346, 357, 361-363, 365.

3. Bailey, K. D., Typologies and Taxonomies: An Introduction to Classification Techniques (Quantitative Applications in the Social Sciences, Sage, California 1994) v, 6.

4. Baumgärtel, G., Wesen und Begriff der Prozeβhandlung einer Partei im Zivilprozeβ (2nd edn Köln, Berlin, Bonn, München 1972).

5. Beling, E., Deutsches Strafprozessrecht (Berlin and Leipzig 1928) 163.

6. Berman, H. J. and Spindler, J. W. (tr), Soviet Criminal Law and Procedure: The RSFSR Codes (2nd edn HUP, Cambridge Massachusetts 1972).

7. Berman, H. J., Cohen, S. and Russell, M., 'A Comparison of the Chinese and Soviet Codes of Criminal Law and Procedure' (1982) 73 J. Crim. L. & Criminology 238-239, 256-257.

8. Beulke, W., Strafprozessrecht (5th end C. F. Müller, Heidelberg 2001) 297.

9. Bibas, S. and Bierschbach, R. A., 'Integrating Remorse and

Apology into Criminal Procedure' (2004) 114 YLJ 88, 91, 95, 125, 148.

10. Bodenheimer, E., Jurisprudence: The Philosophy and Method of the Law (HUP, Cambridge, Massachusetts 1962) 88, 90, 150 - 151, 162 - 165, 211, 289, 332 - 333, 359, 363.

11. Bogdan, M., 'Different Economic Systems and Comparative Law' (1978) 2 Comp. Law Y. Bk 107.

12. Bradley, C. M., 'The Exclusionary Rule in Germany' (1983) 96 Harv. L. Rev. 1032 - 1034.

13. Bradley, C. M., 'The Emerging International Consensus as to Criminal Procedure Rules' (1992) 14 Mich. J. Int'l L. 221.

14. Bradley, C. M., (ed), Criminal Procedure A Worldwide Study (Carolina Academic Press, Durham, North Carolina 1999) 81 - 89.

15. Cai, D., 'Development of the Chinese Legal System Since 1979 and its Current Crisis and Transformation' (1999) 11 Cultural Dynamics 136 - 137.

16. Carnwath, R., 'E. C. H. R. Remedies from a Common Law Perspective' (2000) 49 ICLQ 520 - 527.

17. Chalmers, A. F., What is this Thing Called Science? An Assessment of the Nature and Status of Science and its Methods (2nd edn The Open University Press, Milton Keynes 1982) 5, 14, 32, 45, 80, 84, 102.

18. Choo, A. L. T., Abuse of Process and Judicial Stays of Criminal Proceedings (OUP, Oxford, New York 1993) preface, 10, 41, 47, 54, 63, 108, 117 - 119, 183.

19. Chü, T. T., Law and Society in Traditional China (Mouton & Co., Paris 1965) 280.

20. Cohen, J. A., The Criminal Process in the People's Republic of China 1949 - 1963: An Introduction (HUP, Cambridge, Massachu-

setts 1968).

21. Cole, G. F., Frankowski, S. J. and Gertz, M. G., Major Criminal Justice Systems: A Comparative Survey (2nd edn Sage Publications, Newbury Park, CA 1987) Foreword, 8.

22. Corker, D. and Young, D., Abuse of Process and Fairness in Criminal Proceedings (Butterworths, London, Edinburgh, Dublin 2000) vi, 57.

23. Cownie, F., Bradney, A. and Burton, M., English Legal System in Context (4th edn OUP, New York 2006) 87 -88, 93 -94.

24. Craig, P. M., 'Structural Differences between Common and Civil Law' (1951) 9 Seminar Jurist 53 -55, 57, 60.

25. Cross, R., The Making of English Law [1978] Crim. L. R. 519, 652.

26. Cruz, P., Comparative Law in a Changing World (Cavendish, London 1995) 4, 6, 15, 29, 36, 46, 50 -51, 101, 115 -116, 155, 184, 233 -235, 477.

27. Dama. ka, M. R., 'Evidentiary Barriers to Conviction and Two Models of Criminal Procedure: A Comparative Study' (1973) 121 U. Pa. L. Rev. 506 -589.

28. Dama. ka, M. R., 'Structures of Authority and Comparative Criminal Procedure' (1975) 84 YLJ 480 -544.

29. Dama. ka, M. R., The Faces of Justice and State Authority: A Comparative Approach to Legal Process (Yale University Press, New Haven 1986) 196.

30. David, R. and Brierley, J. E. C., Major Legal Systems in the World Today: an Introduction to the Comparative Study of Law (3rd edn Stevens & Sons, London 1985) xi, 20 -21, 22 -31, 180, 273 -280, 290 -295, 516 -546.

31. Davies, M., Croall, H. and Tyrer, J., Criminal Jusitce: An

Introduction to the Criminal Justice System in England and Wales (Longman, London and New York 1995).

32. Dennis, I., The Law of Evidence (2nd edn Sweet & Maxwell, London 2002) 230 –233.

33. Dennis, I., 'Fair Trials and Safe Convictions' (2003) 56 CLP 211, 223.

34. Delmas – Marty, M. and Spencer, J. R. (eds), European Criminal Procedures (CUP, Cambridge 2002) 4, 142 –143, 146, 151, 172, 292.

35. Delmas – Marty, M. and Vervaele, J. A. E. (eds), The Implementation of the Corpus Juris in the Member States (Vol. 1st Intersentia, Antwerp2001).

36. Dervieux, V., 'The French system' in M. Delmas – Marty and J. R. Spencer (eds) European Criminal Procedures (CUP, Cambridge 2002) 232, 269 –270.

37. Dubber, M. D., 'American Plea Bargains, German Lay Judges, and the Crisis of Criminal Procedure' (1997) 49 Stan. L. Rev. 547 –605.

38. Dubber, M. D., 'Theories of Crime and Punishment in German Criminal Law' (2005) 53 AJCL 680.

39. Dubber, M. D., 'The Promise of German Criminal Law: A Science of Crime and Punishment' (2005) 6 German Law Journal 1049 –1051, 1061 –1062, 1067 –1069.

40. Duff, A., Farmer, L., Marshall, S. and Tadros V. (eds), The Trial on Trial (Vol. 3): Towards a Normative Theory of the Criminal Trial (Hart Publishing, Oxford and Portland, Oregon 2007).

41. Duff, P., 'Disclosure in Scottish Criminal Procedure: Another Step in an Inquisitorial Direction?' (2007) 11 IJEP 154 –155.

42. Dworkin, R. M., Taking Rights Seriously (rev. edn Duck-

worth, London 1978) 82 – 88.

43. Easterly, E. S. III, 'Global Patterns of Legal Systems: Notes toward a New Geojurisprudence' (1977) 67 Geographical Review 209, 218.

44. EGL, The Private Law of China (1920) 30 YLJ 182.

45. Elliott, C. and Quinn, F., English Legal System (6th edn Pearson Longman, Essex 2005) 27, 257, 300.

46. Emmerson, B. and Ashworth, A., Human Rights and Criminal Justice (Sweet & Maxwell, London 2001) 17 – 33.

47. Ewald, W., 'The Jurisprudential Approach to Comparative Law: A Field Guide to "Rats"' (1998) 46 AJCL 701 – 707.

48. Feeley, M. M., 'Two Models of the Criminal Justice System: An Organizational Perspective' (1973) 7 L. & Soc'y Rev., 409.

49. Feeley, M. M., and Rubin, E., Federalism: Political Identity and Tragic Compromise (The University of Michigan Press, Michigan 2008) 96 – 123.

50. Fennell, P., Harding, C., Jörg, N. and Swart, B. (eds), Criminal Justice in Europe: A Comparative Study, Clarendon Press (OUP, Oxford, New York 1995).

51. Ferson, M., 'The Nature of Legal Transactions and Juristic Acts: Analysis of Common Factors and Variations' (1945) 31 Cornell Law Quarterly 105 – 181.

52. Feldman, D. J., 'Chapter Four: England and Wales' in CM Bradley (ed), Criminal Procedure A Worldwide Study (Carolina Academic Press, Durham, North Carolina 1999) 91 – 142.

53. Fletcher, G. P., 'The Fall and Rise of Criminal Theory' (1998) 1 Buff. Crim. Rev. 275.

54. Foster, N. G., German Legal System & Laws (2nd edn Blackstone Press Limited Press, London 1996) 212 – 228.

55. Foucault, M., 'The Archaeology of Knowledge' (1970) 9 Social Science Information 175 – 185.

56. Frase, R. S., Comparative Criminal Justice as a Guide to American Law Reform: How Do the French Do It, How Can We Find Out, and Why Should We Care? 78 (1990) Cal. L. Rev. 539 – 683.

57. Frase, R. S., and Weigend, T., German Criminal Justice as a Guide to American Law Reform: Similar Problems, Better Solutions? (1995) 18 B. C. Int'l & Comp. L. Rev. 317 – 360.

58. Freeman, M. D. A., Lloyd's Introduction to Jurisprudence (7th edn Sweet & Maxwell Ltd, London, 2001) viii, 6 – 7, 13, 214 – 219, 259, 700, 1391.

59. Gadola – Duerler, N., 'the Difference Interdependencies and Connections in Criminal Procedure Law, Specifically Between Pre – trial Detention and Bail From a Civil and a Common Law Point of View: A Swiss and American Comparative Law Analysis' (1996) 3 Tulsa Journal of Comparative & International law 205.

60. Gadsby, J., 'Some Notes on the History of the Japanese Code of Criminal Procedure' (1914) 30 LQR 451.

61. Galligan, D. J., 'Discretionary Powers: A Legal Study of Official Discretion' (OUP, Oxford 1990) 143.

62. Garner, B. A. (ed), Black's Law Dictionary (8th edn Thomson West, St Paul 2004) 11, 403.

63. Gelatt, T. A., 'The People's Republic of China and the Presumption of Innocence' (1982) 73 J. Crim. L. & Criminology 259 – 316.

64. Glenn, H. P., Legal Traditions of the World: Sustainable Diversity in Law (3rd edn OUP, Oxford 2007) 311 – 314, 320 – 323.

65. Goff, R., 'The Wilberforce Lecture 1997 The Future of the Common Law' (1997) 46 ICLQ 748.

66. Juy – Birmann, R., 'The German system' in M. Delmas –

Marty and J. R. Spencer (eds), European Criminal Procedures (CUP, Cambridge 2002) 292 - 347.

67. Goldschmidt, J., Prozeβ Als Rechtslage (Springer, Berlin 1925) 257, 364, 456.

68. Goldstein, A. S., 'Reflections on Two Models: Inquisitorial Themes in American Criminal Procedure' (1974) 26 Stan. L. Rev. 1014.

69. Goldstein, A. S., and Marcus, M., The Myth of Judicial Supervision in Three "Inquisitorial" Systems: France, Italy, and Germany (1977) 87 YLJ 240 - 283.

70. Griffiths, J., 'Ideology in Criminal Procedure or a Third 'Model' of Criminal Process' (1970) 79 YLJ 359 - 417.

71. Grunst, B., Prozeβhandlungen im Strafprozeβ (Aktiv Druck & Verlag GmbH, Ebelsbach 2002) 97.

72. Grzybowski, K., 'Court Reform in England' (1973) 21 AJCL 747.

73. Gutteridge, H. C., Comparative Law: An Introduction to the Comparative Method of Legal Study (CUP, Cambridge 1971) Chapter Nine, 117.

74. Haley, J. O., 'The Revival of German Scholarship on Japanese Law' (1982) 30 AJCL 335 - 342.

75. Hart, H. L. A. (ed), J Austin, The Province of Jurisprudence Determined (George Weidenfeld & Nicolson Ltd., London 1954) 9 - 15, 126 - 129, 372 - 373.

76. Hart, H. L. A. (ed), J Austin, The Concept of Law (2nd edn OUP, New York, 1994) ch. 5. 249, 285.

77. Hatchard, J., 'Chapter Four, Criminal Procedure in England and Wales' in J. Hatchard, B. Huber and R. Vogler (eds), Comparative Criminal Procedure (B. I. I. C. L, London 1996) 176 - 223.

78. Hazard, J. N., 'Introduction' in H. W. Babb (tr), Soviet Legal Philosophy (20th Century Legal Philosophy Series, HUP, Cambridge Massachusetts 1951).

79. Hazard, J. N., Communists and Their Law: A Search for the Common Core of the Legal Systems of the Marxian Socialist States (University of Chicago Press, Chicago 1969) 145.

80. Hoecke, M. V. and Warrington, M., 'Legal Cultures, Legal Paradigms and Legal Doctrine: Towards a New Model for Comparative Law' (1998) 47 ICLQ 506.

81. Holland, T. E., Elements of Jurisprudence (The Lawbook Exchange, Clark, New Jersey 2006) 97.

82. Honoré, A. M., 'Degrees of Invalidity' (1958) 75 S. African L. J. 33.

83. Huber, B., 'Chapter Three: Criminal Procedure in Germany' in J. Hatchard, B. Huber and R. Vogler (eds), Comparative Criminal Procedure (B. I. I. C. L, London 1996) 96 - 175.

84. Husa, J., 'Legal Families and Research in Comparative Law' (2001) 1 Global Jurist 1.

85. Jackson, J. & Langer M., 'Introduction: Damaska and Comparative Law', in J. Jackson, M. Langer & P. Tillers (eds), Crime, Procedure and Evidence in a Comparative and International Context: Essays in Honour of Professor Mirjan Damaska (Hart Publishing, 2008) 1.

86. Jackson, R. M., the Machinery of Justice in England (4th edn CUP, Cambridge 1964) 15, 120.

87. Jescheck, H. H., 'Principles of German Criminal Procedure in Comparison with American Law' (1970) 56 Va. L. Rev. 239 - 247.

88. Ji, W., 'Space of Choice and Judicial Discretion in China: A Perspective of Comparative Legal Culture' (Center for Legal Synamics of

Advanced Market Societies, Kobe University Discussion Paper 04/7E, 2004) 5 –7, 31 <http://www.cdams.kobe – u. ac. jp/archive/dp04 – 7. pdf> .

89. Jörg, N. , Field, S. and Brants, C. , 'Are Inquisitorial and Adversarial Systems Converging?' in P. Fennell, C. Harding, N. Jörg and B. Swart (eds), Criminal Justice in Europe: A Comparative Study, Clarendon Press (OUP, Oxford, New York 1995) 41 –56.

90. JUSTICE, Remedying Miscarriages of Justice (British Section of the International Commission of Jurists United Kingdom, London 1994) 8.

91. Kamba, W. J. , 'Comparative Law: A Theoretical Framework' (1974) 23 ICLQ 501.

92. Kamenka, E. and Tay, A. , 'Social Traditions, Legal Traditions' in E Kamenka and A Tay (eds), Law and Social Control (Edward Arnold, London 1980) 105 –116.

93. Kelsen, H. , General Theory of Law and State (HUP, Cambridge, Massachusetts 1946) 14, 45 –49.

94. Kelsen, H. , The Communist Theory of Law (Frederick A. Praeger, New York 1976) 1.

95. Kiraly, T. , 'Trends of Criminal Procedure Law' (1987) 29 Acta Juridica 345 –354.

96. Krauss, D. , 'Reform of Criminal Procedure Law in the Federal Republic of Germany' (1979) JR 202 –223.

97. Kühne, H. H. , 'Chapter Five: Germany' in CD Wyngaert (ed), Criminal Procedure Systems in the European Community (Butterworths, London, Brussels, Dublin, Edinburgh 1993) 137 –162.

98. Langbein, J. H. 'Mixed Court and Jury Court: Could the Continental Alternative Fill the American Need?' (1981) 6 Law and Social Inquiry 195 –219.

99. Langer, V., 'Public Interest in Civil Law, Socialist Law and Common Law Systems: The Role of the Public Prosecutor' (1998) 36 AJCL 279 - 305.

100. Lawson, F. H., 'Some Reflections on Sales and Civilian Methodology' (1969) 44 Tul. L. Rev. 752.

101. Leng, S. C., 'Criminal Justice in Post - Mao China: Some Preliminary Observations' (1982) 73 J. Crim. L. & Criminology 205.

102. Levenson, J. R., Confucian China and Its Modern Fate (University of California Press, Berkeley 1968) 119 - 122.

103. Levine, H. H. A., 'Youthful Offender under the New York Criminal Procedure Law' (1972) 36 Alb. L. Rev. 111 - 130.

104. Liang, Z., 'Explicating "Law": A Comparative Perspective of Chinese and Western Legal Culture' (1989) 3 J. Chinese L. 78 - 9, 86.

105. Llewellyn, K. N., Jurisprudence: Realism in Theory and Practice (University of Chicago Press, Chicago 1962) 439 - 450.

106. Lobingier, C. S., 'Juristic Acts in the Civil Law' 1949 (24) Tul. L. Rev. 178 - 193.

107. Lo, C. W. H., 'Socialist Legal Theory in Deng Xiaoping's China' (1997) 11 Colum. J. Asian L. 470, 476.

108. Lord Goff of Chieveley, 'The Wilberforce Lecture 1997 The Future of the Common Law' (1997) 46 ICLQ 753.

109. Lord Justice Auld, A Review of the Criminal Courts of England and Wales < http://www.criminal - courts - review.org.uk/ > Chapter Eight, para 1.

110. Lubman, S., 'Studying Contemporary Chinese Law: Limits, Possibilities and Strategy' (1991) 39 AJCL 299 - 300.

111. Maguire, M. and Norris, C., The Conduct and Supervision of Criminal Investigations (HMSO, London 1992).

112. Margaret, M. K., 'Controlling Abuse to Maintain Control: The Exclusionary Rule in China' <http://works.bepress.com/margaret_lewis/1> .

113. Marsh, R. M., 'Weber's Misunderstanding of Traditional Chinese Law' (2000) 106 The American Journal of Sociology 281 - 302.

114. Mattei, U., 'Three Patterns of Law: Taxonomy and Change in the World's Legal Systems' (1997) 45 AJCL 5 - 8, 32.

115. Mckillop, B., 'Readings and Hearings in French Criminal Justice: Five Cases in the Tribunal Correctionnel' (1998) 46 AJCL 757 - 783.

116. Merryman, J. H., The Civil Law Tradition: An Introduction to the Legal Systems of Western Europe and Latin America (Stanford University Press, Stanford, California, 1969) 81.

117. Merryman, J. H., Comparative Law and Social Change: On the Origins, Style, Decline & Revival of the Law and Development Movement (1977) 25 AJCL 479.

118. The Civil Law Tradition: An Introduction to the Legal Systems of Europe and Latin American (2nd edn Stanford University Press, Stanford 1985) 1 - 4, 475.

119. Mi, J., 'Analysis on Declaration of Intent' (2004) 1 Chinese Journal of Law 30 - 38.

120. Mittag, M., 'A Legal Theoretical Approach to Criminal Procedure Law: The Structure of Rules in the German Code of Criminal Procedure' [2006] 7 German Law Journal 637 - 645.

121. Niese, W., Doppelfunktionelle Prozeβhandlungen, Ein Beitrag zur allgemeinen Proze? rechtslehre (Göttingen 1950).

122. Niese, W., 'Narkoanalyse als doppelfunktionelle Proze? handlung' (1951) 63 ZStW 199.

123. Nijboer, J. F., 'The American Adversarial System in Criminal Cases: Between Ideology and Reality' (1997) Cardozo J. Int'l & Comp. L. 79 -96.

124. Nobles, R. and Schiff, D., Miscarriages of Justices: A Systems Approach (1995) 58 MLR 299 -320.

125. Oksenberg, M., 'Politics Takes Command: An Essay on the Study of Post - 1949 China' in R. MacFarquhar and J. K. Fairbank (eds), The Cambridge History of China (CUP, Cambridge 1987).

126. Paciocco, D. M., 'The Stay of Proceedings as a Remedy in Criminal Cases: Abusing the Abuse of Process Concept' (1991) 15 Crim. L. J 315.

127. Packer, H. L., 'Two Models of the Criminal Process' (1964) 113 U. Pa. L. Rev. 1 -64.

128. Packer, H. L., The Limits of Criminal Sanction (Stanford University Press, Stanford, Caliornia 1968) 12.

129. Pashukanis, E. B., 'The General Theory of Law and Marxism' in HW Babb (tr), Soviet Legal Philosophy (20th Century Legal Philosophy Series, HUP, Cambridge Massachusetts 1951) 111 -226.

130. Pattenden, R., 'Abuse of Process in Criminal Litigation' (1989) 53 Journal of Criminal Law 353.

131. Perkins, R. M. and Boyce, R. N., Criminal Law (University Textbook Series, 3rd edition Foundation Press, St Paul, 1982) 1, 5.

132. Popp, A., Verfahrenstheoretische Grundlagen der Fehlerkorrektur im Strafverfahren (Duncker & Humblot, Berlin 2005) 259.

133. Pound, R., 'The Decadence of Equity' (1905) 5 Colum. L. Rev. 20.

134. Pound, R., 'A Comparison of Systems of Law' (1948) 10 U. Pitt. L. Rev. 271 -283.

135. Quigley, J., 'Socialist Law and the Civil Law Tradition' 37

(1989) AJCL 792.

136. Raphael, D. D., Problems of Political Philosophy (2nd edn Macmillan Press, Houndmills, Basingstoke, Hampshire, 1990) 9.

137. Reilly, G. W. O., 'England Limits the Right to Silence and Moves Towards an Inquisitorial System of Justice' (1994) 85 J. Crim. L. & Criminology 402 - 452.

138. Ren, X., Tradition of the Law and Law of the Tradition: Law, State, and Social Control in China (Greenwood Press, Westport, CT and London 1997) 11.

139. Reynolds, T. H., 'Socialist Legal Systems: Reflections on Their Emergence and Demise' (1992) 20 Int'l. J. Legal Info 215, 231.

140. Riegert, R. A., 'Unilateral Mistake under the West German Civil Code and Some Comparisons' (1971) 5 Int'l L. 312.

141. Roberts, P., 'On Method: The Ascent of Comparative Criminal Justice' (2002) 22 OJLS 539 - 561.

142. Roberts, P., 'Subjects, Objects, and Values in Criminal Adjudication' in A. Duff, L. Farmer, S. Marshall and V. Tadros (eds), The Trial on Trial (Vol. 2) Judgment and Calling to Account (Hart Publishing, Oxford and Portland, Oregon 2006) 37 - 64.

143. Roberts, P., 'Comparative Criminal Justice Goes Global' (2008) 28 OJLS 373 - 375.

144. Roberts, P., and Zuckerman, A., Criminal Evidence (OUP, Oxford 2004) 1, 6 - 9, 27, 30, 56 - 57, 212.

145. Rogall, K., 'Germany: Principle of Criminal Procedure and Their Application in Disciplinary Proceedings' (2003) 74 RIDP 938.

146. Rojek, D. G., 'The Criminal Process in the People's Republic of China' (1985) 2 JQ 117 - 126.

147. Rojek, D. G., 'Social Control in the People's Republic of

China' (1989)14 Criminal Justice Review 142 – 144.

148. Royal Commission on Criminal Justice, Report (Cm 2263 HMSO, London 1993).

149. Royal Commission on Criminal Procedure, Report (Cmnd. 8092 HMSO, London, 1981).

150. Rumble, W. E., 'Austin in the Classroom: Why were His Courses on Jurisprudence Unpopular?' (1996) 17 The Journal of Legal History 19.

151. Salmond, J. W. and Parker, J. L., Salmond on Jurisprudence (9th edn Sweet & Maxwell, London 1937) 192.

152. Samnick, R. L., 'Discovery Procedures Under New York's New Criminal Procedure Law' (1971) 38 Brook. L. Rev. 164 – 181.

153. Schlesinger, R. B., 'The 1976 James McCormick Mitchell Lecture, Comparative Criminal Procedure: A Plea for Utilizing Foreign Experience' (1976) 26 Buff. Crim. L. Rev. 361, 364, 384.

154. Safferling, C., Towards an International Criminal Procedure (OUP, Oxford 2001) 2 – 5.

155. Schuster, E. J., The Principles of German Civil Law (Clarendon Press, Michigan 1907) 88.

156. Schweber, H., 'The "Science" of Legal Science: The Model of the Natural Sciences in Nineteeth – Century American Legal Education' (1999) 17 LHR 421.

157. Searle, J. R., Speech Acts: An Essay in the Philosophy of Language (CUP, Cambridge 1969).

158. Sharpe, R. J., The Law of Habeas Corpus (2nd edn OUP, Oxford 1989).

159. Sheehan, A. V., Criminal Procedure in Scotland and France: A Comparative Study, with Particular Emphasis on the Role of the Public Prosecutor (Her Majesty's Statutory Office, Edinburgh 1975) 64.

160. Sin, K. K. and Roebuck, D., 'Language Engineering for Legal Transplantation: Conceptual Problems in Creating Common Law Chinese' (1996) 16 Language & Communication 237 –238, 241, 248

161. Sir Cross, R., Precedent in English Law (3rd edn Clarendon Press, Oxford 1977) 70 –76.

162. Smith, A. T. H., 'Codification of the Criminal Law (1) The Case for a Code' [1986] Crim. L. R. 285.

163. Smith, A. T. H., 'Chapter Three England and Wales' in CD Wyngaert (ed), Criminal Procedure Systems in the European Community (Butterworths, London, Brussels, Dublin, Edinburgh 1993) 73 –104.

164. Solomon, P. H., 'The U. S. S. R. Supreme Court: History, Role, and Future Prospects' (1990) 38 AJCL 131 –136.

165. Spencer, J. R., 'Evidence' in M. Delmas – Marty and J. R. Spencer (eds), European Criminal Procedures (CUP, Cambridge 2002) 601 –602.

166. Spencer, J. R., 'The English system' in M. Delmas – Marty and J. R. Spencer (eds), European Criminal Procedures (CUP, Cambridge 2002) 142 –217.

167. Sprack, J., Emmins on Criminal Procedure (9th edn OUP, New York 2002) 8, 419, 427 –429, 448, 455, 458, 459, 464, 541 – 546.

168. Sprenkel, S. V. D., Legal Institutions in Manchu China: A Sociological Analysis (Athlone Press, London 1962) 69.

169. Stalin, J. V., 'Report to the XVIII Party Congress' in H. W. Babb (tr), Soviet Legal Philosophy (20th Century Legal Philosophy Series, HUP, Cambridge Massachusetts 1951).

170. Starr, S. B., 'Sentence Reduction as a Remedy for Prosecutorial Misconduct' (2009) 97 Geo. L. J. 1509, 1511, 1513, 1520,

1536, 1539, 1541.

171. Steiker, C. S. , ‘Punishment and Procedure: Punishment Theory and the Criminal – Civil Divide’ (1997) 85 Geo. L. J 807.

172. Stein, P. , The Character and Influence of the Roman Civil Law: Historical Essays, (The Hambledon Press, London and Ronceverte 1988) 151 – 157.

173. Stone, H. F. , ‘Some Aspects of the Problem of Law Simplification’ (1923) 23 Colum. L. Rev. 327.

174. Swoboda, S. , ‘A Normative Theory of Criminal Procedure’ (2007) 18 Crim. L. F 151 – 170.

175. Tanner, H. M. , Strike Hard! Anti – Crime Campaigns and Chinese Criminal Justice, 1979 – 1985 (Cornell University East Asia Program, Ithaca 1999) 21.

176. Tomlinson, E. A. , ‘Nonadversarial Jusitce: The French Experience’ (1983) 42 Md. L. Rev. 42, 133, 165 – 167, 172, 175 – 176.

177. Trechsel, S. , Human Rights in Criminal Proceedings (Collected Courses of Academy of European Law, OUP, Oxford 2005).

178. Turpin, C. C. , ‘Void and Voidable Acts’ (1955) 72 S. African L. J. 58, 60, 63 – 65.

179. Vogler, R. , A World View of Criminal Justice (Aldershot, Ashgate 2005) 1 – 18, 88.

180. Volk, K. , ‘The Principles of Criminal Procedure and Post – Modern Society: Contradictions and Perspectives’ (17th International Conference of the International Society for the Reform of Criminal Law, the Hague, Netherlands 2003) < http://www.isrcl.org/Papers/Volk.pdf > 2 – 3, 7, 17.

181. Wade, H. W. R. and Forsyth, C. F. (eds), Administrative Law (8th edn OUP, 2000) 228.

182. Warner, S. B., 'The Uniform Arrest Act' (1942) 28 Va. L. Rev. 315 - 347.

183. Watson, A., Legal Transplants: An Approach to Comparative Law (University Press of Virginia, Charlottesville: 1974) 6 - 7.

184. Watson, A., 'Legal Change: Sources of Law and Legal Culture' (1983) 131 U. Pa. L. Rev. 1126.

185. Weber, M., Economy and Society: an Outline of Interpretative Sociology (Bedminster Press, New York 1968) 880 - 895.

186. Weigend, T., Continental Cures for American Ailments: European Criminal Procedure as a Model for Law Reform 2 (1980) Crime and Justice 381 - 428.

187. Weigend, T., 'The Legal and Practical Problems Posed by the Difference Between Criminal Law and Administrative Penal Law' (1988) 59 RIDP 67 - 72.

188. Weigend, T., 'Chapter Six: Germany' in C. M. Bradley (ed), Criminal Procedure A Worldwide Study (Carolina Academic Press, Durham, North Carolina 1999) xxiv, 187 - 216.

189. 'Criminal Law and Criminal Procedure' in J. M. Smits (ed), Elgar Encyclopedia of Comparative Law (Edward Elgar Publishing, Cheltenham and Northampton 2006) 214 - 216, 219, 222 - 223.

190. Williams, J., 'Is Law an Art or a Science? Comments on Objectivity, Feminism, and Power' (1998) 7 Am. U. J. Gender Soc. Pol'y & L. 375.

191. Woo, M. Y. K., 'Law and Discretion in the Contemporary Chinese Courts' (1999) 8 Pac. Rim L. & Pol'y J. 592.

192. Wyngaert, C. D. (ed) Criminal Procedure Systems in the European Community (Butterworths, London, Brussels, Dublin, Edinburgh 1993).

193. Xia, J., 'New Developments in Chinese Criminal Procedure

Law' (2001) 7 Ann. Sur. Int'l & Comp. L. 5.

194. Xie, H., 'Norms of Legality in Relation to the Validity of Juristic Act (Rechtsgesch? ft): The Influence of Public Law on the Effect of Juristic Acts and its Limitations' (2008) 29 Social Sciences in China 109.

195. Yang, C., 'Criminal Procedure in China: Some Comparisons with the English System' (1988) 33 ICLQ 190 - 207.

196. Yang, M. M. H., 'The Modernity of Power in the Chinese Socialist Order' (1988) 3 Cultural Anthropology 408 - 412.

197. Ye, L., 'The Tort System in China (1989) 52 LCP 145 - 146.

198. Youngs, R., English, French & German Comparative Law (2nd edn Routledge - Cavendish, London 2006) 377.

199. Yntema, H. E., 'Comparative Legal Research: Some Remarks on "Looking out of the Cave"' (1956) 54 Mich. L. Rev. 899, 901.

200. Yue, L., 'Chapter Three: China' in CM Bradley (ed), Criminal Procedure A Worldwide Study (Carolina Academic Press, Durham, North Carolina 1999) 81 - 90.

201. Zander, M., The Police and Criminal Evidence Act 1984 (4th edn Sweet & Maxwell, London 2003), 338 - 340.

202. Zweigert, K. and K. tz, H., tr by T. Weir, An Introduction to Comparative Law I The Framework (1st edn North - Holland Publishing Company, Amsterdam, New York, Oxford 1977) 5, 141, 299, 315, 327, 352 - 358.

203. Zweigert, K. and K. tz, An Introduction to Comparative Law (3rd edn OUP, Oxford 1998) v., 34, 65 - 68, 72 - 73, 136 - 137, 148, 268 - 302.

后　　记

大约四年前，一个年轻人怀着一颗“勇敢的心”，独自一人来到这个“研究岛”，去实现他的学术梦想。很有意思的是，这是这个穷小子第一次乘坐飞机，第一次漂浮于三万英尺之上。

在 2006 -2007 学年度，获悉国家留学基金委建设高水平大学项目启动后，我和一群“小朋友”一起在新东方密集训练了几个月雅思英语，心力憔悴，甚至有些绝望。幸运的是，我最终收到了英国排名第一（按照 A 到 Z 字母排序）的阿伯丁大学（Aberdeen University）的博士录取通知书及人文社会科学院的奖学金。如果没有阿伯丁大学和国家留学基金委的资助，出国读取博士学位对于我来说可能永远是一种奢望。

第一个我需要致以深切谢意的人是我的博士生导师彼得·达夫教授（Prof. Peter Duff）。他慷慨地接纳我作为他的博士生，并且耐心地将我引入学术殿堂。他一直在尝试着缓解我东方式的拘谨和压力：“不要匆忙”，“不要工作太努力”，“要放松”，“热爱你的博士生活”。他不仅告诉我如何成为一名好的学者，还给我传授了一种积极、乐观、放松的生活态度。每一次当我质疑他的观点并且与他展开激烈辩论时，他总是很开心，认为我变得更具有批判性了。他耐心地、无数次地阅读了我博士论文的每一个字，并且对整个论文提出了无数次的评论意见。拥有这样好的导师，我敢大胆断言，自己是整个阿伯丁大学最幸福的博士生！

我衷心地感谢北京师范大学刑事法律科学研究院及院长赵秉志教授、副院长宋英辉教授、证据法研究所所长刘广三教授以及刘志伟教授等的热情接纳，让我能够在刑科院如此之高的学术平台工作。没有他们的慷慨推荐和耐心指导，我难以想象本书会如此之快得以出版。我还要感谢刑科院领导和同事对刚刚入职的我的悉心帮助，让我对未来充满了信心和憧憬。

感谢华威大学（Warwick University）法学院的维克托·塔德洛斯教授（Prof. Victor Tadros）和阿伯丁大学法学院的莉斯·坎贝尔高级讲师（Dr. Liz Campbell）作为我的博士论文的外审和内审。他们的修改意见极大地增加了本书的价值，使我在以后的学术生涯中更加严谨。按照他们的修改意见，我的论文更加直接、集中并且具有针对性。

在我博士阶段的后两年里，我的第二导师马加什·伯得格高级讲师（Dr. Mátyás Bódig）详读了博士论文的前半部分，并且加以详细的点评。非常感谢他的帮助，尤其是他对于本书法理部分的审阅。与他的一些根本性的法理问题的争辩至今令人难以忘怀。

德国科隆大学（K. ln University）法学院的托马斯·魏根特教授（Prof. Thomas Weigend）对论文写作提出了大量有价值的建议，并且提供了一些德国的刑事诉讼行为理论和减轻量刑制度的实施方面的最新资料。借此我想感谢他以及下列曾经帮助我的人。

五年前我的硕士生导师张善燚教授鼓励我对日本刑事诉讼法中的刑事诉讼行为无效进行研究。如果没有他的启发，我想自己也很难将研究拓展到如此宽的范围。感谢他多年以来反复痛斥我的浮躁，将我前行的路再三匡正，他在百忙之中对我的谆谆教诲将永远历历在目。

在我的博士申请阶段，善良的年轻学者罗树志副教授无私地帮助我修改研究计划及其他申请材料。我永远无法忘记，在那个寒冷孤寂的冬日校园里，他对于一个两年没有回家，期望继续沿着学术路前行的年轻人一次又一次的慷慨的帮助。他的鼓励激发了这个年轻人坐穿冷板凳的渴望。

我的硕士生阶段比较刑事诉讼法课程的老师，德国洪堡学者杨开湘教授给我推荐了大量刑事诉讼理论的书籍和文章，尤其是其中林钰雄副教授和克劳思·罗克信教授（Prof. Claus Roxin）的论著。他的指点奠定了我从事刑事诉讼法研究初期的学术基础。

《阿伯丁学生法学评论》（Aberdeen Student Law Review）的两位年轻的编辑琳恩·贝恩（Leanne Bain）和赖安·惠兰（Ryan Whelan）帮助我校对博士论文的最后一稿。他们认真严谨的职业态度值得钦佩。

此外，阿伯丁大学的玛格利特·罗斯教授（Prof. Margaret Ross）、唐征博士、杨晓东博士、罗宾·埃文斯－琼斯教授（Prof. Robin Evans – Jones）、安格斯·坎贝尔博士（Dr. Angus Campbell）、伊恩·塔加特博士（Dr. Ian Taggart）、萨拉·邓肯女士（Ms. Sarah Duncun）、卡罗林·兰塞姆女士（Ms Caroline Ransom）、保拉·赫姆女士（Ms. Paula Herm）、马利克·哈菲兹博士（Dr. Malik M. Hafeez）、贺迴博士、歌德·勒尔先生（Gerd Koehler）、王晓勤博士、艾哈迈德·侯赛因博士（Dr. Ahmed Hassanein）、韩永强先生和苏洁澈博士等，香港的克里斯多夫·盖因教授（Prof. Christopher Gane）和安东尼·卡蒂教授（Prof. Anthony Carty），乌普萨拉的约根·赫曼森教授（Prof. J·rgen Hermansson），重庆的黄锡生教授，厦门的李兰英教授，深圳的陈育华，海口的艾希繁等都对本书的写作给予过直接或间接的建议或帮助，在此向他们表示感谢。

感谢我的父母和妹妹，在这六年的硕士和博士学习阶段，我只回过家两次，陪伴父母的时间未超过一个星期。作为他们唯一的儿子，我没有能够尽孝道。我总是以种种更为长远的理由为借口，推延回家的日期。我的妹妹一直陪伴、照顾他们，而这个责任原本应当由她的兄长来承担……

最后，我由衷地感谢陪伴我八年多的女友连宏萍博士，无论生活有多少艰难，她从未放弃过在一起的信念。为了这个目标，她遗憾地放弃了回家乡厦门当公务员的机会，选择来阿伯丁大学攻读社会学博士学位。我深深地感激她，相信我们的婚礼不会再拖延很长时间。

没有这些帮助和关爱，我想我无法做到这些。一个没有责任心的人获得了太多，他太幸运了！他将携着深挚的感激踏上今后的学术旅程……

北京师范大学刑事法律科学研究院讲师　印波

2011 年 12 月 17 日